경기둘레길

**DMZ부터 서해안까지
860km 도보 여행길**

경기둘레길

지은이 이영철
초판 1쇄 발행일 2023년 6월 10일

기획 및 발행 유명종
편집 이지혜
디자인 이다혜, 강주희
조판 신우인쇄
용지 에스에이치페이퍼
인쇄 신우인쇄

발행처 디스커버리미디어
출판등록 제 2021-000025(2004. 02. 11)
주소 서울시 마포구 연남로5길 32, 202호
전화 02-587-5558

ⓒ이영철, 디스커버리미디어, 2023

ISBN 979-11-88829-34-7 13980

* 이 책은 저작권법에 따라 보호받는 저작물이므로 무단 전재와 무단 복제를 금합니다.
  이 책의 전부 또는 일부를 이용하려면 반드시 저자와 디스커버리미디어의 동의를 받아야 합니다.
* 사진 중 많은 부분을 경기도청 관광과의 도움을 받았습니다.

경기둘레길

**DMZ부터 서해안까지
860km 도보 여행길**

지은이 이영철

디스커버리미디어

지은이의 말

2007년 제주올레가 열리며 국내엔 지리산둘레길, 여주 여강길, 서울둘레길 등 수많은 도보 여행길이 생겼다. 원래 있던 여러 갈래 길이 하나로 이어지며 새로운 이름으로 거듭났다. 울긋불긋 리본이 매달리고 이정표와 표지목이 세워지더니 적막했던 길 위에 새로운 발자국들이 생겨나기 시작했다. 2016년 동해안 해파랑길이 열리고, 남해안 남파랑길과 서해안 서해랑길에 이어 올해 DMZ 평화의 길까지 연결되고 나면 대한민국을 한 바퀴 도는 코리아 둘레길도 완성이 된다. 그 거리는 무려 4,500km이다. 북미대륙의 최장 도보 여행길인 퍼시픽 크레스트 트레일(PCT)이 4,300km임을 감안하면, 100분의 1 면적에 불과한 우리 땅이 걷기 여행 천국이 되어가는 느낌이 든다.

2021년 11월엔 경기도를 한 바퀴 순환하는 경기둘레길 860km가 열렸다. 경기도가 주축이 되어 3년간 준비하고 조성한 결과다. 제주올레 425km의 2배가 넘으면서 스페인 산티아고 순례길 762km를 능가하는 우리나라 최장거리 둘레길이 생겨난 것이다. 경기도는 한반도 역사가 고스란히 응축된 중심 현장이다. 중국으로 치면 중원지역에 해당한다. 삼국시대 초기엔 백제가 터를 잡았으나 고구려 장수왕이 밀고 내려와 접수하는가 싶더니, 신라 진흥왕이 밀고 올라가 삼국통일의 초석을 다졌다. 고려를 거쳐 조선 왕조 500년 동안 한반도 민초들의 시선이 향한 곳이고, 외세의 탐욕스러운 말발굽 또한 늘 이곳을 향했다. 북녘의 개성시와 황해도 일부도 경기도였다. 6·25전쟁 후 38선이 휴전선으로 바뀌는 과정에서 안타깝게도 북한에 흡수되었다. 북쪽 땅과 남쪽 경기도 경계엔 견고한 철책선이 형벌처럼 길게 드리워져 있다.

경기도 15개 시·군을 지나가는 경기둘레길은 4개 권역으로 나눠진다. 첫 번째는 김포, 고양, 파주, 연천을 잇는 평화누리길 권역이다. DMZ와 민통선에 근접해 걸으면서 철조망 너머 북녘과 마주하기도 한다. 두 번째는 산악지대가 많은 포천, 가평, 양평의 숲길 권역이고, 세 번째는 남한강과 여러 하천을 따라 걷는 여주, 이천, 안성의 물길 권역이다. 마지막은 평택, 화성, 안산, 시흥, 부천으로 이어지는 갯길 권역이다. 자연경관은 제주올레의 이국적인 아름다움에 미치지 못한다. 그러나 경기둘레길은 변화무쌍하고 역동적이다. 한반도에 살았던 선조들의 혼이 온전히 녹아 있는 길이다. 역사의 주역이 되려고 서로 싸우고 말달리던 이들의 거친 숨소리가 느껴진다. 백성들의 발소리도 들리는 듯하다.

산티아고 순례길은 스페인 북부를 동서로 연결하는 횡단 길이다. 이 순례길로 떠나려는 이들은 762km를 과연 끝까지 걸을 수 있을지 자기 확신이 있어야 한다. 경기둘레길은 이를 위한 예행연습과 전지훈련을 겸한 도보 여행길로 안성맞춤이다. 해발 1,000m 산봉우리를 넘고 광활하게 펼쳐진 논밭과 들판을 지난다. 산속 마을 외딴집들이 고즈넉하고, 인심 좋은 시골 장터와 농촌 마을 전원 풍경이 소담스럽다. 산티아고 순례길에서 만나는 모습과 여러모로 닮았다. 다른 점도 눈에 띈다. 작은 하천이 큰 강에 안기고, 다시 넓은 바다와 섞이는 풍경은 경기둘레길의 매력이다. 갯벌 위에 누운 낚싯배와 그 옆에서 조개 캐는 아낙들 모습은 또 얼마나 서정적인가? 산티아고 순례길에선 볼 수 없는, 경기둘레길이 주는 선물은 이렇듯 정겹고 아름답다.

암흑 같던 코로나의 긴 터널을 다행히 잘 빠져나왔다. 이번 봄은 햇살이 유난히 반갑다. 기지개를 켜고 길게 호흡해보자. 그리고는 걷자. 혈관과 근육 세포에 활력을 불어넣자.
"모든 위대한 생각은 걷는 자의 발끝에서 나온다."
철학자 니체의 말이다. 히포크라테스는 '최고의 약품은 웃음이고, 최고의 운동은 걷기'라고 했다. 그야말로 지금은 걷기 돌풍의 시대다. 걷고 싶은 곳이야말로 최고의 여행지이다. 경기둘레길로 여러분을 초대한다. 860km, 새로 열린 도보 여행길이 여러분 모두를 기다리고 있다.

2023년 5월
이영철

경기둘레길 여행 가이드

알고 떠나면 더 안전하고, 더 많이 즐길 수 있다. 안전하고 즐겁게 도보 여행을 이어가길 바라는 마음에서 경기둘레길 여행 가이드를 준비했다. 여행 준비 정보, 안전 수칙, 둘레길 표식, 경기둘레길 완보 인증받기, 국유림 방문 신고 절차 등을 안내한다.

여행 준비하기

❶ **짐은 되도록 가볍게!** 걸을수록 가방이 무겁게 느껴진다. 꼭 필요한 물건만 챙기자. 하지만 간식, 생수, 비상약, 모자, 자외선차단제, 손수건 등은 필수이다. 또, 일교차가 심한 봄가을에는 여벌의 점퍼를 준비하면 좋다.

❷ **코스 난이도에 맞는 신발 준비하기** 각 코스는 난이도가 다르다. 걷기 힘든 길이라면 등산화와 스틱을 준비하면 도움이 된다. 보통 또는 난이도가 낮은 길은 트레킹화나 밑창이 두툼한 운동화를 권장한다.

❸ **에너지 보충할 간식류와 물은 필수** 장시간 걷으면 체력이 떨어지고 갈증이 생긴다. 에너지바나 사탕, 초콜릿과 같이 체력을 보충할 수 있는 간식을 챙기자. 또 물, 이온 음료 등도 걷기 전에 반드시 준비하자.

❹ **준비 운동과 스트레칭도 필수** 장시간 걷으면 다양한 통증을 일으킨다. 특히 무릎과 발목, 발바닥 통증이 심해진다. 걷기 전에 준비 운동을 충분히 하자. 걸을 땐 1시간에 1번 정도 스트레칭으로 몸을 풀어주자. 만약 통증이 심해진다면 여행을 멈추고 가까운 병원을 방문하여 진료를 받도록 하자.

경기둘레길 안전 수칙

❶ 걷기 여행은 안전을 스스로 책임지는 자유여행이다.
❷ 안전에 특별히 주의하자. 혹시 모를 사고에 대비해 여행자 보험 가입을 권장한다.
❸ 걷기 전 코스 정보를 숙지하자.
❹ 유사시를 대비하여 휴대전화 GPS 등 위치기반 서비스를 항상 켜 둔다.
❺ 인적이 드물고 외진 둘레길은 2인 이상 동행한다.
❻ 여름철 18시, 겨울철 17시 이후 걷기를 자제한다.
❼ 코스를 벗어나 가파른 계곡이나 절벽을 걷는 일을 삼간다.
❽ 안내표지가 확인되지 않으면 마지막 표지를 본 자리로 되돌아가 표식을 다시 찾는다.
❾ 남은 거리 및 주변 위치 정보(관광지, 건물명 등)를 숙지하며 걷는다.

둘레길 표식 알아두기

❶ **리본**
리본은 빨간색과 초록색이며, 주로 전봇대와 나뭇가지에 매달아 놓았다.

❷ 화살표와 명판
화살표오- 명판은 길 진행 방향을 알려준다. 빨간 화살표는 정방향, 파란 화살표는 역방향을 의미하며, 명판은 둘레길을 확인해주는 인지용 표찰이다.

❸ 안내 명판
안내 명판-은 나무, 벽면 등에 있다. 둘레길 여행자가 어디서든 길을 잃지 않도록 하는 안내자 역할을 한다.

❹ 방향 안내판
방향 안내판은 주요 지점까지 남은 거리, 소요시간을 알려준다. 둘레길 여행자가 길을 잃는 일 없이 여행을 무사히 끝마칠 수 있도록 돕는다.

❺ 방향 표지판
방향 표지판은 2개 이상 주요 지점의 방향과 거리를 안내한다. 코스 정보와 현 위치를 안내해주어, 길의 진행 방향과 시·종점까지의 남은 거리를 알 수 있다.

❻ 종합 안내판
해당 코스의 노선도와 주요 지역자원, 관광안내소 및 편의시설 위치 같은 정보가 담겨있다. 코스 정보를 총망라하여 걷기계획을 세우는 데 도움을 준다.

❼ 스탬프 함
경기둘레길 각 코스 시작점 인근에 있다. 스탬프 함에는 해당 코스의 종점 스탬프와 다음 코스의 시작점 스탬프가 같이 비치되어 있다. 스탬프 북과 안내 책자는 홈페이지에서 무료로 다운받을 수 있다. 우편 신청도 가능하다.

경기둘레길 완보 인증받기 4개 권역 60개 코스, 860km을 모두 걸으면 완보 인증을 받을 수 있다. 인증자료스탬프 북, 각 코스별 시작점과 종점 사진, 모바일 스탬프 등를 모아 경기도청의 완보증 발급처로 보내면 된다. 스탬프를 찍은 스탬프 북 등은 우편으로, 그 외 인증사진, 기타 자료는 이메일 접수도 가능하다. 우편으로 보낸 스탬프 북은 완보 인증 후 완보 도장을 찍어 완보증, 완보 기념품과 함께 다시 보내준다.

경기둘레길 완보증 발급처 ◉ 경기드 수원시 장안구 경수대로 1150 신관 4층 경기관광공사 ☎ 031-259-4715(경기둘레길 콜센터) ≡ https://www.gg.go.kr/dulegil/main.do 이메일 dulegil@gto.or.kr

국유림 방문신고 경기둘레길에는 국유림국유 임도가 포함되어 있다. 임도는 원칙적으로 일반인 이용이 제한되어 있으나, 북부지방산림청과의 업무협약으로, 사전 방문 신고 시 일반인 통행이 가능해졌다. 홈페이지에서 방문 신고서를 작성하면 별도 출력, 방문증 발급 등 추가 서류 없이 국유 임도 구간을 걸을 수 있다.

경기둘레길 난이도 안내 둘레길 난이도는 A, B, C, D등급으로 60개 코스의 전문과 코스 정보에 기록해 놓았다. A는 가장 쉬운 코스이고, D는 가장 쉬운 코스이다.

CONTENTS

지은이의 말 4
경기둘레길 여행 가이드 6

PART 1
평화누리길 권역 01~11코스

김포 1코스 대명항~문수산성 입구 13.6km 14
김포 2코스 문수산성 입구~애기봉 입구 8.2km 20
김포 3코스 애기봉 입구~전류리 포구 17.2km 26
고양 4코스 전류리 포구~동패 지하차도 19.9km 32
파주 5코스 동패 지하차도~성동사거리 15.8km 38
파주 6코스 성동사거리~반구정 20.1km 44
파주 7코스 반구정~율곡습지공원 13km 50
파주 8코스 율곡습지공원~장남교 18.3km 56
연천 9코스 장남교~숭의전지 17km 62
연천 10코스 숭의전지~군남홍수조절지 18.2km 68
연천 11코스 군남홍수조절지~신탄리역 24.6km 74

PART 2
숲길 권역 12~31코스

연천 12코스 신탄리역~내산리 삼보쉼터 16.3km 82
포천 13코스 내산리 삼보쉼터~중3리 마을회관 14.6km 88
포천 14코스 중3리 마을회관~운천시장 입구 9.2km 94
포천 15코스 운천시장 입구~산정호수공원 8.6km 100
포천 16코스 산정호수공원~일동 유황온천단지 12.7km 106
포천 17코스 일동 유황온천단지~논남유원지 14km 112
가평 18코스 논남유원지~보아귀골 8.8km 118
가평 19코스 보아귀골~용추계곡 15km 124
가평 20코스 용추계곡~가평역 9.3km 130
가평 21코스 가평역~상천역 8.6km 136
가평 22코스 상천역~청평역 입구 11.4km 140
가평 23코스 청평역 입구~삼회1리 마을회관 8.1km 146
가평 24코스 삼회1리 마을회관~가평 설악터미널 17.1km 152
가평 25코스 가평 설악터미널~양평 산음자연휴양림 20.3km 158
양평 26코스 양평 산음자연휴양림~단월면사무소 17.2km 164
양평 27코스 단월면사무소~갈운1리 증골정류장 10.4km 168
양평 28코스 갈운1리증골정류장~몰운고개 9.2km 172
양평 29코스 몰운고개~계정1리 마을회관 앞 12.6km 176
양평 30코스 계정1리 마을회관 앞~양동역 입구 7.6km 180
양평 31코스 양동역 입구~장수폭포 입구 14.2km 184

PART 3

물길 권역 32~43코스

여주 32코스 장수폭포 입구~강천면사무소 11.4km 190
여주 33코스 강천면사무소~신륵사 11.2km 194
여주 34코스 신륵사~한강문화관 6.6km 198
여주 35코스 한강문화관~도리마을회관 10.2km 204
여주 36코스 도리마을회관~현수1리 버스정류장 10.6km 208
여주 37코스 현수1리 버스정류장~장호원 버스터미널 12km 212
이천 38코스 장호원 버스터미널~광천마을 버스정류장 21.3km 216
안성 39코스 광천마을 버스정류장~칠장사 18km 220
안성 40코스 칠장사~금광호수수석정 14km 226
안성 41코스 금광호수수석정~청룡사 14.6km 230
안성 42코스 청룡사~서운면사무소 6.4km 236
안성 43코스 서운면사무소~군문교삼거리 20.7km 242

PART 4
갯길 권역 44~60코스

평택 44코스 군문교삼거리~신대2리 마을회관 21.9km 250

평택 45코스 신대2리 마을회관~평택항마린센터 22.2km 256

평택 46코스 평택항 마린센터~화성 이화리종점 정류장 13.9km 262

화성 47코스 화성 이화리종점 정류장~궁평항 18.2km 268

화성 48코스 궁평항~전곡항 19.5km 274

화성 49코스 전곡항~안산 남동보건진료소 19.5km 280

안산 50코스 안산 남동보건진료소~새방죽방조제 16.9km 286

안산 51코스 새방죽방조제~대부도 관광안내소 15.4km 290

안산 52코스 대부도 관광안내소~시흥 배곧한울공원 15.7km 296

시흥 53코스 시흥 배곧한울공원~시흥 연꽃테마파크 17.5km 302

시흥 54코스 시흥연꽃테마파크~부천 소사역 14.9km 308

부천 55코스 부천 소사역~부천오정대공원 12.9km 314

부천 56코스 부천오정대공원~아라김포여객터미널 앞 15.6km 318

김포 57코스 아라김포여객터기널 앞~김포장릉산 쉼터 김포시청 뒤 10.8km 324

김포 58코스 김포장릉산 쉼터 김포시청 뒤~김포 새솔학교 앞 8.6km 328

김포 59코스 김포 새솔학교 앞~함배·수안마을 버스정류장 7.5km 332

김포 60코스 함배·수안마을 버스정류장~대명항 9.7km 336

PART 1
평화누리길 권역 01~11코스

경기둘레길 첫 권역은 김포-고양-파주-연천을 잇는 평화누리길이다. 2010년 경기도가 만든 평화누리길은 경기둘레길 첫 권역과 대부분 겹친다. 비무장지대DMZ 접경을 따라 걷는 길이다. 경기도를 시계판에 비유하면 9시에서 12시까지 구간이다. 김포와 강화 해안의 갯벌을 지나고, 한강을 건너고, 임진강을 거슬러 올라가면 임진각에 이른다. '자유의 다리' 앞엔 멈춰선 '철마'가 있다. 녹슨 열차를 보면 마음 한편이 아려온다. 길은 다시 둘레길 최북단 연천의 신탄리역까지 올라간다. 평화누리길의 종점이다. 끝나지 않을 것처럼 철책이 이어지지만, 철조망도 바람을 막진 못한다. 남으로, 북으로 원시자연을 품은 훈풍이 자유롭게 들락날락한다. 한발 한발 걷다 보면 길 이름처럼 평화와 통일의 염원이 저절로 피어오른다.

01 김포 1코스

course

대명항~문수산성 입구 13.6km

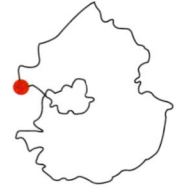

김포와 강화도 사이를 흐르는 강 같은 바다, 물살이 세고 길이가 20km에 달하는 염하의 남쪽 끄트머리 즈음에 김포 대명항이 자리 잡고 있다. 경기둘레길의 출발점이자 회귀 종착점이다. 남도의 어느 해안 포구에 온 듯 마음이 설렌다. 문수산성까지는 13.6km, 이제 출발이다. 난이도는 A, 평지가 이어지는 쉬운 구간이다.

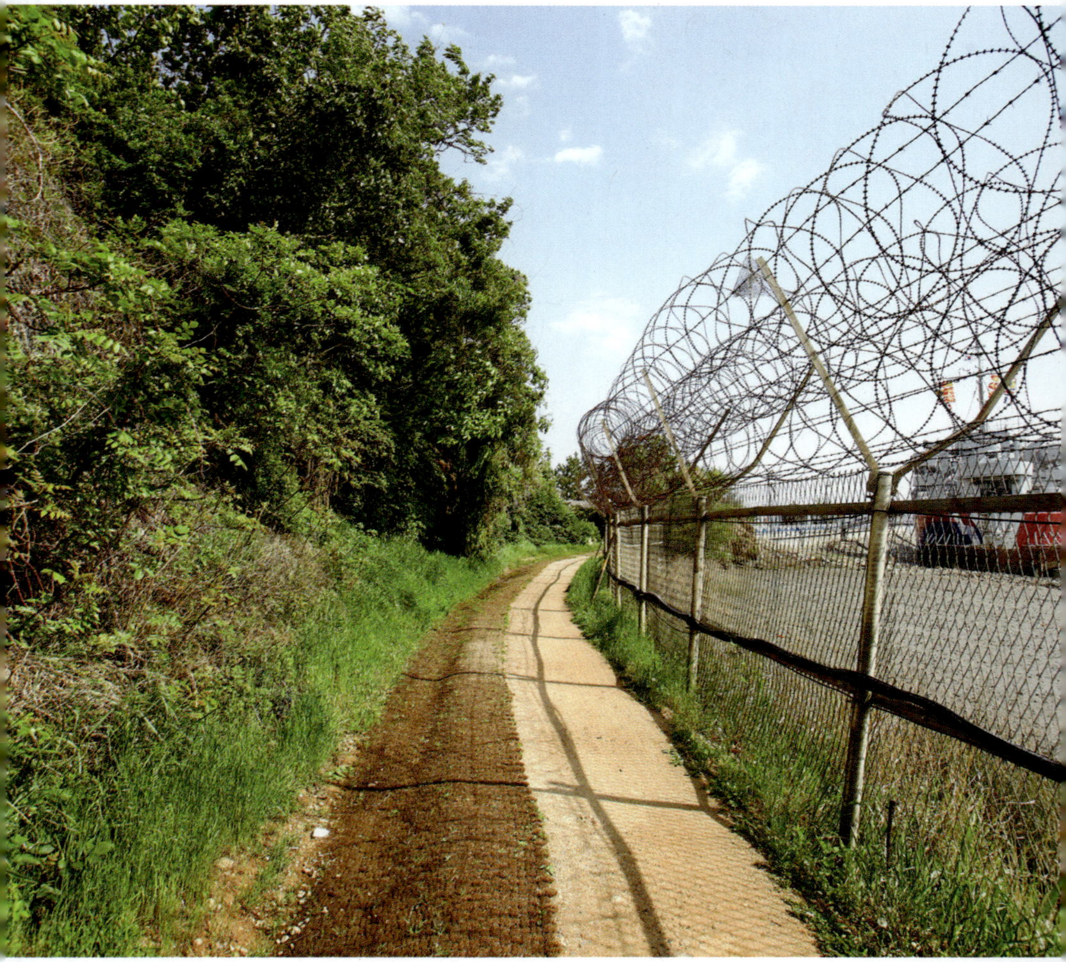

코스 정보

시작점 김포시 대곶면 대명리 517-4 **도착점** 김포시 월곶면 포내리 2-2
코스 길이 13.6km **트레킹 시간** 4시간
코스 특징 강화해협을 왼쪽에 두고 해안 길과 군인들의 철책 순찰로를 따라 걷는다. **난이도** A
상세경로 대명항 - 덕포진 - 손돌묘 - 쇄암리 쉼터 - 김포씨사이드CC - 문수산성 입구
시작점 대중교통 김포골드라인 구래역 구래역 버스정류장에서 일반 60-3번 버스 승차 평일 12~25분 간격, 주말 25~30분 간격 운행, 대명항 정류장 하차. 약 37분 소요
포토존과 추천 경관 대명항, 함상공원, 해안 철책 산책로, 덕포진
유의사항 컨디션 난조 시 탈출로가 애매함. 오전 중 출발하길 권함. 도중에 매점, 식당 등이 없음. 식수나 간식 미리 구비 필요

구글 지도가 보여주는 한반도 모습은 심플하다. 남과 북의 구분만 있을 뿐 지극히 평화롭다. 개성과 인천 사이를 확대해보면 차이가 드러난다. 여전히 단조로운 북녘과 달리 남쪽의 산하와 대지는 한껏 오밀조밀하다.

누군가 무심코 그어 놓은 듯한 곡선 하나가 낙서처럼 거슬리지만, 가느다란 그 선을 사이에 두고 우리 땅 강화도와 김포반도와 파주 일대가 북녘땅 개풍군과 마주 보고 있다. 이들 4개 지역 사이로 끼어든 몇 갈래 푸른 물길들은 결국은 큰 바다 서해로 모여 하나가 된다.

함경남도 마식령에서 흘러온 임진강은 파주 오두산 앞에서 더 큰 물줄기 한강으로 섞인다. 두 강이 만나는 이곳 두물머리부터 김포반도 지나 강화 초입까지 이어지는 한강 하류 구간을 옛사람들은 '할아버지 강'을 뜻하는 조강祖江이라 불렀다. 개경과 한양 사이에서 남과 북의 사람들이 교역하고 소통했던 한반도 중심 물길이었다. 이 물길이 남쪽으로 가지를 치며 강화와 김포를 갈라놓는데 이 좁은 바닷길이 강화해협이다. 짠 바닷물이지만 큰 강과 같다 하여 예부터 '염하鹽河' 또는 '염하강'으로 불렀다. 한반도를 넘보는 외적들에겐 한강을 통해 한양 도성으로 이어지는 관문과도 같던 물길이다. 병인양요와 신미양요 등 우리 근현대사의 생생한 역사가 녹아 있다.

물살이 세고 길이가 20km에 달하는 염하의 남쪽 끄트머리쯤에 김포 대명항이 자리 잡고 있다. 경기둘레길의 출발점이자 회귀 종착점이다. 전어, 밴댕이, 삼식이, 왕새우, 꽃게탕, 해물칼국수, 소떡 무료, 전 메뉴 포장 가능⋯. 대명항 버스정류장에서 둘레길 출발점까지 500m 거리는 침샘 고이게 하는 정겨운 간판들 일색이다. 남도의 어느 해안 포구 분위기가 난다.

대명항 옆은 김포함상공원이다. 수명 다한 군함에 올라 내부를 체험할 수 있다. 함상공원 바로 옆이 먼 길의 출발점이다. 김포시의 공식 캐릭터인 '포수와 포미' 인형이 예쁘게 단장한 모습으로 반겨주고, 바로 옆으로 경기둘레길과 평화누리길 1코스를 함께 소개하는 지도에 스탬프 함까지 보인다.

울창한 숲으로 단장한 아치형 입구로 들어서면 염하강 철책을 따라가는 오솔길이 시작된다. 원래는 해안 초병들만 다닐 수 있는 순찰로였다. 민간인 출입이 엄격히 통제된 구역이었지만 이제는 이렇게 개방되어 멋진 도보여행 길로 거듭났다.

20~30분 걸으면 덕포진이다 완만한 언덕이지만 주변 경관이 한눈에 들어오는 명당이다. 맞은편 강화도의 덕진진과 함께 한강을 통해 현양 도성으로 향하려는 외적을 초기에 방어하는 최전선 진지였다. 불과 150여 년 전, 프랑스와 미국 등 서구 열강의 현대식 군함과 맞서 싸운 역사의 현장이다. 현장 안내판이 그때의 현실을 생생하게 전해준다.

덕포진을 내려와 만나는 손돌묘는 고려 시대 뱃사공 손돌의 무덤이다. 몽골군을 피해 강화로 건너가던 고려 왕 고종의 경솔한 오해로 죽임을 당했다. 물살 빠른 염하 강물이 'S'자로 구부러지는 모퉁이면서 강폭도 좁아지기에 급류에 휘말려 난파하기 쉬운 곳이다. 손돌이 죽었던 800년 전이나 지금이나 물살의 차이는 크지 않을 것이다. 손돌은 빠른 물살을 피해 안전하게 왕 일행을 강화로 모시려고 바로 강 건너로 가지 않고 아래쪽 초지진으로 향했다. 민심을 잃은 탓이었을까? 의심이 많은 고종은 손돌이 자신을 해치기 위해 엉뚱한 곳으로 간다고 여겨 그를 죽였다. 죽음을 앞둔 손돌은 바가지를 물에 띄우며 '이 바가지를 따라

가면 무사히 건널 수 있을 것'이라고 말하였다. 손돌 덕에 무사히 강을 건넜음을 알았으나 이미 뱃사공을 죽인 뒤였다. 왕은 뒤늦게 후회하며 지금의 자리에 무덤을 만들고 제사를 지내게 하여 손돌의 영혼을 위로하였다.

이름처럼 한강 물에 밀려 '떠내려왔다'는 부래도浮來島를 지나고, 공원묘지 효자원을 거쳐 석정천을 건넌다. 기다란 김포씨사이드골프장이 끝날 즈음이면 아담한 버스정류장이 나온다. 정류장 벤치에 앉아 잠시 쉬어가기 좋다. 버스는 다니지 않지만 '김포평화 정류소'라는 어엿한 이름까지 있다. '서울에서 39km, 평양까지 179km'라는 안내 팻말이 한반도 현실을 실감하게 해준다. 포내천을 건너고 강화대교 아래를 지나 염하강을 등지면 곧이어 1코스 종착점인 문수산성 남문에 도착한다.

TRAVEL TIP 주변 명소

📷 김포함상공원
1945년 태평양전쟁의 오키나와 전선과 1966년 베트남전쟁 등에 참전했다가 퇴역한 미국산 상륙함 운봉함을 활용하여 전시장으로 만들었다. 일반인이 군함 내부를 체험할 수 있도록 조성한 수도권 유일의 함상공원이다. 공원 외부에는 분수대를 중심으로 이벤트 광장 무대, 어린이 놀이터, 수륙양용차와 메모리얼 가든, 느린 우체통 등 다양한 볼거리들이 배치되어 있다. 📍김포시 대곶면 대명항1로 110-36 📞031-980-2482

📷 손돌묘
몽골군의 침략을 피해 강화도로 피신하던 고려 임금 고종을 태워준 뱃사공 손돌의 무덤이다. 갑자기 파도에 배가 크게 흔들리자 겁에 질린 임금이 뱃사공이 자기를 죽이려 한다고 오해하여 손돌의 목을 베게 하였다. 죽기 직전 손돌의 마지막 조언으로 무사히 물길을 건넌 임금이 자신의 성급함을 탓하며 손돌을 성대하게 장사 지내 주었다. 📍김포시 대곶면 신안리 산106

덕포진

강화의 초지진, 덕진진, 용두진 등과 함께 조선 시대 수군이 주둔했던 해안방어 기지 중 하나다. 한양으로 통하는 바닷길의 전략요충지에 위치하면서, 신미양요와 병인양요 때 서구열강의 함대와 치열한 포격전을 벌였던 현장이다. 덕포진 전시관 내부에는 포대에서 사용했던 중포와 소포 실물을 전시하거나 포대 상황과 모형 등을 재현해 놓고 있다. ⓞ 김포시 대곶면 덕포진로103번길 130

덕포진교육박물관

초등학교 교사를 지낸 부부가 사재를 내어 만든 사립박물관이다. 옛 시절 초등학교 정경을 일깨워주는 책걸상과 난로와 연통 또는 사각 양은도시락이나 풍금 등 다양한 물품들이 고스란히 보존, 전시되어 있다.
ⓞ 김포시 대곶면 덕포진로103번길 90 ☎ 031-989-8580

쇄암리전망대쉼터

대명항에서 북쪽으로 7.7km 지점에 있는 쉼터 겸 전망대이다. 1코스의 중간 지점이라 한 번 쉬었다 가기에 안성맞춤이다. 화장실을 갖춘 2층 건물 옥상에 오르면 지나온 철책 길과 마니산 등 강화도 전경이 한눈에 들어온다. ⓞ 김포시 대곶면 쇄암리 32-8 인근

김포 평화정류소

분단의 아픔과 DMZ 접경지역의 통일 염원을 담아 마련된 상징적인 정류소이다. 남과 북을 이어주는 버스가 다니진 않지만 '서울에서 39km, 평양까지 179km'라는 이정표가 부착돼 있다. 평양 가는 버스를 기다리는 상상을 해보며 정류소 벤치에 앉아 잠시 쉬어 가기 좋은 곳이다. ⓞ 김포시 월곶면 고양리 552

ONE MORE 주변 맛집과 숙소

- 나룻터숯불장어구이 1호점(민물장어, 갯벌장어) ⓞ 김포시 월곶면 김포대로3023번길 96 ☎ 031-981-1071
- 청기와횟집(생선회, 꽃게탕) ⓞ 김포시 대곶면 대명리 516-8번지 ☎ 031-987-0715
- 다원(아구탕, 소머리국밥) ⓞ 김포시 월곶면 김포대로 2801번길 41 ☎ 031-987-2558
- 도킹호텔 ⓞ 김포시 대곶면 대명항1로 50 ☎ 031-985-8991
- 무인텔 하비비 ⓞ 김포시 대곶면 대명항1로 40-7. 나동 ☎ 031-985-5467
- 무인텔 라붐 ⓞ 김포시 대곶면 대명항1로 40-9 ☎ 031-988-1465
- 무인텔 루이 ⓞ 김포시 대곶면 대명항1로 40-11 ☎ 031-986-0474
- 아이비모텔 ⓞ 인천 강화군 강화읍 강화대로 153 ☎ 032-932-9811

02 course 김포 2코스

문수산성 입구~애기봉 입구 8.2km

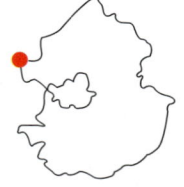

김포의 문수산성 입구에서 시작해 애기봉 입구까지 이어진 코스이다. 거리는 8.2km이다. 산성 너머 조강리에서 500m만 벗어나 철책 앞에 서면 한강 너머 북녘이 바로 앞 동네처럼 또렷이 보인다. 조강저수지를 지나고 한강을 향해 흐르는 개화천을 건너면 애기봉 입구이다. 난이도는 C, 전반부는 문수산을 오르내리는 비교적 어려운 구간이다.

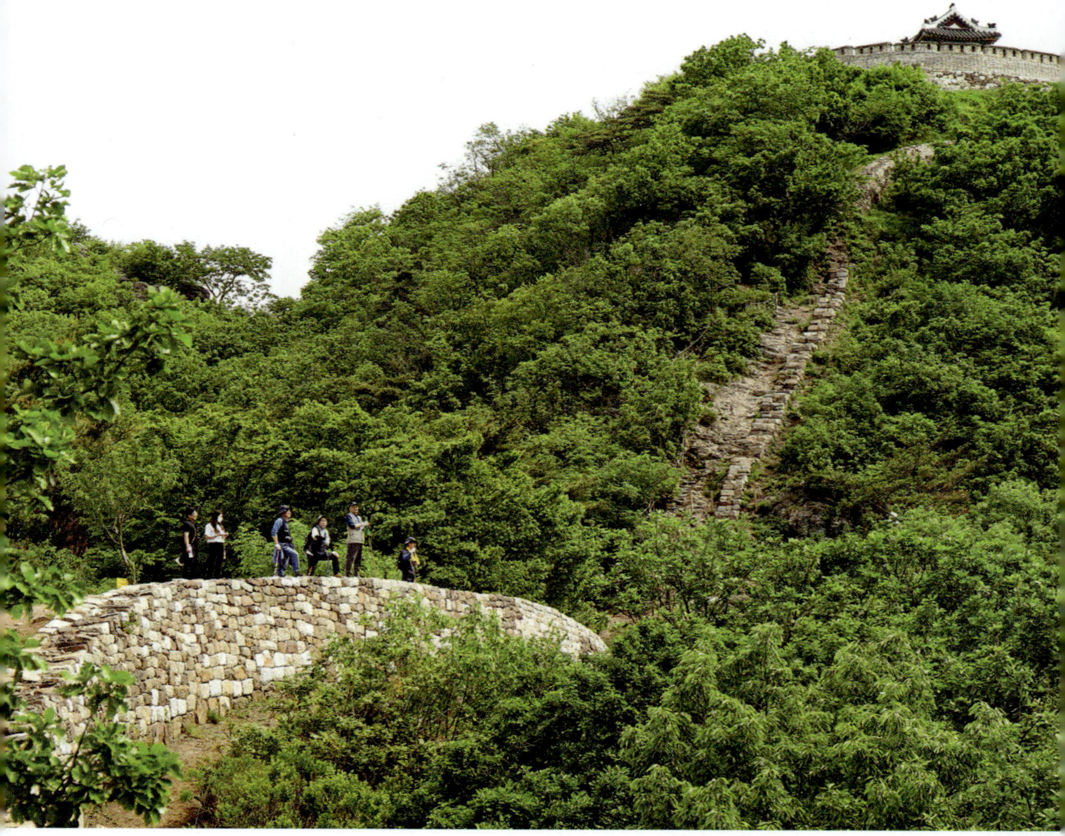

코스 정보

시작점 김포시 월곶면 포내리 2-2 **도착점** 김포시 하성면 가금리 219-8
코스 길이 8.2km **트레킹 시간** 3시간 30분
코스 특징 그 옛날 한양의 최후 보루였던 문수산성을 넘어 북녘땅과 가까운 조강마을로 내려선다. **난이도** C
상세경로 문수산성 입구 - 홍예문 - 청용회관 - 조강1리 다목적회관 - 조강저수지 - 애기봉 입구
시작점 대중교통 강화여객자동차터미널강화터미널 버스정류장에서 88, 96, 90, 3000번 버스 승차평일 9~25분 간격, 주말 8~30분 간격 운행 후 성동검문소 정류장 하차. 버스에 따라 약 7~11분 소요
포토존과 추천 경관 문수산성 정상, 조강저수지, 문수산성, 조강마루, 애기봉 평화생태공원
유의사항 문수산성 홍예문까지는 가파른 등산 구간임. 시간 여유가 되면 2코스 노선을 살짝 이탈하여 문수산 정상까지 올랐다 내려오는 게 좋음

해발 376m의 문수산 정상은 송악산 일대의 북녘은 물론 남쪽으로는 뱃길까지 광범위하게 시야에 닿는 곳이다. 고려 무신정권의 강화도 천도와 몽골군과의 격전을 묵묵하게 지켜보았다. 그리고 조선에서는 한양 도성을 지키는 최전선의 중요 전략거점이었다. 조선 왕조는 문수산 서쪽 일대에 강화 앞바다가 잘 내려다보이는 능선을 따라 사각형 모양 산성을 둘러쌓았다. 전체 거리 6km가 넘었다. 1866년 병인양요 때 프랑스군에 점령되면서 해안 쪽 2km를 비롯해 많은 부분이 훼손되었다. 다행히 90년대 이후 조금씩 복원되면서 오늘에 이르렀다.

경기둘레길 2코스는 문수산 등성이를 따라 문수산성과 함께 하는 구간이다. 산성 너머 조강리 마을에선 500m만 코스를 벗어나 철책 앞에 서면 한강 너머 북녘이 바로 앞 동네처럼 또렷이 보인다. 휴전선과 가장 가까워지는 구간이다.

경기둘레길 2코스는 문수산성 남문 옆 평화누리길 입구를 지나 등산로에 들어서면서 시작된다. 가파른 지그재그 숲길을 30분 정도 오르면 시원한 전망대가 나온다. 염하강 너머 마니산과 강화도 정경이 그윽하게 펼쳐진다. 김포 북쪽 지역과 강화를 잇는 다리는 두 개이다. 강화대교 왼편을 잇는 다리는 일반인은 건널 수 없는 군용다리다. 지도상에는 표기도 안 되어 있다.

산등성이 따라 500여 미터를 더 올라가면 팔각정 전망대가 반긴다. 이곳에서도 비슷한 풍광과 마주하지만, 가시권은 더 넓어진다. 원래는 성곽을 따라 더 오르다 홍예문에서 산성과 헤어지고 하산을 해야 하지만, 이왕이면 문수산 정상까지 다녀오는 게 좋다. 둘레길 코스를 벗어나 정상까지 오르면 왕복 800m가 추가된다.

문수산 정상 표지석 뒤로 견고한 성곽으로 둘러싸인 장대가 우뚝 솟아 있다. 6.25 한국전쟁 이후 군용 헬기 이착륙장으로 쓰이던 곳이다. 고증을 통해 장수의 총괄 지휘소인 장대를 복원했다. 장대에선 염하강 남쪽의 초지대교에서부터 북쪽으로 임진강과 한강이 합류하는 모습까지 주변 산하가 한눈에 들어온다.

정상에서 둘레길 노선으로 내려온다. 홍예문 갈림길이다. 문수산성에는 원래 정규 문루門樓 3개와 아문亞門 4개가 있었다. 홍예문은 아문 중 하나이다. 현재는 염하강에 인접한 서남쪽 남문과 서북쪽 북문 그리고 동쪽과 남쪽 아문 2개를 복원했다. 아문은 암문暗門이라고도 부른다. 아문은 누각이 없다. 적에게 노출되지 않게 만든 비밀 통로이기 때문이다. '성곽의 깊숙하고 후미진 곳에 설치하여 적의 눈을 피해 사람과 가축이 통과하고 양식 등을 나르던' 통로다.

경기둘레길 중 문수산성 구간은 정규 남문 앞에서 남쪽 아문인 홍예문까지 1.8km 구간이다. 홍예문 삼거리에서 김포대학교 쪽으로 하산을 시작하면 울창한 소나무 숲길을 지나 잠시 후 고막리 마을로 내려선다. 군 시설인 청룡회관과 아이들 호기심 놀이터인 코코랜드를 지나면 조강1리 마을회관에 이른다. 마을회관은 게스트하우스를 겸하고 있다. 잠시 마을회관 평상에 걸터앉아 관광 안내 지도를 훑어보다 다시 걸음을 재촉한다.

회관 인근 조강저수지는 휴전선과 가장 가까워지는 지점이다. 10분 정도만 북쪽으로 올라가면 강둑 위 철책 사이로 한강 너머 북한 땅이 시야 가득 잡힌다. 분단이 현실임을 지척에서 실감할 수 있는 곳이다. 드넓게 펼쳐진 논밭 사이로 개화천 둑방 길이 계속 이어진다. 이정표를 따라 어느 외딴집 뒤로 난 오르막 숲길로 들어선다. 숲길 내리막 끝에 2코스 종착점이 있다. 애기봉 입구이다. 평화누리길 3코스 지도 판과 경기둘레길 스탬프 함이 도로변에 함께 서서 여행자를 반긴다.

TRAVEL TIP 주변 명소

📷 문수산성

조선 숙종 20년1694년 축조된 산성으로 1866년 병인양요 당시 프랑스군과 치열한 격전을 치른 국방유적사적 제138호이다. 서해와 강화, 인천, 파주 등을 한눈에 살필 수 있다. 문수산성 정상에는 장대가 있다. 군 지휘자가 적의 동태를 살피고 군사들에게 명령을 내리던 곳이다. 정면 3칸, 측면 1칸 25.74㎡ 규모로 홑처마 팔작지붕 형태의 목조 건축물이다. 📍 김포시 월곶면 문수산로 20-453

📷 애기봉

병자호란 때의 슬픈 전설이 전해져 오는 한강 변의 해발 150m 남짓한 봉우리이다. 1636년 12월 청나라가 조선으로 쳐들어 왔다. 평안감사에게는 사랑하는 기생 애기가 있었다. 애기는 평안감사의 손에 이끌려 한양으로 피난길에 나섰다. 하지만 감사는 지금의 북한 땅인 한강 건너 개풍군에서 오랑캐에게 잡혔다. 용케 위기를 모면한 애기는 홀로 한강을 건넜다. 그녀는 더는 피난하지 않고 강가의 쑥갓머리산에 올라가 매일같이 연인의 무사 귀환을 빌었다. 하지만 기생 애기는 감사를 그리워하다 병사하고 말았다. 마을 사람들은 애기의 사연을 딱하게 여겨 산꼭대기에 그녀의 무덤을 만들고 장사를 지내주었다. 이때부터 사람들은 쑥갓머리산을 애기봉이라 부르기 시작했다. 애기봉은 우리나라에서 북한을 제일 가까이에서 볼 수 있는 곳이다. 애기봉에 평화생태공원과 전시관, 전망대가 있다. ◎ 김포시 하성면 평화공원로 139 ☎ 031-980-2482

📷 조강저수지

월곶면 조강리의 조강저수지는 김포의 숨겨진 명소이다. 북한을 가까이에서 볼 수 있는 애기봉이 가까이 있다. 낚시꾼들이 즐겨 찾는 곳으로 이들은 저수지를 '조강 랜드'라고 부른다. 문수산이 둘러싸고 있어서 분위기가 편안하고 아늑하다. 이곳에서 애기봉과 철책선 넘어 이북의 산야를 조망할 수 있다. 저수지를 한 바퀴 도는 산책길을 잘 가꾸어 놓았다.

ONE MORE 주변 맛집과 숙소

- 🍴 동해막국수(막국수, 수육) ◎ 김포시 월곶면 김포대로 2994 ☎ 031-984-8814
- 🍴 문수산들마루(오리고기, 닭백숙) ◎ 김포시 월곶면 김포대학로 144 ☎ 031-997-5279
- 🍴 문수산성(한우숯불구이, 육회) ◎ 김포시 월곶면 용강로103번길 70-23 ☎ 031-997-2337
- 🏠 문수산펜션 ◎ 김포시 월곶면 문수산로 174-25 ☎ 010-3568-4311
- 🏠 마리의정원 펜션 ◎ 김포시 월곶면 문수산로 128-40 ☎ 010-9055-0225

03 김포 3코스
course **애기봉 입구~전류리 포구 17.2km**

2코스가 김포의 서북단 월곶면을 누빈다면 3코스는 동북단 하성면의 DMZ 접경지 여러 마을을 거친다. 북한과 마주하는 한강 구간을 옆에 두고 걷고, 푸르고 드넓은 김포평야도 관통한다. 앞의 두 코스가 그렇듯 경기둘레길 3코스는 평화누리길 3코스와 노선이 똑같다. 난이도는 A, 평지가 이어지는 쉬운 구간이다.

코스 정보

시작점 김포시 하성면 가금리 219-8 **도착점** 김포시 하성면 전류리 42-4
코스 길이 17.2km **트레킹 시간** 4시간 30분
코스 특징 철책 사이로 불어오는 북녘 바람을 맞으며 광활한 김포평야를 걷는 길이다. **난이도** A
상세경로 애기봉 입구 - 가금리 느티나무 - 마근포리 마을회관 - 검문소 - 연화사 - 석탄리 철새조망지 - 전류리 포구 **시작점 대중교통** 김포정류장김포초교 앞 버스정류장에서 2번 버스 승차20~25분 간격 운행 → 약 35분 이동 → 하성 종점 정류장 하차 후 반대편 하성 종점 정류장으로 이동도보44m → 마을 버스 24번 승차60분 간격 운행 후 약 15분 이동 → 애기봉 입구 정류장 하차
포토존과 추천 경관 한재당, 김포평야로 이어지는 농로, 석탄리 철새조망지, 한강, 가금리 느티나무, 후평리 철새도래지 **유의사항** 온전한 평지 구간이지만 매점이나 식당 등이 거의 눈에 띄지 않는다. 식수와 간식 등을 미리 준비하는 게 좋다.

애기봉은 김포시 월곶면 조강 기슭에 솟은 해발 154m의 야트막한 봉우리다. 한국전쟁 때 조강을 건너온 북한군과 치열하게 전투를 벌인 154고지로, 수도권에선 북녘을 가장 가까이에서 볼 수 있는 곳이다. 경기둘레길 3코스 출발점과 300m 떨어진 애기봉 입구 검문소에서 신원 확인을 한 후 다시 1.5km를 더 들어가면 애기봉 평화생태공원이다. 1978년에 지은 낡은 건물을 철거하고 전망대와 여러 전시관 등을 다시 짓고 2021년 9월에 오픈했다. 사전 예약 www.aegibong.or.kr을 해야만 입장이 가능하다. 애기봉이라는 지명은 '어린 아기'와는 관계없고, 병자호란 때 피난길에 올랐던 평안감사와 그의 애첩 '애기愛妓'의 이별 이야기에서 유래됐다고 한다.

애기봉 전망대인 '루프탑154'에 오르면 개성 송악산 아래로 개풍군 일대 선전마을과 야산들이 바로 눈 앞에 펼쳐진다. 전망대에 설치된 망원경을 통해 보면 북한군 초병들이 서로 잡담하는 모습까지 볼 수 있다. 바로 밑을 흐르는 조강한강과 임진강이 만나 서해로 흐르는 구역의 강 이름은 썰물 때면 군데군데 갯벌 바닥이 드러난다. 어렵지 않게 오갈 수 있을 것 같은 착각이 든다.

경기둘레길 2코스가 김포반도의 서북단 월곶면을 누빈다면 3코스는 동북단 하성면의 DMZ 접경지 여러 마을을 거친다. 북한과 마주하는 한강 구간을 옆에 두고 지나간다. 이때는 북녘이 가깝다는 느낌을 생생하게 받는다. 김포평야도 걷는다. 농로가 끝이 보이지 않을 만큼 길게 이어진다. 경기둘레길 3코스도 앞 코스들처럼 평화누리길 3코스와 노선이 똑같다.

3코스 출발점에서 애기봉 입구 정류장을 지나 처음 만나는 삼거리에는 우람한 고목 두 그루가 서 있다. 제 무게에 꺾이지 말라고 받침대도 받쳐주었고, 철제 울타리까지 둘러주었다. 이 마을에선 아주 소중한 존재임을 알겠다. '가금리 느티나무', 쌍둥이 형제처럼 또는 부부처럼 450년 넘게 이곳에 서서 마을을 지켜왔다. 가금2

리 마을회관 정류장 앞에선 500년 된 또 한 그루 고목과 만난다. 조선 초에 영의정을 지낸 박신의 묘역 앞이다. '깨우침을 주는 향나무' 또는 '학목學木'이라 불리는 연유가 안내 글에 소개되어 있다.

가금천을 따라 걷다 양택천을 건너면 마근포리 마을로 들어선다. 북쪽으로 농로 500m 거리에 북한 땅이 훤히 보이는 한강 철책선이 이어진다. 마조리를 지나 후평리에서는 조경과 정원이 아름다운 사찰 연화사를 만난다. 방생 도량 연못인 연화지와 위장 속병, 피부병까지 낫게 한다는 감로정 약수 소개 글이 눈길을 끈다. 연화사를 지나면 길은 남으로 방향을 튼다. 한강을 거슬러 걷는 길이다. 이윽고 후평리에 이르면 드넓은 김포평야가 펼쳐진다. 후평리 구간에선 끝이 안 보일 정도로 길게 뻗은 농로가 인상에 남을 만하다. 3km가 넘는 농로가 광활한 김포평야의 한 가운데를 한 치 굽이도 없이 일직선으로 뻗어있다. 더운 날씨엔 지겨울 수도 있

겠지만 봄가을이라면 시원하고 편안한 길이 될 것이다.

특히 이 일대는 '후평리 철새도래지'로 유명하다. 김포평야가 바로 옆 한강과 맞닿아 있다 보니 흑두루미와 독수리 등 철새들에겐 먹거리와 쉴 거리가 마냥 풍부한 낙원인 셈이다. 이런 장관은 농로 위를 걸을 때보다 후평리를 갓 벗어난 쉼터인 석탄리 철새조망지에서 잘 드러난다. 쉼터에 관찰 망원경이 여러 대 설치되어 있다. 때만 맞으면 다양한 새의 일상을 생생하게 훔쳐볼 수 있다. 철새조망지에서 전류리 포구까지 4km가 남았다. 역시 일직선 구간이다. 차이라면 농로가 아니라 강변 둑길을 걷는 점이다. 서울을 관통한 한강이 곧 임진강을 맞이하려 준비를 하고 있다. 강 너머 파주 문발 지역과 심학산 일대 정경이 철망 사이로 그윽하게 다가온다.

TRAVEL TIP   주변 명소

📷 애기봉 평화생태공원

평화, 생태, 미래를 주제로 한 평화생태전시관이다. 1978년에 설치한 애기봉 전망대를 철거하고 평화생태전시관을 다시 지었다. 수도권에서 북한을 최단거리에서 바라볼 수 있는 곳이다. 역사와 미래, 평화와 자연이 함께하는 다양한 문화 콘텐츠를 만날 수 있다.
📍 경기도 김포시 하성면 가금리 193-7
📞 031-989-7492

📷 조강

조강은 하성면 시암리와 월곶면 보구곶리 유도留島 사이를 흐르는 물길 이름이다. 한강과 임진강이 만나 서해로 흐르는 강이다. '큰 강', '할아버지 강'이라는 뜻을 담고 있으며 한강과 임진강의 모든 지류를 아우르는 '으뜸 강'이라는 의미도 담고 있다. 조강 구역엔 한국전쟁 전까지 나루터와 100여 가구가 밀집한 큰 마을이 있었다. 한강하구의 수운과 물류의 중심지 역할을 했으나 1953년 7월 정전협정에서 '한강하구 중립 수역'으로 지정되면서 출입이 엄격히 제한되었다. 사람의 발길이 끊기자 역설적으로 조강 구역은 순환과 치유를 반복하며 세계적인 멸종위기종이 서식하고 번식하는 생태의 보고로 변모했다. 오늘도 조강은 '비극이 만든 자연'을 품고 서해로 흐른다.

📷 김포 연화사

연화산 자락에 있는 작은 사찰이다. 몸에 좋은 감로수약수물와 방생 연못이 있는 힐링 공간이다. 사찰이지만 조경이 아름다워 정원 분위기를 풍긴다. 납골 시설을 갖춘 추모관도 있다. 산책하듯 가볍게 둘러보기 좋다.

📍 김포시 하성면 연화봉로 233 📞 031-988-3531

📷 후평리 철새도래지와 석탄리 철새조망지

흑두루미와 독수리 등 철새들이 계절 따라 찾아오는 도래지이다. 김포평야가 바로 옆 한강과 맞닿아 있는 위치이다. 석탄리철새조망지는 후평리를 갓 벗어난 위치에 있는 쉼터 겸 전망대이다. 쉼터에 관찰 망원경이 여러 대 설치되어 있다. 때만 맞으면 다양한 새의 일상을 생생하게 훔쳐볼 수 있다.

📍 김포시 하성면 석평로224번길 149-31

ONE MORE 　주변 맛집과 숙소

- 🍴 뱀부포레스트(파스타, 스테이크, 디저트) 📍 김포시 하성면 전류리 15-8번지 📞 031-997-7001
- 🍴 산촌녹차두부(순두부정식, 연잎정식) 📍 김포시 금포로1915번길 81 📞 031-983-0665
- 🍴 오이향기(보리굴비한정식) 📍 김포시 하성면 월하로 977-10 📞 0507-1318-8430
- 🏠 선녀와나뭇군펜션 📍 김포시 하성면 하성로 873-5 📞 010-9050-7010
- 🏠 벨루치무인텔 📍 김포시 하성면 금포로1915번길 27 📞 031-989-8181
- 🏠 리버사이드모텔 📍 김포시 하성면 금포로1915번길 37-5 📞 031-981-6794
- 🏠 드라이브인무인텔 📍 김포시 하성면 금포로 1915번길 25 📞 031-989-8181

04 고양 4코스
course 전류리 포구~동패 지하차도 19.9km

전류리 포구는 민물과 바닷물이 하루에 두 번씩 섞이는, 북방한계선NLL과 고작 10km 떨어진 어장의 포구이다. 한강 최북단 포구에서 시작하는 4코스는 일산대교를 가운데 두고, 전반은 김포시 구간을 마무리 짓고, 후반은 고양시를 단번에 통과하는 구간이다. 난이도는 A, 쉬운 길이 이어진다.

코스 정보

시작점 김포시 하성면 전류리 42-4 **도착점** 고양시 일산서구 가좌동 576-8 **코스 길이** 19.9km
트레킹 시간 5시간 30분 **코스 특징** 한강을 곁에 끼고,자전거 겸용 길을 따라 걷는 코스다. 일산대교를 넘어 한수 이북으로 들어선다. **난이도** A **상세경로** 전류리 포구 - 봉성포천 - 김포한강 야생조류생태공원 - 일산대교 - 킨텍스 - 가덕교 - 가좌 근린공원 - 동패 지하차도 **시작점 대중교통** ❶ 김포 북변환승센터 구터미널에서 일반 7번 버스 승차평일 30~60분 간격, 주말 60~80분 간격 운행 → 약 35분 이동 → 전류리 포구 정류장 하차 ❷ 운양역 김포골드라인운양역 버스정류장에서 일반 7번 버스 승차평일 30~60분 간격, 60~80분 간격 운행 → 약 17분 이동 → 전류리 포구 정류장 하차 → 북쪽으로 도보 310m
포토존과 추천 경관 하동천 생태탐방로, 김포 아트빌리지, 김포 한옥마을, 김포 용화사 미륵석불, 전류리 포구, 킨텍스, 김포한강 야생조류생태공원 **유의사항** 한강 철책을 곁에 끼고 따라 걷는 전반부 구간이 지루할 수 있다. 오가는 자전거에 주의를 기울여야 한다.

 한강 둑방 길이 78번 지방도와 만나는 삼거리에 평화누리길 표지판과 경기둘레길 스탬프 함이 서 있다. 석탄리 철새 조망지부터 직선으로 4km 이어진 도로 폭이 1차선에서 2차선으로 넓어진다. 이곳에서 250m 더 나아간 전류리 포구에서 3코스가 끝이 나고 4코스가 시작된다.
'한강 전류리 포구'라고 큼직하게 쓴 표지판 아래에 '자연산 황복 참게 민물장어 숭어 새우'라는 글씨도 곁들여 있다. 이곳 지명인 '전류顚流'는 '물이 뒤집혀서 흐른다'라는 의미다. 민물과 바닷물이 하루에 두 번씩 섞이며 뒤집히는 위치이기에 다양한 어종이 잡히는 모양이다. 북방한계선NLL과 고작 10km 떨어진 어장이다. 군부대의 사전허가를 받은 한정된 어선만 고기를 잡을 수 있다. 한강 최북단인 어장에서 시작하는 4코스는 일산대교를 가운데 두고, 전반은 김포시를 마무리 짓는 구간이면서 후반은 고양시를 단번에 통과하는 구간이다.

포구 직판장 지나서 만나는 이마트24 앞은 탁자 위에 배낭 잠깐 내려놓고 먼 길 가기 위한 숨을 고르기에 적합하다. 강 너머 파주출판단지 뒤로 심학산이 도드라져 보인다. 운양삼거리에서 길을 건너면 잠시 후, 조선 초기 한강에서 건져 올린 미륵 석불 입상이 유명하다는 용화사가 나온다. 아쉬운 점은 교통량 많은 큰 도로를 건너야 한다는 것이다.
곧이어 한강 변 따라 넓게 조성된 야생조류생태공원으로 들어선다. 계속 걸어오던 길이라 자칫 일직선으로 뻗은 평화누리 자전거길을 따라가기 쉽다. 공원 숲길로 인도하는 오른쪽 데크 길을 놓치지 않는 게 좋다. 다양한 야생조류가 서식하는 습지 사이사이로 숲길과 철새 이야기길 또는 황톳길 등 다양한 테마의 산책로가 아기자기하게 이어진다.

공원 끄트머리에 피사의 사탑처럼 기울어진 모습으로 김포에코센터가 서 있다. 전시관과 영상관을 둘러보며 한강 일대에 서식하는 다양한 종류의 텃새와 철새 등에 대해 알아볼 수 있다. 2층과 3층 전망대의 망원경을 통해 새들을 관찰하면서 생태공원 전체를 한눈에 조망할 수 있다.

인천 계양산 자락에서 발원하여 흘러온 계양천을 건너면 잠시 후 김포레코파크를 지난다. 이름도 그렇고 겉으로 보이는 외관도 무슨 공원 느낌이지만, 사실은 공공하수처리시설이다. 재생Recycle, 환경Eco, 공원Park이라는 3개의 단어를 엮어 레코파크Recopark라는 합성어 브랜드를 만들었다. 인라인스케이트장, 족구장, 파크 골프장 등 시민들이 즐길 수 있는 여러 스포츠 공간을 조성했다.

이어지는 일산대교는 한강을 건너 파주 임진각과 북한의 개성을 최단거리로 연결하는 수도권 관문이다. 표지석의 문구처럼 '남북을 잇는 대동맥'이다. 한강에 설치된 31개 교량 중 하류 맨 마지막 다리다. 차 타고만 지나던 한강 다리를 두 발로 뚜벅뚜벅 걸어서 건너보는 것도 특별한 경험이다. 그간 지나온 김포평야와 앞으로 가야 할 고양과 파주 땅이 시야 가득 들어온다.

일산대교를 내려서면 고양시 법곳동이다. 대교 바로 옆에서 한강으로 흘러드는 대화천을 거슬러 올라가다 곧이어 대화동으로 들어선다 길 건너 대한민국 전시 비즈니스의 대표 공간 킨텍스의 서쪽 면을 따라간다. 전시장 넓이만으로 아시아에서 네 번째 규모라는 킨텍스 건너편에는 일산호수공원이 누워있다. 고양종합운동장과 휴게공원을 지나고 나면 고양시 마지막 지역인 가좌동으로 들어선다. 법곳동, 대화동, 가좌동 모두 고양시의 서쪽 귀퉁이인 일산서구 지역이다. 가좌 근린공원을 지나는 구간은 짧고 쾌적하지만, 동패 지하차도까

지 이어지는 나머지 2km는 도로 구간이다. 자동차 매연과 소음이 꽤 신경 쓰인다. 심학산 산속으로 들어서기 위해 거쳐야 할 단조롭고 지루한 통과의례다.

경기둘레길은 끊기지 않고 계속 이어지지만, 평화누리길은 3, 4코스에서 딱 한 번 끊긴다. 평화누리길 3코스 종점은 전류리 포구지만, 4코스는 중간을 건너뛰어 행주산성에서 시작하여 일산호수공원에서 끝난다. 헤어졌던 두 길은 평화누리길 5코스일산호수공원~동패 지하차도 후반부에서 이산가족 상봉하듯 다시 만난다.

TRAVEL TIP 주변 명소

📷 용화사

김포시 운양동 운양산에 있는 사찰이다. 대한불교조계종 직할 교구 본사인 조계사의 말사이다. 1405년조선 태종 5 뱃사람 정도명이 창건하였다. 용화사에는 다음과 같은 창건 설화가 전해져 내려온다. 정도명은 원래 선원이었다. 햇살 좋은 어느 봄날, 그는 강화도에서 국세로 받은 곡물을 배에 싣고 한양으로 가고 있었다. 김포 운양산 앞 한강에 배를 정박시키고 밀물 때를 기다리고 있었다. 잠깐 잠이 들었다가 꿈을 꾸었다. 꿈속에 부처가 나타나 배 밑에 석불이 가라앉아 있으니 얼른 찾아서 운양산 기슭 한강이 내려다보이는 곳에 절을 짓고 불상을 모시라고 하였다. 이에 정도명이 선박 일을 그만두고 용화사를 지었다고 한다. 일설에는 바다에서 미륵불이 나타나 빛을 내뿜자 이 절을 지었다고도 한다. 📍 김포시 금포로 1487-5 📞 031-984-3234

📷 김포레코파크

레코파크Recopark란 영문 Recycle, Eco-Friendly, Park의 합성어로 옛날 하수처리장의 새이름이다. 하수를 깨끗한 물로 재생하여 환경을 아름답게 하고, 아울러 시민들이 휴식공간으로도 쓰인다는 뜻을 담았다. 실제로 김포레코파크엔 족구장, 풋살장, 인라인스케이트장, 그리고 그라운드 골프장 등 시민들이 휴식하며 운동할 수 있는 체육시설을 갖추고 있다. 📍 김포시 감암로 137

📷 한강 야생조류생태공원

수도권에서 가장 큰 생태공원이다. 전체 넓이는 약 17만 평이다. 김포한강신도시가 생기면서 김포평야와 한강을 찾는 야생조류의 서식지가 파괴되는 것을 막기 위해 만들었다. 푸른 습지와 산책길 등이 있다. 큰기러기, 쇠기러기, 재두루미 등이 날아들어 다양한 철새를 관찰할 수 있으며, 물길 따라 걸으며 한강의 정취도 흠뻑 느낄 수 있다.

한강 야생조류생태공원 안에는 김포에코센터가 있다. 김포시와 한강 주변에 서식하는 텃새와 철새 등을 보호하고, 자연생태를 교육하기 위해 2015년에 만든 자연생태 전시관이다. 한강 일대 텃새와 철새 정보를 전시하는 에코관, 새를 관찰할 수 있는 전망대, 한강에 사는 대표 조류인 재두루미 대형 조형물 등이 있다.

📍 김포시 김포한강11로 455

ONE MORE 주변 맛집과 숙소

- 🍴 **한강삼계탕(삼계탕, 옻삼계탕)** 📍경기 김포시 김포한강11로 438 📞 031-983-1190
- 🍴 **남궁(중화요리)** 📍고양시 일산서구 일산로 682 📞 031-911-3773
- 🍴 **양촌리아구(아구찜, 아구탕)** 📍고양시 일산서구 대화2로 152 📞 031-985-7764
- 🍴 **참숯구이 소백산(갈비탕, 돼지갈비, 소갈비)** 📍고양시 일산서구 일산로 762 📞 031-913-2800
- 🍴 **청이네청도미나리삼겹(미나리삼겹살, 항아리훈제삼겹살)**
  📍경기 파주시 교하로 605-32 📞 031-941-6762
- 🛏 **빅토리아모텔** 📍고양시 일산서구 중앙로 1559-19 📞 031-915-1740
- 🛏 **아마다모텔** 📍고양시 일산서구 중앙로 1575 7층 📞 031-911-1822
- 🛏 **수필호텔** 📍고양시 일산서구 중앙로 1568 화성프라자 8층 📞 031-921-9955
- 🛏 **아비숑모텔** 📍고양시 일산서구 중앙로 1559-23 📞 031-919-8811

05 course 파주 5코스
동패 지하차도~성동사거리 15.8km

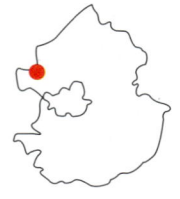

5코스는 평화누리길 6코스와 노선이 똑같다. 출발점인 동패 지하차도는 파주시와 고양시의 접경이면서 파주 심학산의 동쪽 등산로 입구이기도 하다. 임진강 너머 북한 땅을 내려다보며 살래길에 마지막 힘을 쏟고 나면 비로소 통일동산공원 지나 성동사거리에 이른다. 난이도는 C, 두 번 산행 구간이 있는 조금 힘든 코스이다.

코스 정보

시작점 고양시 일산서구 가좌동 576-8 **도착점** 파주시 탄현면 성동리 638 (파주시 관광안내소)
코스 길이 15.8km **트레킹 시간** 5시간 10분 **코스 특징** 파주 심학산을 넘어 출판단지를 지난다. 임진강과 합쳐지기 직전의 한강 변을 따라 걷는다. **난이도** C **상세경로** 동패 지하차도 - 파주출판단지 근린공원 - 공릉천 - 장준하 추모공원 - 성동사거리 **시작점 대중교통** ❶ 경의중앙선 일산역 앞 일산시장정류장에서 마을버스 079번 승차90분 간격 운행 → 41분 이동 → 두산 마을회관 버스정류장 하차 ❷ 대화역 버스정류장에서 일반 버스 20-1번 승차30분 간격 운행 → 약 17분 이동 → 산남 입구 버스정류장 하차 ❸ 고양종합터미널버스정류장에서 광역 9707번 승차10~11분 간격 운행 → 약 35분 이동 → 두산마을 버스정류장 하차
포토존과 추천 경관 파주출판도시, 파주 장릉, 오두산통일전망대, 공릉천, 심학산, 오두산성
유의사항 중반은 평지이지단 초반 심학산에 이어 종반 살래길까지 두 번의 산행 코스가 있기에 조금 힘이 부칠 수 있음. 종반에 충분한 휴식을 취한 후 검단사 산길로 올라서는 게 좋다.

경기둘레길 5코스는 평화누리길 6코스와 노선이 똑같다. 길 안내는 평화누리길 이정표에 따르면 된다. 경기둘레길 리본도 종종 확인할 수 있다. 출발점인 동패 지하차도는 파주시와 고양시의 접경이면서 파주 심학산의 동쪽 등산로 입구이기도 하다. 지하차도가 시작되는 산자락 자연 육교로 올라 아담한 아치형 입구를 지나면 등산로가 시작된다. 고양시를 등지고 파주시로 들어서는 것이다.

오래간만에 오르는 산행길이다. 2코스의 문수산 능선길보다 덜 가파르면서 더 울창한 숲길이 편안하게 이어진다. 문수산 높이의 절반 수준이다. 동네 뒷산 정도의 심학산이지만 그리 낮다는 느낌은 들지 않는다. 산 중턱 낙조전망대에 서면 한라산 1000m 고지가 부럽지 않다. 가깝게는 파주출판단지와 자유로 앞을 도도하게 흐르는 한강 물줄기에서부터 멀리 영종도와 강화도 그리고 북한 땅 개성과 개풍군 일대까지 아스라하게 펼쳐진다. 산 위치가 조금만 더 북서쪽이었다면 다른 고산들에 치여 명함조차 못 내밀었을 것이다. 한강 하류를 낀 드넓은 평야에 오로지 홀로 솟아 있기에 심학산은 그 존재감이 도드라져 보인다.

배밭정자사거리 거쳐 심학산을 내려오면 산 주변의 호젓한 분위기와 식당과 카페 등 상가 건축물들의 도회적인 분위기가 겹친다. 잠시 후 문발동 출판단지에서 만나는 풍경은 의외로 이국적이다. 각기 개성이 넘치는 출판사들을 보고 있으면 건축물이 아름다운 외국의 어느 소도시에 들어선 것 같다. 이채사거리를 돌아 교보문고 건물을 지날 즈음, '사람은 책을 만들고 책은 사람을 만든다'라는 한 구절에 잠시 마음을 빼앗긴다. 가슴을 열어 한 번 더 음미해보게 된다.

심학교사거리 돌아 출판단지 근린공원을 지나며 국도 77번 자유로와 만난다. 잠시 헤어졌던 한강과도 다시 만난다. 넓은 도로 따라 자동차들이 급하게 질주하지만, 철망 너머 습지에선 철새들이 유유자적 한가롭다. 바닷물과 하천의 담수가 만나는 습지라서 다양한 동식물이 서식한다. 자연생태계의 보고다.

시끄러운 자유로와 헤어져 잠시 내륙의 한적한 시골길을 걷는다. 이어서 만나는 공릉천하구습지 역시 그냥 헤어지기엔 아까운 곳이다. 천변 습지의 온갖 조류들이 다양한 자태로, 걷는 이와 자전거족을 유혹한다.
자유로 건너 오두산 전망대를 바라보며 그 맞은편, 검단사 입구로 들어선다. 다시 산길이 이어진다. 숲으로 오르는 나무계단 입구에 큼직한 '살래길' 표지 목판이 흔들거린다. 천년고찰 검단사를 기점으로 산 주변을 한 바퀴 돌아오는 총거리 4.2km인 살래길 1코스와 잠시 함께한다. 오르막이지만 가파르지 않다. 푹신한 흙길에 능선 따라 드러나는 주변 경관까지 시원하기 이를 데 없다. 온몸을 '살래살래' 흔들며 기분 좋게 걸을 만한 환경이지만, 5코스 시작점부터 걸어온 이들에겐 '살래길이 아니라 죽을래길'이라는 우스갯소리도 나올 법하다. 심학산에 이어 먼 길을 걷고 난 후에 다시 만나는 산길인 까닭이다. 꽤 힘이 부칠 만하다.
장준하 추모공원을 지나고 으리으리한 고려통일대전 건물들과 멀리 임진강 너머 북녘을 내려다 보며 마지막 힘을 쏟고 나면 비로소 통일동산공원 지나 성동사거리에 이른다.

TRAVEL TIP 주변 명소

📷 심학산

한강하구, 파주출판단지 뒤편에 있는 산이다. 높이는 해발 194m이다. 신증동국여지승람에는 심악산으로 기록되어 있으나, 이 산엔 학과 연결된 이야기가 전해온다. 조선 숙종 때였다. 궁궐엔 왕이 귀히 여기던 학이 있었다. 그중에서 두 마리가 궁궐을 도망쳤다. 뒤에 이곳에서 그 학을 발견하였다고 해서 '학을 찾은 산, 심학尋鶴'이라고 부르게 되었다고 한다. 높은 산은 아니지만, 정상에 올라서면 파주와 고양, 한강, 임진강, 강화도, 그리고 북한 땅 일부까지 한눈에 내려다보인다.

📷 오두산통일전망대

한강과 임진강이 만나는 두물머리에 있다. 1992년 고향을 잃은 이산가족의 한을 달래주고, 통일안보 교육 현장으로 활용하기 위해 세웠다. 전망대에 서면 북으로는 개성 송악산, 남으로는 서울의 63빌딩까지 한눈에 볼 수 있다. 지상 5층, 지하 1층 건물이다. 주변에 오두산성이 있다.

📍 파주시 탄현면 필승로 369 📞 031-945-3171

📷 검단사

파주시 탄현면 오두산에 있는 절이다. 대한불교조계종 제25교구 봉선사의 말사이다. 847년신라 문성왕 9 혜소가 창건했다고 전하나 정확한 기록이 없어서 알 길이 없다. 전해오는 이야기에 따르면 혜소는 얼굴색이 검어 흑두타 또는 검단이라는 별명을 가지고 있었다. 절 이름은 그의 별명에서 유래했다. 오두산이 검은 편이라 검단사라고 하였다는 이야기도 전한다. 절을 처음 지을 때는 파주시 문산읍 운천리에 있었으나, 1731년정조 7 장릉長陵을 탄현면 갈현리로 옮길 때 함께 현재의 위치로 옮겼다 한다. 아마도 장릉의 원찰로 삼은 게 아닌가 싶다.

📍 파주시 필승로 292-33

📷 파주 장릉

조선 제16대 임금 인조와 왕비 인열왕후 한씨가 같이 묻힌 합장릉이다. 인조는 선조 임금 다섯째 아들인 정원군(훗날 원종으로 추존)의 맏아들이다. 능양군에 봉해졌는데 1623년(광해군 15년) 인조반정으로 왕위에 올랐다. 인조는 27년 재위 동안 이괄의 난, 정묘호란, 병자호란을 겪었다. 병자호란에서는 서울 송파구의 삼전도에서 청나라 태종에게 항복하고 소현과 봉림 두 아들을 인질로 보내는 치욕을 당했다. 조선의 왕 중에서 선조만큼이나 무능한 왕으로 평가받는다.

📍 파주시 탄현면 장릉로 90　📞 031-945-9242

📷 고려통일대전

고려의 태조 왕건과 고려 475년의 충신과 공신들의 위패를 모신 곳이다. 고려선양회라는 민간단체에서 기부금과 경기도 지원금으로 지었다. 오두산통일전망대 근처 국가대표 축구팀 트레이닝센터 위쪽에 있다. 자유로에서 문산 방향으로 가다가 보면 한식 목조 기와 건물이 길게 늘어선 모습이 제법 웅장하다. 1995년 12월부터 공사를 시작해 2005년 12월에 완공하였다. 충신각, 공신각, 정전, 강당이 들어섰다.

ONE MORE　주변 맛집과 숙소

🍴 **황금코다리 파주헤이리점**(코다리조림, 코다리해물조림)
　📍 경기 파주시 탄현면 새오리로 4　📞 031-944-2244

🍴 **오백년누룽지백숙 본점**(토종닭누룽지백숙, 오리누룽지백숙)
　📍 파주시 탄현면 새오리로 94　📞 031-8071-6500

🍴 **오두산막국수 통일동산점**(메밀국수, 녹두전)　📍 파주시 탄현면 성동로 17　📞 031-941-5237

🍴 **산내음 파주본점**(곤드레정식, 장단콩청국장)　📍 경기 파주시 탄현면 평화로 885-18　📞 031-946-8155

🏨 **반디호텔**　📍 파주시 지목로 57　📞 031-943-6631

🏨 **유로호텔**　📍 파주시 지목로 19　📞 031-942-0315

🏨 **데데아호텔**　📍 파주시 탄현면 필승로 487-43　📞 031-957-7600

🏨 **다온무인텔**　📍 파주시 탄현면 성동로 7-25　📞 031-949-4226

🏨 **골든힐호텔**　📍 파주시 탄현면 성동로 36-30　📞 031-942-0222

06 course 파주 6코스

성동사거리~반구정 20.1km

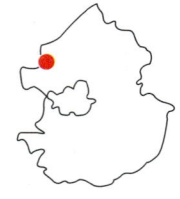

6코스는 통일동산 옆 성동사거리에서 출발하여 탄현면을 종단한 후 문산읍 반구정까지 이어진다. 대부분 임진강을 옆에 두고 북으로 거슬러 오르는 길이다. 가는 길에 프로방스 마을과 헤이리 문화마을, 식물원 카페 '문지리 535' 등을 만난다. 잠시 발길을 멈추고 쉬었다 가도 좋겠다. 코스 난이도는 A, 조금 길지만 평이하다.

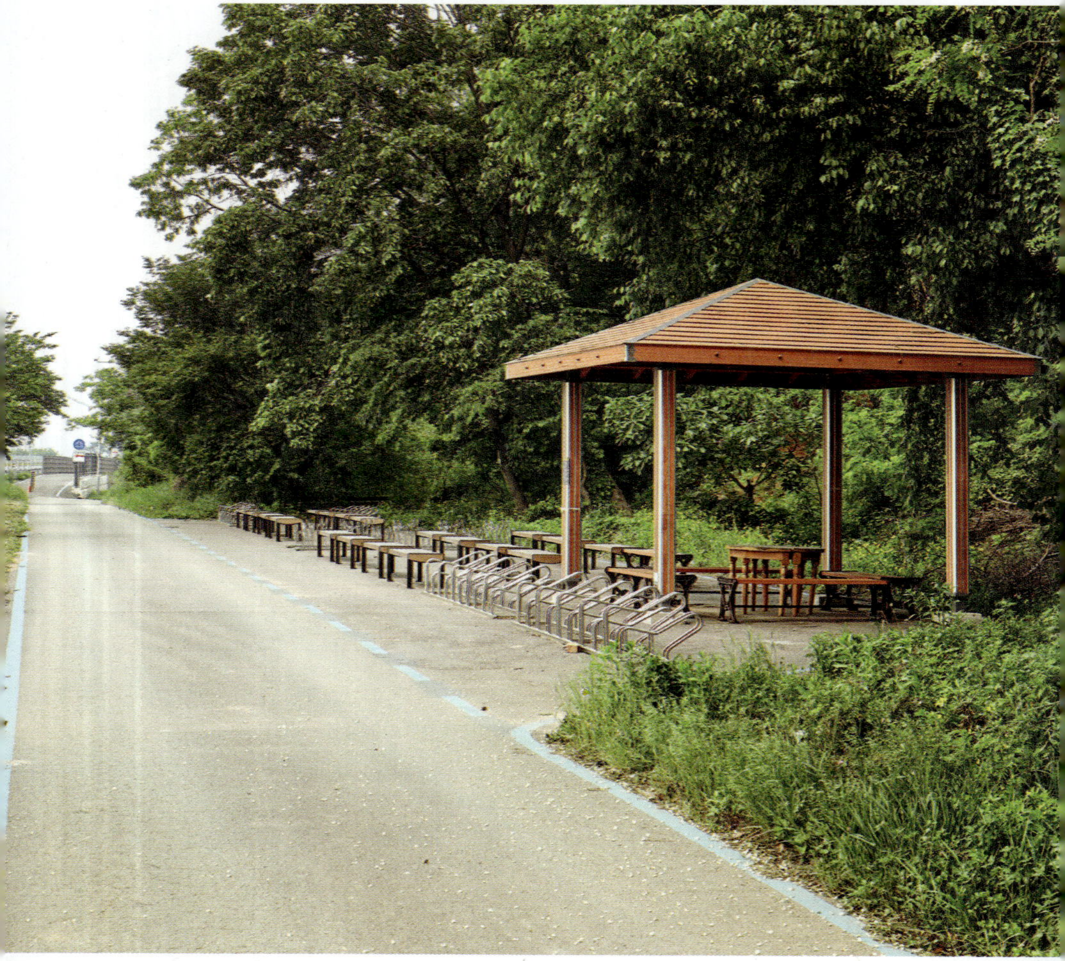

코스 정보

시작점 파주시 탄현면 성동리 638(파주시 관광안내소) **도착점** 파주시 문산읍 사목리 212-3
코스 길이 20.1km **트레킹 시간** 6시간 45분
코스 특징 임진강과 조우하는 구간이다. DMZ인 '민간인 통제선' 팻말을 자주 만난다. **난이도** A
상세경로 성동사거리 - 프로방스 마을 - 만우천 - 식물원 카페 문지리535 - 낙하IC - 내포IC - 임월교 - 반구정
시작점 대중교통 ❶ 금촌역 정류장금촌역 경의중앙선에서 마을버스 33번 승차25분 간격 운행 → 약 27분 이동 → 성동사거리 버스정류장 하차 ❷ 금촌역 정류장금촌역 경의중앙선에서 75-2번, 900번, 마을버스 36번 승차평일 17~110분 간격, 주말 25~110분 간격 운행 → 약 29~43분 이동 → 맛고을입구 버스정류장 하차
포토존과 추천 경관 프로방스 마을, 반구정, 파주 헤이리마을, 임진강
유의사항 계속 평지라 수월하다. 코스 초반의 프로방스 마을과 코스 인근의 헤이리마을, 또는 문지리535 등에 들러 여유를 즐기며 걷자.

 오두산 동북쪽 건너편에 있는 통일동산은 파주시 탄현면 성동리 일원에 조성된 안보·관광단지다. DMZ 군사분계선과 2km밖에 안 떨어진 남북 최접경 지역이다. 전국 33개 관광특구 중 하나이다. 6코스는 이곳 통일동산의 교통 관문인 성동사거리에서 출발하여 탄현면을 종단한 후 문산읍 반구정까지 이어진다. 임진강을 옆에 두고 거슬러 오르는 구간이다. 대부분 자유로 따라 걷는다. 평화누리길 7코스 '헤이리길'과 온전하게 겹친다. 그렇다고 헤이리 예술마을을 지나는 건 아니다. 일부러 들러보려면 도보로 15분 벗어나야 한다. 헤이리는 서울시 인사동과 대학로에 이어 세 번째로 지정된 '문화지구'이다. 둘레길 코스를 살짝 벗어날지라도 잠시 들러 휴식하듯 느긋이 둘러보는 것도 좋겠다.

'통일동산 관광특구'라는 큼직한 입간판이 돋보이는 성동사거리 주변은 장단콩 두부 요리점 일색이다. 민통선 지역인 장단면 일대에서 생산한 콩이 파주의 명품 먹거리임을 일깨워준다. 이어서 만나는 프로방스 마을은 이름에서 느껴지듯 유럽풍 테마 마을이다. 파리 에펠탑 모형 구조물과 남프랑스의 정취를 담아낸 카페, 레스토랑, 선물 가게들이 형형색색으로 모여 있다.

아기자기한 프로방스 마을을 지나면 임진강이 한강과 만나는 두물머리 지점이다. 자유로에 막혀 강은 보이지 않지만 시원한 강바람은 느낄 수 있다. DMZ 군사분계선이 1km 남짓 떨어져 있다. 앞으로 여러 코스를 이어가며 임진강과는 만나고 헤어지기를 반복한다. 6코스 중반부터는 '민간인 통제선'이라고 쓰인 큼직한 이정표를 자주 만난다. 도로 하나 너머가 155마일 휴전선 따라 이어지는 민통선이다.

탄현면 문지리에서 만나는 '문지리535'는 도심에서는 만날 수 없는 특이한 카페. 식물원 카페, 베이커리 카페 등으로 불리는 듯하다. 부자 동네 고등학교 건물처럼 길쭉하고 단조로운 외양이지만, 어쩐지 특이해 보이고 인상적이다. 실내에 들어서면 숲속에 있는 듯 아늑해진다. 동남아시아 숲에 온 듯 야자나무와 다양한 열대 식물이 빼곡하다. 열대식물 사이 사이에 테이블이 있다.

프로방스 마을 지나서부터 나란히 거슬러 올라왔지만, 임진강을 거의 눈에 담지 못했다. 자유로 넓은 길에 막히고 길가 숲에 가려졌기 때문이다. 문산 읍내로 들어서는 임월교 위에서 비로소 임진강과 정면으로 조우한다. 함경남도 마식령산맥에서 발원하여 230km를 흘러온 임진강 큰물이 문산천 작은 물줄기를 무심히 받아들이고 있다.

문산천 따라 남동쪽으로 15분만 내려가면 경의중앙선 문산역이다. 하지만 6코스는 반대편 북서쪽을 향한다. 당동리 마을을 감싸는 아담한 오솔길을 지나고, 농가와 논밭을 따라 길게 돌아서 나오면, 잠시 헤어졌던 자유로와 다시 만난다. 임진강 변의 반구정이 바로 앞이다.

TRAVEL TIP 주변 명소

📷 통일동산
파주시 탄현면 성동리와 법흥리 일대 약 91만 평에 조성되었다. 넓은 잔디밭, 인증 샷 찍기 좋은 조형물, 작은 놀이공원, 아이들이 더 좋아하는 평화열차, 산책로, 전망대 등을 갖추고 있다. 오두산 평화전망대, 통일동산 두부마을 등도 통일동산 관광특구에 포함된다. 📍 파주시 탄현면 성동리 670-2

📷 프로방스마을
1996년 파스타 맛집 '프로방스 레스토랑'이 큰 인기를 끌자 이를 계기로 아름다운 정원과 이야기가 있는 벽화, 야간 조명, 유럽풍 카페와 베이커리, 이탈리안 레스토랑 등을 갖춘 테마 마을로 꾸몄다. 프로방스를 콘셉트로 하였으나 포토존, 알록달록 파스텔톤 건물, 이색적인 벽화와 조형물 등으로 꾸며, 실제로는 프로방스 전원 풍경이라기보다는 상상 속의 동화나라를 재현해 놓은 것 같다.

📍 파주시 탄현면 새오리로 69 📞 031-946-6353

📷 반구정
조선 세종 때 유명한 정승이었던 황희1363~1452가 관직에서 물러나 갈매기를 친구 삼아 여생을 보내던 곳이다. 그는 영의정 18년, 좌의정 5년, 우의정 1년 등 무려 24년 동안이나 정승 자리에 있었다. 반구정으로 올라가는 계단이 아름다워 많은 사람이 인증 사진을 찍는다. 반구정 말고도 황희 선생 동상, 기념관, 제사를 지내는 영당 등이 같이 있다. 📍 파주시 문산읍 반구정로85번길 3 매표소 📞 031-954-2170

📷 문지리535

자유로 성동 IC 타고 문산 방향으로 가다 보면 만날 수 있는 실내 식물원 카페이다. 길쭉한 사각형 모양의 대형 건물로 전망이 아주 좋다. 실내에 들어서면 숲속의 열대 숲에 온 듯 아늑해진다. 야자나무와 다양한 열대 식물이 실내에 빼곡하다. 카페가 아니라 식물원의 열대 식물관에 들어온 것 같다. 식물과 야자나무 사이 사이에 테이블이 있다. 📍파주시 탄현면 자유로 3902-10 📞0507-1470-1408

📷 임진강

함경남도 덕원군 마식령산맥에서 발원하여, 황해북도 판문군과 경기도 파주시 사이에서 한강으로 유입되어 서해로 흘러든다. 길이는 254km이다. 경기도 연천에서 철원·평강 등을 흘러온 한탄강과 합류한다. 파주에서 문산천과 합치고 하구에서 한강을 만나 서해로 나간다. 한국전쟁 이전에는 연천과 철원까지 배가 다녔다. 지금은 한탄강과 더불어 남과 북을 가르는 군사분계선 역할을 하고 있다. 경계의 운명을 타고났을까? 삼국시대에는 백제와 고구려, 또 고구려와 신라의 국경선이었다.

ONE MORE 주변 맛집과 숙소

🍴 **전망대누룽지삼계탕**(토종닭누룽지백숙, 토종닭매운탕)
📍파주시 탄현면 대동리 107-11번지 📞031-942-9696

🍴 **반구정나루터집**(장어구이, 메기매운탕) 📍파주시 문산읍 반구정로85번길 13 📞031-952-3472

🍴 **파주닭국수 문산점**(닭국수, 얼큰갈비국수)
📍경기 파주시 문산읍 우계로457번길 41 대영프라자 📞031-952-0033

🏨 **Q호텔** 📍파주시 탄현면 샘철길 22 📞031-944-5353

🏨 **호텔더헤이리** 📍파주시 탄현면 새오리로161번길 53-37 📞031-945-0000

🏨 **호텔U&I** 📍파주시 탄현면 새오리로161번길 13-23 📞031-957-8919

🏨 **벨리타** 📍파주시 탄현면 새오리로161번길 53-28 📞031-942-5858

07 파주 7코스

course

반구정~율곡습지공원 13km

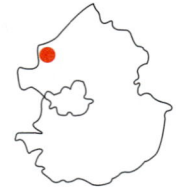

반구정에서 임진각 평화누리를 지나 파평면의 율곡습지공원까지 이어진다. 잘 보이진 않지만 역시 임진강을 거슬러 올라간다. 평화누리길 8코스 '반구정길'과 온전히 겹친다. 임진강역, 자유로 종점, 이율곡이 정치를 그만두고 머물렀던 화석정을 지나면 이윽고 종점이 보인다. 난이도는 A, 길은 대체로 평이하다.

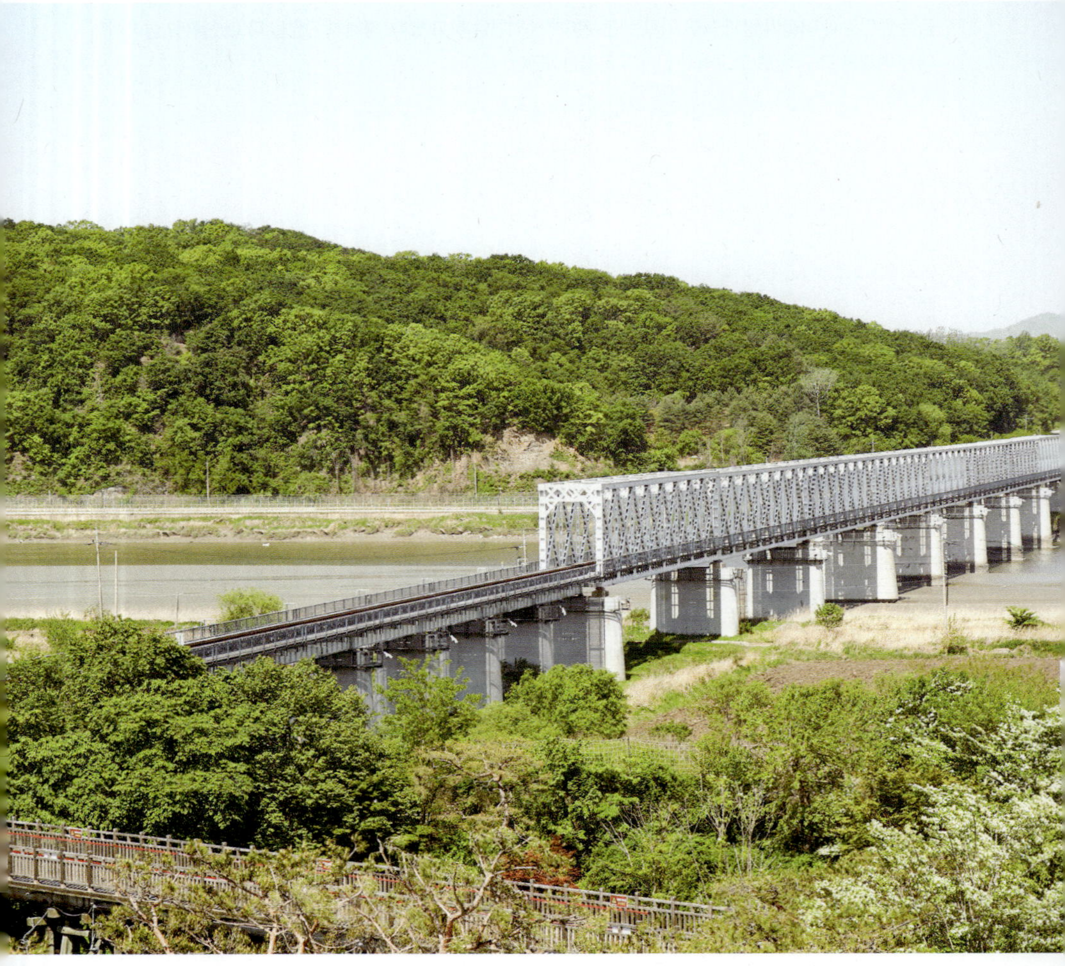

코스 정보

시작점 파주시 문산읍 사목리 212-3 **도착점** 파주시 파평면 율곡리 125-1
코스 길이 13km **트레킹 시간** 4시간 20분
코스 특징 남북분단의 현실을 피부로 느끼며 걷는 길이다. 황희 정승과 율곡 이이 등 역사 속 인물들도 만난다.
난이도 A **상세경로** 반구정 - 임진강역 - 장산1리 마을회관 - 오토 캠핑장 - 화석정 - 율곡습지공원
시작점 대중교통 ❶ 농협은행.시장입구앞 버스정류장문산읍에서 마을버스 053번 승차6~8분 간격 운행 → 약 21분 이동 → 사목1리.반구정 정류장 하차 ❷ 한진1차.문산역버스정류장경의중앙선 문산역에서 마을버스 053번 승차6~8분 간격 운행 → 약 23분 이동 → 사목1리.반구정 정류장 하차
포토존과 추천 경관 평화랜드, 화석정, 임진각관광지, 장산전망대, 황희 선생 유적지
유의사항 정규 7코스를 다소 벗어나지만, 임진각 평화누리와 장산전망대는 들러볼 만하다. 코스 도중에 상점이나 식당 등 휴식 공간이 없다. 간식과 음료 등은 미리 준비하자.

 단군 이래 우리 역사에서 왕을 보좌하고 국정을 운영했던 최고 2인자는 누굴까? 대체로는 황희 정승을 꼽는 듯하다. 고려 말 개성에서 태어나 과거에 급제하며 등용됐으나, 조선이 건국되자 한동안 '두문동'에 묻혀 두문불출하다가 태조 이성계의 출사 요청을 받아들여 조선 조정에 발을 들인다.

30대 초반부터 두루 요직을 거치다가, 세자 양녕대군 폐출이 부당하다는 입바른 소리를 했다가 태종 이방원의 분노를 사서 파직된다. 4년간 유배 끝에 세종에 의해 복직되어 다시 중용된 게 60세 때였다. 이후 명재상으로 세종을 보좌하다가 87세에 은퇴해 노후 마지막 3년을 보낸 곳이 바로 이곳 파주 반구정伴鷗亭이다. 반려 '반伴'에 갈매기 '구鷗' 자이니 '갈매기를 벗 삼아 노는 정자' 정도의 뜻이겠다.

이곳 절벽 위 정자에 앉아 도도하게 흐르는 임진강을 내려다보는 90세 노인을 떠올려본다. 이미 세상에 없는 고려 우왕과 조선 태조, 태종, 세종 임금들을 떠올리며 인생을 반추했을 것이다. 반구정 옆 '방촌 선생 영당'이란 한자 현판을 단 건물은 황희 정승의 영정을 모시고 있다. 570년 전에 천수를 누리고 세상을 뜬 노정객의 혼이 반구정 일원에 서려 있다.

7코스는 반구정에서 임진각 평화누리를 지나 율곡습지공원까지 이어진다. 가까이 잘 보이진 않지만 역시 임진강을 거슬러 올라간다. 평화누리길 8코스 '반구정길'과 온전히 겹친다. 반구정을 출발하고 자유로와 나란히 붙어가는 자전거길을 30분 정도 단조롭게 걷고 나면 임진강역에 도착한다. 수도권 전철 경의선 문산역과 남북철도의 출발점인 도라산역을 이어주는 가교역할을 하는 중요 포스트이다.

이곳까지 머나먼 길을 걸어왔는데, 7코스 리본 따라 그대로 휙 지나가 버리는 건 아까운 일이다. 한반도 분단의 상징인 임진각에 들러 2~3시간 정도는 머물다 가는 게 좋겠다. '철마는 달리고 싶다'라는 문구를 든 철마는 너무 헤지고 녹슬어 마음을 안타깝게 한다. 넓은 잔디 언덕에 들어선 복합문화공간 평화누리를 찬찬히 둘러본다. 임진강 남북을 잇는 유일한 통로였던 자유의 다리와 한반도 모양의 통일 연못, 그리고 실향민들이 차례를 지내는 망배단과 녹슬고 찢긴 장단역 증기기관차까지, 의미 있는 볼거리들이 아름다운 풍광을 배경으로 요소요소에 자리하고 있다.

임진각을 뒤로하고 다시 7코스를 이어가려면 자유로 종점과 1번 국도가 만나는 교차로부터 광활하게 펼쳐진 논과 밭 사이 농로를 따라 한참을 걸어야 한다. 마정리를 지나 장산리 장산전망대에 들러 굽이치는 임진강 물결과 초평도 너머 DMZ 지역을 잠시 조망하고 내려와 길을 재촉한다.

식당 간판들이 드문드문 나타나는 임진리로 들어서 조금 더 가면 임진강 절벽 위 화석정에 올라서게 된다. 반구정과 조선 초기 황희 정승의 관계처럼, 화석정은 조선 중기 율곡 이이가 퇴직 후 노후를 함께했던 정자다. 임진왜란 당시 급하게 의주로 피난길에 오른 선조 일행이 한밤중에 이곳에 당도했다고 한다. 칠흑 같은 어둠 속에서 어쩔 줄 몰라 하다가 화석정을 불태워 주변을 밝혀 무사히 강을 건넜다고 한다.

율곡은 왜란을 예견이나 한 듯 십만양병설을 주장했다. 율곡은 임진왜란 몇 해 전 눈을 감았다. 그가 머물렀던 정자를 횃불처럼 불태운 덕에 무사히 강을 건넌 선조는 도대체 무슨 생각을 했을까? 화석정에 이어 만나는 종착점 역시 '율곡'이란 지명이 붙은 넓은 습지공원이다.

TRAVEL TIP 주변 명소

📷 장산전망대와 초평도

임진각 서북쪽 문산읍 장산리 임진강 옆에 있는 전망대이다. 임진강부터 강너머 진동면, 초평도와 주변 산맥이 한눈에 들어온다. 날이 맑은 날에는 북한의 개성까지 볼 수 있다. 전망대에서 내려다보이는 임진강 가운데에 있는 섬은 초평도이다. 섬의 면적은 약 51만 평이다. 섬 전체가 민통선 북쪽에 있어서 출입할 수 없다. 전쟁 전에는 사람이 살며 논농사를 지었으나 지금은 습지로 변했다. 민통선 생태계의 보고이다.

📷 황희정승 묘

조선 초기 명재상 방촌 황희1363년~1452년 선생 묘이다. 그는 고려 때 과거에 급제하여 기울어가는 왕조의 모습을 가까이에서 지켜보았다. 1392년 고려가 망하자 젊은 선비 황희는 두문동에 은거하였다. 훗날 태조 이성계가 부르자 은거를 풀고 조선에서 벼슬을 지냈다. 여러 요직을 거치면서 태종 때엔 국가기반을 확립하였다. 세종 때에는 외교와 문물제도 정비, 4군과 6진의 개척 등을 지휘하여 세종이 르네상스를 이루는 데 크게 이바지하였다. 묘역은 3단으로 넓게 조성했고 봉분도 규모가 크다. 묘역에서 보는 풍광이 제법 시원시원하다.

📍 파주시 탄현면 정승로88번길 23-73

📷 파주 임진각(평화누리공원)

군사분계선에서 남쪽으로 7km 떨어져 있다. 바로 앞으로 임진강이 흐른다. 임진각은 한국 전쟁의 비극이 그대로 남아있는 대한민국의 대표적인 안보와 평화 관광지이다. 1972년 국도 1호선을 따라 민간인이 갈 수 있는 가장 끝에 임진각을 세우고 실향민이 아픔을 달래도록 하였다. 임진강 철교, 자유의 다리, 증기기관차 화통 등 전쟁유물을 살펴볼 수 있다. 임진각 동쪽엔 2005년에 33만 평에 이르는 넓은 잔디 언덕을 만들었다. 분단과 냉전의 상징이었던 임진각을 화해와 상생, 평화와 희망, 통일의 상징으로 바꾸자는 취지에서 평화누리공원이라고 이름 지었다. 임진각 남쪽에는 임진각역이 있다. 2020년 경의중앙선이 연장되면서 전철을 타고 임진각역까지 갈 수 있다. 문산역과 임진강역 사이를 평일엔 2회, 주말과 공휴일엔 4회 운행한다.

📷 화석정

파주시 파평면 율곡리 임진강 변에 있는 작은 정자이다. 왜구의 침공에 대비해 10만 군사를 기르자고 주장한 율곡 이이가 정치에서 물러나 이곳에서 제자들과 어울렸다. 선조가 임진왜란 때 의주로 피난 가다가 이 정자를 태워 불을 밝혀 한밤중에 겨우 임진강을 건넜다는 이야기가 전해진다. 17세기 후반 이이의 후손들이 다시 지었으나 6.25 전쟁 때 다시 불탔다. 지금의 정자는 1966년 파주시의 유림들이 다시 복원하였다. 정자엔 이이가 8세 때 화석정에서 지었다는 <팔세부시>가 걸려 있다.

📍 파주시 파평면 화석정로 152-72

ONE MORE 주변 맛집과 숙소

- 🍴 임꺽정한우마을(냉면, 한우갈비구이) 📍 파주시 파평면 화석정로 104 📞 031-954-3999
- 🍴 반구정나루터집(장어구이, 메기매운탕) 📍 파주시 문산읍 반구정로85번길 13 📞 031-952-3472
- 🍴 장단가든(참게매운탕, 두부버섯전골) 📍 파주시 문산읍 임진리 8-72번지 📞 031-954-1559
- 🍴 신솥해장국(선지해장국, 황태해장국) 📍 파주시 탄현면 동오리길 197-14 📞 031-945-8848
- 🏨 아비숑모텔 📍 파주시 파평면 화석정로126번길 122-35 📞 031-953-7470
- 🏨 포시즌 📍 파주시 파평면 화석정로126번길 144-20 📞 031-954-0021
- 🏨 필모텔 📍 파주시 파평면 화석정로 123 📞 031-953-5793

08 course 파주 8코스

율곡습지공원~장남교 18.3km

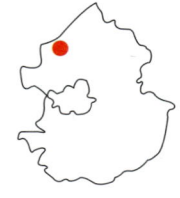

8코스는 평화누리길 9코스와 온전히 겹친다. 평화누리길 9코스 이름은 '율곡길'이다. 율곡로, 율곡교, 율곡식당, 율곡캠핑장, 율곡습지공원…. 8코스에선 유난히 율곡을 자주 만난다. 이곳이 이이의 고향인 까닭이다. 율곡 이이를 떠올리며 걷다 보면 어느새 적성면을 지나 임진강이 흐르는 장남교에 다다른다. 코스 난이도는 B, 보통 정도의 길이다.

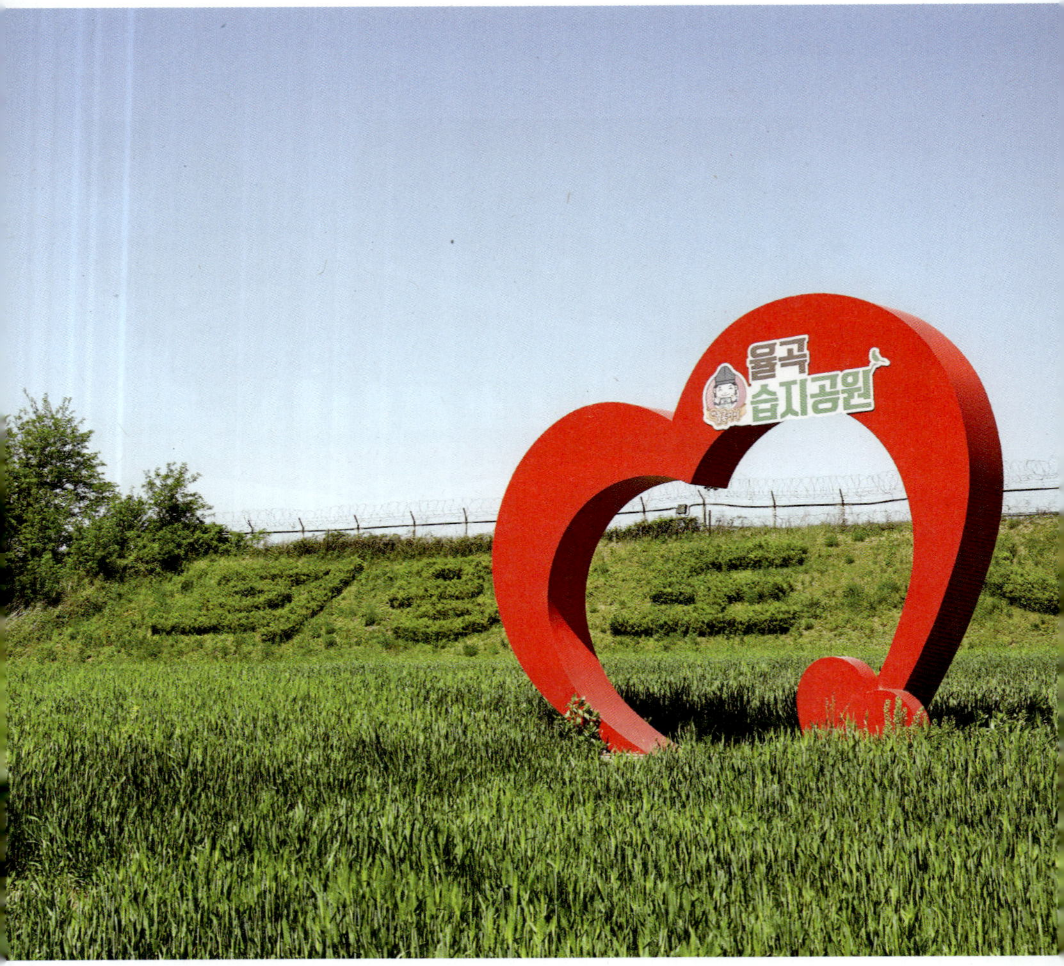

코스 정보

시작점 파주시 파평면 율곡리 125-1 **도착점** 연천군 장남면 원당리 산93-3
코스 길이 18.3km **트레킹 시간** 6시간 5분
코스 특징 임진강을 거슬러 올라간다. 장남교를 건너며 파주시를 등지고 연천군으로 들어선다.
난이도 B **상세경로** 율곡습지공원 - 파평면 행정복지센터 - 장파사거리 - 지장리 마을회관 - 황포돛배 두지마루 - 장남교(원당리) **시작점 대중교통** 한진1차.문산역 버스정류장(경의중앙선 문산역)에서 92번 버스 승차(평일 15~20분 간격, 주말 20~25분 간격 운행) → 약 14분 이동 → 율곡2리 정류장 하차
포토존과 추천 경관 율곡습지 공원, 임진강 황포돛배, 율곡수목원
유의사항 경기도 최전방을 달리는 37번 국도와 한동안은 나란히 간다. 오가는 자동차에 주의할 필요가 있다. 경기 옛길 의주길 팻말을 가끔 만나게 된다. 괴나리봇짐 지고 한양-의주를 오가던 옛사람들을 상상해보는 것도 좋겠다.

 7코스에서는 임진각역 주변부터 전혀 새로운 길 이정표를 만난다. '경기 옛길 의주길'이다. 조선시대 한양에서 의주대로를 따라 의주까지 오갔다. 중국으로 가던 사신들도 이 길을 걸어 압록강을 건넜다. 박지원의 『열하일기』에서 그 모습을 살펴볼 수 있다. '경기 옛길 의주길'은 DMZ에 의주대로가 막히자 경기도에서 임진각까지만 복원한 것이다.

사람 사는 땅이라면 세상 어디건 길은 있었다. 한반도 역시 마찬가지다. 삼국시대와 고려를 거치며 자연스럽게 또는 통치에 필요해서 길을 만들었다. 조선 시대에 이르러 6개 간선 도로망으로 확대되었다. 수도 한양을 중심에 두고 방사형으로 퍼져나가 전국을 이었다. 평안도 압록강변 의주까지는 의주대로, 한반도 동북단인 함경도 경흥까지는 경흥대로, 강원도 강릉 거쳐 경상도 평해까지 가는 평해대로, 경남 부산까지 영남대로, 호남 땅끝 해남까지 삼남대로, 그리고 강화도로 향하는 강화대로, 이렇게 여섯 갈래 길이다.

도산자 김정호는 『대동지지』에서 의주대로를 '서북지의주일대로'西北至義州一大路로 표기하고 있다. '한양에서 서북쪽 의주로 향하는 1번 대로'쯤으로 풀 수 있겠다. 우리 역사에서 보듯 의주대로는 조선을 중국 등 유라시아 대륙과 연결하는 가장 중요한 교통로였다. 6대 간선도로 중 1번 대로인 이유다.

오랜 세월 묻히고 잊혔던 옛길을 복원한 건 뜻깊은 일이다. 2013년 삼남길을 시작으로 2022년 10월 강화길까지 6대 간선 도로의 6개 경기 옛길이 모두 열렸다. 경기 옛길 의주길은 5개 구간으로 구성돼 있다. 이 중 마지막 5번 구간인 '임진나루길'이 경기둘레길 7코스와 부분적으로 겹친다. 임진강역과 화석정 주변에서 서로 교차하며 잠시 만나곤 헤어진다.

7코스 종반 화석정에서는 율곡이 8세 때 지었다는 팔세부시八歲賦詩 전문을 만나볼 수 있다. "숲속 정자에 가을 깊어가니, 시인의 마음도 한없이 깊어간다."로 시작된다. 정자 옆에 시비詩碑로도 서 있고, 정자 안 천장에도 쓰여 있다. 그만큼 화석정은 율곡 이이와 연관이 깊음을 말해준다.

화석정이 속한 마을 이름은 파주시 파평면 율곡리栗谷里다. 인근엔 율곡로, 율곡교, 율곡식당, 율곡캠핑장 등도 있다. 오늘날의 5천 원권 지폐 인물이고 어머니가 신사임당이면서 조선 성리학의 대가, 퇴계 이황과 함께 16세기를 대표하는 사람으로 수식되는 인물이 율곡 이이栗谷 李珥다. 태어난 곳은 외가인 강릉이지만, 그의 호 '율곡'은 아버지의 고향인 이곳 지명에서 따온 것이다. 인물이 먼저가 아니라 지명이 먼저였던 셈이다.

8코스와 온전히 겹치는 평화누리길 9코스의 이름도 '율곡길'이다. 코스 출발점인 율곡습지공원은 원래는 홍수 방지시설인 저류지였다. 집중호우 때 일시적으로 빗물을 저장하여 하천의 급격한 범람을 완충해주는 역할을 해주던 습지 일대가 지금은 드넓은 꽃밭으로 변모해 있다. 연꽃은 물론 유채꽃, 코스모스, 장미, 청보리 등 온갖 꽃들이 계절에 따라 피어난다. 학자의 숲, 부들습지, 소망정원, 장미 터널 등 구획이 잘 정리되어 있다. 자유의 여신상과 미켈란젤로 다비드상, 물레방아, 그네 등이 공원 곳곳에 정감있게 배치되어 있다. 꽃밭 뒤쪽 임진강 철책 앞엔 '평화의 계단'을 세웠다. 계단은 꼭대기의 흰색 비둘기 형상과 함께 멋진 포토존이 되어준다. 인근에 율곡수목원도 있다. 아쉽게 7코스 노선을 살짝 벗어나 있다.

임진강 철책을 따라 경기도 최전방을 달리는 37번 국도와 한동안 나란히 나아간다. 파평면 읍내마을인 금파리를 벗어나 장파사거리를 지나고 잠시 후면 파평면을 벗어나 파주 마지막 지역인 적성면으로 접어든다. 임진강과는 멀어지며 내륙 깊숙이 들어서지만, 접경지역 특유의 적막감은 오래 이어진다.
인적 없는 마을 길과 논밭과 들판과 작은 숲이 이어지는 시골길을 걷는다. 자장마을 지나 두지리 장남교에서 다시 임진강과 마주한다. 32m 다리 위에서 내려다보는 강물의 흐름은 한층 더 도도해 보인다. 두지나루터 앞에 떠 있는 유람선 황포돛배에도 유독 눈길이 간다. 기다란 장남교의 절반을 지나면 파주를 등지고 연천군으로 들어서게 된다.

TRAVEL TIP   주변 명소

📷 율곡수목원

파주시 파평면의 임진강 근처에 있다. 이곳이 고향인 율곡 이이의 호에서 수목원 이름을 따왔다. 약 10만여 평의 산림에 사계정원, 침엽수원, 암석원, 유실수원, 사임당숲 등을 꾸며놓았다. 유아를 대상으로 하는 숲 체험과 남녀노소 누구나 참여 가능한 산림치유프로그램을 운영한다. 수목원을 감싸는 5km 둘레길도 만들었다. 둘레길 전망대에 오르면 임진강을 비롯하여 파주의 아름다운 산세를 한눈에 담을 수 있다.
📍파주시 파평면 장승배기로 392

📷 감악산

바위가 많은 산으로 바위 사이로 검푸른 빛이 보인다고 감악산으로 부른다. 가평 화악산, 과천 관악산, 개성 송악산, 포천 운악산 등과 함께 경기도 오악으로 불릴 만큼 산세가 아름답다. 폭포, 계곡, 암벽 등을 고루 갖추고 있어서 이쪽 지역에선 명산으로 대접받는다. 몇 해 전 감악산 기슭에 길이 150m에 이르는 출렁다리를 설치했다. 많은 사람이 멋진 풍경과 짜릿함을 즐기기 위해 출렁다리를 찾는다. 감악산에 새롭게 등장한 인증 사진 명소이다. 📍파주시 적성면 설마천로 238

📷 임진강 적벽

다른 말로 임진강 주상절리라고 부른다. 임진강과 한탄강이 만나는 연천군 미산면 일대의 화산 유산이다. 아름다운 수직의 주상절리가 임진강을 따라 수 킬로미터에 걸쳐 발달해 있다. 이렇게 긴 주상절리는 국내에서 이곳이 유일하다. 가을이면 주상절리에 담쟁이와 돌단풍이 물들고 석양빛에 더욱 붉게 보여 적벽이라 부른다. 자연이 빚은 예술 같은 풍경에 감탄이 절로 나온다. ⓥ 연천군 미산면 동이리

📷 두지나루터의 임진강 황포돛배

옛날부터 배를 만들어 한강 이북 지방을 드나들던 배를 황포돛배라고 불렀다. 이름이 황포돛배인 이유는 돛의 색깔이 누렇기 때문이다. 황포돛배는 옛날 한강의 물류를 상징하는 배이지만, 어느 때부터인가 어느 지역에서든 돛배를 대부분 황포돛배라고 부르고 있다. 상암동의 서울월드컵경기장을 한강을 오가는 황포돛배에서 영감을 받아 설계하였다. ⓥ 파주시 적성면 율곡로 1857

ONE MORE 주변 맛집과 숙소

- 🍴 진미식당(간장게장, 꽃게탕) ⓥ 경기 파주시 파평면 장마루로 261 📞 031-958-3321
- 🍴 어부집(메기매운탕, 쏘가리매운탕) ⓥ 파주시 파평면 장승배기로366번길 15 📞 031-953-0787
- 🍴 장단콩두부집(순두부전골, 크다리두부찜) ⓥ 파주시 파평면 장마루로 197 장풍떡방앗간 📞 031-958-6057
- 🍴 원조두지리매운탕 1호점(메기매운탕, 참게매운탕)
  ⓥ 파주시 적성면 술이홀로2316번길 45 📞 031-958-5377
- 🏠 쉼표게스트하우스 ⓥ 파주시 파평면 장승배기로314번길 79 ≡ blog.naver.com/pajubnb
- 🏠 산들바람펜션 ⓥ 파주시 파평면 파평산로572번길 16 📞 010-4853-6940
- 🏠 또또와펜션 ⓥ 파주시 파평면 파평산로572번길 28 📞 010-8769-1349

09 course 연천 9코스

장남교~숭의전지 17㎞

파주 구간이 끝나고 연천군으로 들어서면서 길의 위치는 임진강 남쪽에서 북쪽으로 바뀐다. 9코스는 대부분 구간이 임진강 북쪽 강둑 위를 걷는 길이다. 경기둘레길 전 구간 통틀어 임진강을 가장 가까이하는 코스이기도 하다. 평화누리길 10코스와는 온전히 함께 나아간다.

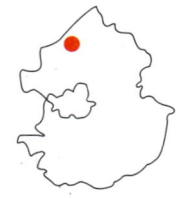

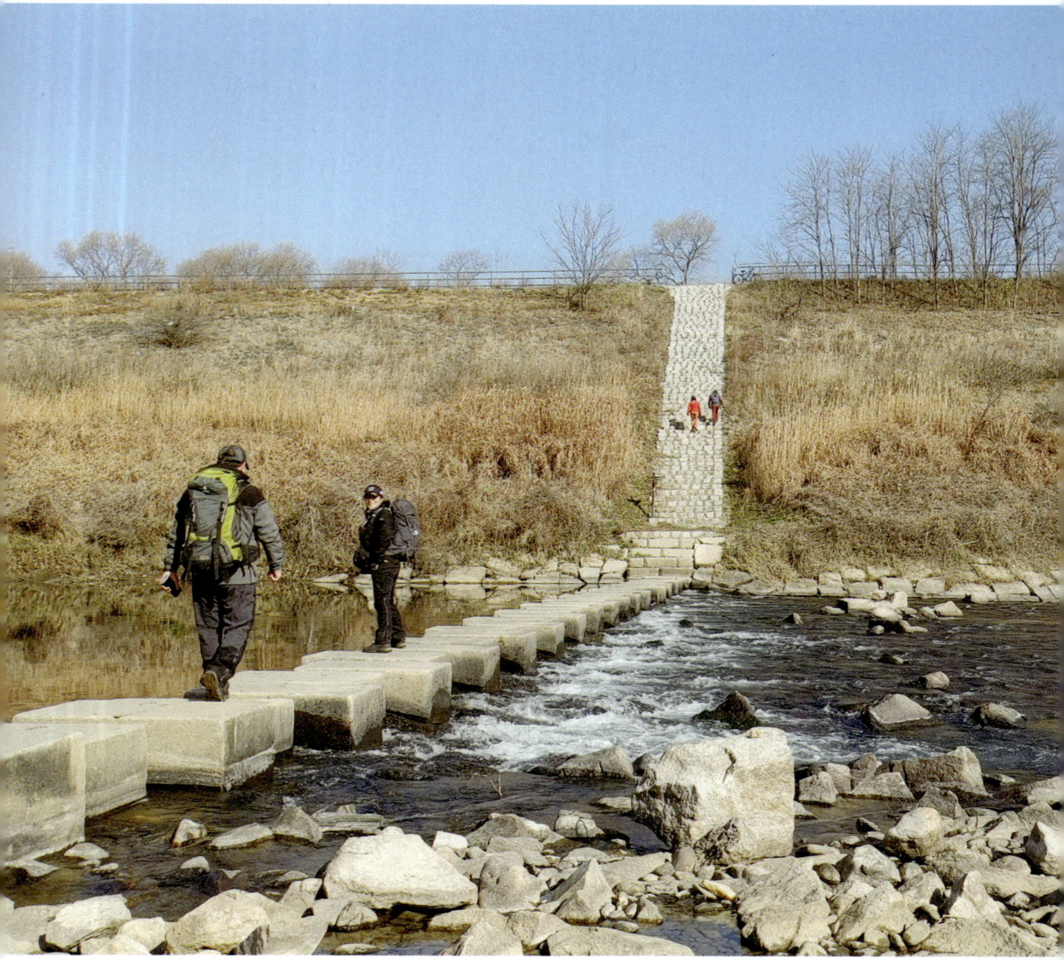

코스 정보

시작점 연천군 장남면 원당리 산93-3 **도착점** 연천군 미산면 아미리 8-1 **코스 길이** 17km
트레킹 시간 5시간 20분 **코스 특징** 경기둘레길 전 구간 통틀어 임진강을 가장 가까이하는 구간이다. 그만큼 북녘과도 가깝다. **난이도** B **상세경로** 장남교원당리 - 장남면 행정복지센터 - 사미천 - 석장천 - 연천학곡리 고인돌 - 아미2리 마을회관 - 숭의전지 **시작점 대중교통** ❶ 한진1차.문산역버스정류장에서 95번 버스 승차 90~120분 간격 운행 → 약 37분 이동 → 적성파출소 정류장 하차 → 적성파출소 정류장에서 마을버스 093-1번으로 환승평일 300분 간격 운행 → 약 16분 이동 → 원당2리 마을회관 정류장 하차 ❷ 문산타워.구문산터미널 버스정류장에서 92번 버스 승차평일 15~20분 간격, 주말 20~25분 간격 운행 → 약 43분 이동 → 적성파출소 정류장 하차 → 적성파출소 정류장에서 마을버스 093-1번으로 환승평일 300분 간격 운행 → 약 16분 이동 → 원당2리 마을회관 정류장 하차 ❸ 신읍7통.포천축협입구버스정류장포천에서 56번 버스 승차60~120분 간격 운행 → 약 52분 이동 → 적성파출소 정류장 하차 → 적성파출소 정류장에서 마을버스 83번으로 환승평일 170~190분 간격 운행 → 약 2시간 이동 → 원당2리 마을회관 정류장 하차 **포토존과 추천 경관** 연천학곡리 고인돌, 연천학곡리 적석총, 임진강 **유의사항** 비가 많이 올 때는 사미천이 범람하여 건널 수 없다. 인근 사미천교와 전동교를 건너는 우회로를 이용해야 한다. 이때는 자전거길을 따라 6km를 더 걸어야 한다.

경기둘레길 파주 구간이 끝나고 연천군으로 들어서면서 길의 위치가 임진강 남쪽에서 북쪽으로 바뀐다. 8코스 종착지인 장남교를 건너면서부터다. 9코스는 대부분 구간이 임진강 북쪽 강둑 위를 걷는다. 경기둘레길 전 구간 통틀어 임진강을 가장 가까이하는 코스이기도 하다. 평화누리길 10코스와는 온전히 겹친다.

장남교 건너자마자 만나는 사거리에서 200m 못 간 지점이 8코스 종착지이자 9코스 시작점이다. 코스 안내와 연천군 관광 안내 입간판들을 잠시 훑어보고 출발하면 다시 200m 못 미쳐 삼거리가 나타난다. 화장실 건물이 보이는 우측 시골길로 들어선다. 장남교부터 이어진 4차선 도로의 자동차 소음은 멀어지고 기분 좋은 정적과 함께 흙냄새 물씬 풍기는 전원 풍경이 이어진다.

장남면의 원당2리 버스정류장부터 2차선 차도로 들어서지만, 주변은 여전히 고즈넉하다. 119 의용소방대와 원당1리 쉼터를 지나면 멀리 임진강 번지점프대가 보인다. 길을 재촉하면 친환경 들기름 같은 청정 먹거리를 생산하는 한씨가원을 만난다. 편안한 시골길을 즐기다 보면 시원한 물소리가 들린다. 임진강 지류인 사미천이다. 바로 북쪽 휴전선 너머 황해북도 장풍군에서 수십 킬로미터를 흘러온 개천이 임진강으로 합쳐지는 지점이다. 길이 100m의 사미천 징검다리를 건너면 가파르지만 운치 있는 돌계단이 앞을 막아선다. 강 주변의 드넓은 경관을 즐기고 싶으면 계단을 따라 강둑길로 올라서도 좋고, 계단 오르기가 성가시면 우측으로 난 천변길을 따라가도 된다. 잠시 징검다리를 만나 석장천을 건넌다.

사미천과 석장천은 비가 많이 올 때는 강물이 범람해 징검다리를 건널 수 없다. 불가피하게 인근 사미천교와 전동교를 건너는 우회로를 이용해야 한다. 자전거길을 따라 6km를 더 걸어야 해서 꽤 성가실 수 있다. 기다란 징검다리를 깡총깡총 건너는 운치 넘치는 즐거움을 포기해야 한다. 비가 많이 올 때나 비가 온 직후에는 9코스 걷기를 피하는 게 좋겠다.

두 개의 하천을 건너고 나면 한동안 임진강 둑방길이 길게 이어진다. 오른편으로는 임진강 너머 멀리 감악산이 도드라지고, 왼쪽으로 눈 돌리면 노곡리 광활한 들판이 그윽하다. 정면으로는 장남교에 이어 임진강을 가로지르는 비룡대교가 점점 가까이 다가온다.

백학면 노곡리를 벗어나 학곡리로 들어서면 마을 한가운데 넓은 공터에서 고인돌 한 기가 도보 여행객을 반긴다. 연천학곡리 고인돌이다. 두 개의 받침돌 위에 가로, 세로 3m씩은 됨직한 거대한 돌덩이 하나가 안정감 있게 얹혀 있다. 원래는 4개의 받침돌이 사방을 막아주는 고대의 무덤 방이었으나 오랜 세월이 지나며 두 개의 받침돌이 사라져 지금처럼 열린 공간이 되었다.

얼핏 보기엔 멀지 않은 시대의 구조물인 듯 친숙해 보이지만, 청동기시대의 유물이라는 안내 글을 읽고 나면 느낌이 달라진다. 수천 년 전에 임진강변에 살았던 우리 조상들이 거대한 바위를 다듬어 깎고 어기영차 힘을 모아 옮겨가는 모습을 상상하게 된다.

700m를 더 나아가 마을 민가를 벗어나면 임진강 강둑 위 전망 시원한 곳에 넓게 쌓은 돌무덤이 눈에 들어온

다. 역시 가까운 과거에 살았을 선조들이 쌓았다 해도 전혀 이상하지 않을 평범한 형태지만, 주변에 둘러쳐진 울타리로 보아 범상치 않은 유적임을 짐작할 수 있다. 이는 연천학곡리 적석총이다.

고인돌은 선사시대의 무덤 형태이고, 적석총은 선사시대를 포함해 역사시대인 고구려, 백제 초기의 돌무지 무덤이다. 이 적석총에선 실제 4기의 묘곽이 확인되었다고 한다. 사랑하는 가족이나 정겨운 이웃의 주검 위에 눈물을 흘리며 강가의 돌들을 하나둘 옮겨와 쌓았을 먼 옛날 조상들의 모습이 그려진다.

잠시 후, 학곡교를 지나며 학곡리를 벗어나면 한동안 구미리 강둑길이 시원하게 이어진다. 9코스 종착점인 숭의전지까지 마지막 2.5km는 오가는 자동차에 신경 쓰며 2차선 도로를 따라 걸어야 한다.

TRAVEL TIP 주변 명소

📷 사미천

경기도 장단군(지금의 북한 황해북도 장풍군) 자라봉에서 발원하여 약 54km를 흐른 뒤 연천군 백학면 두현리에서 살포시 임진강에 안기는 하천이다. 사미천 상류의 짧은 구간은 산을 굽이돌지만, 그 이후엔 대부분 평지를 흐른다. 산림이 울창한 마식령산맥의 골짜기에서 발원한 여러 개의 지류 하천이 사미천으로 흘러드는 까닭에 가뭄에도 여간해서 수원이 마르지 않는다.

📷 연천학곡리 고인돌

연천군 백학면 학곡리에 있는 북방식 고인돌이다. 1996년 1월 18일 경기도 기념물로 지정되었다. 알려진 바에 따르면 학곡리에는 원래 고인돌이 여러 기 있었다. 안타깝게도 세월이 흐르면서 많은 수가 파괴되어 현재는 몇 기만 남았다. 그중 하나가 학곡리 고인돌이다. 임진강 옆 충적토 위에 서 있다. 북방식 고인돌의 가장 큰 특징은 생김새가 탁자처럼 생긴 점이다. 이와 같은 고인돌은 강화도 남쪽에서는 여간해서 발견되지 않는다. 학곡리 고인돌은 비스듬하게 쓰러져 있지만 실제로 탁자 모양을 하고 있다. 편평한 땅에 받침돌을 세우고 그 위에 덮개돌을 올렸다. ◎ 연천군 백학면 노아로 236-6

📷 연천학곡리 적석총

연천군 학곡리 돌마돌 마을에서 조금 떨어진 곳에 있다. 자연 제방 위 모래 언덕에 있는 돌무지무덤이다. 돌을 무작위로 쌓아 올린 점이 특이하다. 일반적인 적석총과 다르게 긴 형태로 남아있는 점도 눈길을 끈다. 돌무지무덤은 선사시대부터 역사시대의 고구려, 백제초기에 나타나는 묘이다. 고구려 장수왕의 무덤으로 추정하는 중국 집안의 장군총, 한성백제 시대의 왕실 무덤으로 보이는 서울 송파구 석촌동의 적석총이 대표적이다. 연천의 학곡리 적석총 주변에서는 청동기시대와 삼국시대의 토기 조각이 많이 발굴되었다. ◎ 경기 연천군 백학면 학곡리 20-1

| ONE MORE | 주변 맛집과 숙소 |

- 🍴 대교여울목(메기매운탕, 참게매운탕) ◎ 연천군 백학면 청정로46번길 25 📞 031-835-2528
- 🍴 홍이네식당(닭볶음탕, 한방백숙, 백반정식) ◎ 연천군 장남면 장백로 189 📞 031-385-6010
- 🍴 노곡손두부마을(황태두부전골, 민물새우수제비) ◎ 연천군 백학면 청정로 38 📞 031-835-1051
- 🏠 가람휴펜션 ◎ 연천군 백학면 청정로53번길 121 📞 010-3726-1435
- 🏠 몽생미셸펜션 ◎ 연천군 백학면 노아로 370 📞 010-9130-1910
- 🏠 리버사이드펜션 ◎ 연천군 벅학면 노아로 522-61 📞 0507-1304-5923

10 course 연천 10코스
숭의전지~군남홍수조절지 18.2km

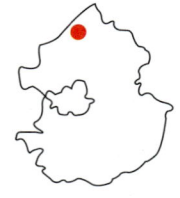

10코스도 9코스처럼 임진강과 가까워지거나 멀어지기를 반복하며 강을 거슬러 올라간다. 초반을 제외하곤 수직으로 북쪽을 향하면서 평화누리길 11코스와 온전히 겹친다. 고성산 보루에 오르면 매의 눈으로 임진강 너머 적의 동태를 감시했을 고구려 군사들을 상상해 볼 수 있다. 난이도는 C, 고성산을 넘어야 하는 제법 힘든 구간이 있다.

코스 정보

시작점 연천군 미산면 아미리 8-1 **도착점** 연천군 군남면 선곡리 산241 **코스 길이** 18.2km **트레킹 시간** 6시간 5분 **코스 특징** 연천군 미산면 동이리에 있는 임진강 주상절리, 곧 임진 적벽을 만나는 길이다. 당포성과 고성산 보루 등 우리의 역사와 만나는 길이기도 하다. **난이도** C **상세경로** 숭의전지 - 당포성 입구 - 동이리 주상절리 - 임진 물새롬랜드 - 왕징면 행정복지센터 - 허브빌리지 - 북삼교 - 군남홍수조절지

시작점 대중교통 ❶ 전곡재래시장앞 버스정류장에서 82-5번, 58-5번 버스 승차각각 120분 간격 운행 → 약 45분 이동 → 숭의전 입구 정류장 하차 ❷ 백학복지회관 버스정류장에서 70번 버스 승차하루 2회 운행 → 약 21분 이동 → 숭의전 입구 정류장 하차 ❸ 두일3리마을회관 버스정류장백학면에서 58-5, 80-2번 버스 승차각각 120분 간격 운행 → 약 34분 이동 → 숭의전 입구 정류장 하차 ❹ 역전사거리 버스정류장동두천에서 52-2번 버스 승차120분 간격 운행 → 약 1시간 18분 이동 → 숭의전 입구 정류장 하차 **포토존과 추천 경관** 숭의전지, 임진강 주상절리, 당포성, 연천 고구려 보루 **유의사항** 임진강 해돋이펜션부터 허브빌리지까지 고성산 보루를 넘는 산길이 꽤 힘에 부칠 수 있다. 왕징면 행정복지센터 앞 벤치에서 충분히 휴식을 취한 후 산길로 올라서는 게 좋다.

 10코스는 9코스처럼 임진강과 가까워지거나 멀어지기를 반복하며 강을 거슬러 올라간다. 초반을 제외하곤 수직으로 북쪽을 향하면서 평화누리길 11코스와 온전히 겹친다. 9코스 종착점이자 10코스 출발점인 숭의전지로 가는 길목에서 '어수정御水井'이란 우물을 만났다. 고려 왕건이 궁예의 신하로 개성과 철원을 오갈 때 자주 들러 물을 마셨다는 곳이다. 우물에서 물 한 잔 마시고 홍살문을 지난다. 숭의전지가 바로 언덕 위에 자리를 잡고 있다.

조선 시대 때 고려 태조와 여러 왕에게 제사를 지내던 사당이 숭의전이다. 6.25 전쟁 때 소실되었다가 1986년에 복원하여 '터址' 자를 붙여 숭의전지로 명명하게 되었다. 키 20m에 몸 둘레 4m에 달하는 거대한 느티나무 두 그루가 임진강 찬 바람을 막아준다. 보호수로 550년 동안 사당 앞을 지켰다. 안내 글에는 '고려 왕실을 지키는 나무'로 표기되어 있다.

코스 입구의 돌계단을 올라 '잠두봉과 썩은소 전설' 안내 글을 읽어보고, 나무 사이로 임진강이 내려다보이는 편안한 숲속 길을 400여 미터 걷다 보면, 숭의전 제사를 주관하던 고려 왕실의 후손 왕순례의 묘가 있는 길가로 내려선다.

아미교 건너 삼화교 북단을 지나고 도로 양쪽에 대전차 방호벽 시설물과 맞닥뜨리고 나면 비로소 이 길이 휴전선과 멀지 않음을 실감하게 된다. 곧이어 이정표 따라 우측 길로 들어서면 400m 거리에 고구려의 성곽이었던 당포성이 나타난다. 제주의 야트막한 오름과 같은 언덕 위에 나무 한 그루가 호젓하게 서 있는 자태가 운치 있다. 나무 옆 전망대에 올라서면 지나온 길과 가야 할 길의 정경이 시원하게 펼쳐진다.

당포성을 나와 도로 따라 500m 나아가면 왼쪽 좁은 길목에 '연천 유엔UN군 화장장 시설 100m' 이정표가 서 있다. 당포성과 마찬가지로 이곳 역시 경기둘레길 정규 코스에선 벗어나지만 잠깐 다녀올 만한 가치가 있다. 6.25 전쟁 때 백마고지나 철의 삼각지 전투 등 이 일대 서부전선에서 속출하는 유엔군 전사자들을 화장하기

위해 만들었다. 당시의 화장장 시설로는 유일하게 지금까지 남아있다고 한다.
멀리 경남 거창에서 출발해 북쪽을 향해 수직으로 올라온 37번 국도가 처음 임진강을 만나는 곳이 연천군 동이대교다. 10코스 전반에 이 멋진 다리를 만나고부터 임진강 주상절리와 한동안 동행한다. 높이 30m에 가까운 거대 절벽이 2km에 걸쳐 자연 병풍처럼 세워져 있다. 가을철이면 단풍으로 물들고 석양빛에 더욱 붉게 보인다 하여 임진 적벽이라 부른다.
주상절리가 끝나는 지점의 돌계단을 올라가면 우정리 둑방길이 이어진다. 그 옛날 이 일대의 소牛들이 모여들어 물 마시던 큰 우물#이 있었다 해서 마을 이름이 우정牛#리이다. 지은 지 얼마 안 돼 보이는 멋진 소우물 다리를 건너면 직선으로 뻗은 길이 활짝 펼쳐진다. 임진 물새롬랜드 오토캠핑장을 지나 임진교 아래로 들어서면 임진강과 한층 더 가까워진다.

평화누리길 게스트하우스란 입간판부터는 산길이 시작된다. 출발지인 숭의전을 내려와 계속 평지를 걸었지만, 이제부턴 다리 힘을 쓸 준비를 해야 한다. 계단을 통해 산길로 올라서면 넓은 평지의 무등리 2보루에 이

른다. 삼국시대 때 축조되었다는 연천군의 10여 개 방어유적 중 하나다. 3국의 영토가 변화무쌍했던 그 옛날, 큰 강은 나라 간 경계의 중요한 기준이 되었을 것이다. 이곳은 임진강을 건너오는 적들에게 치명적 공격이 가능한 유리한 위치임을 알 수 있다. 국경에 쌓은 '최후의 보루'가 이곳이었으리라. 잠시 후, 땀 흘려 오른 뒤 만나는 고성산 정상의 고성산 산보루도 마찬가지로 삼국시대의 방어유적이다. 해발 152m인 이곳에 주둔하면서 임진강 너머 적의 동태를 매의 눈으로 감시했을 고구려 군사들을 상상해 볼 수 있다.

고성산을 넘어 허브빌리지로 내려가는 약 3km 구간은 임진강이 발아래 보이지만 엄연한 산길이다. 오르고 내림을 몇 번 반복하며 땀을 내야 한다. 임진강을 가로지르는 북삼교에 오르면 오른쪽 강 하류 방향으로는 조금 전에 오르내렸던 고성산이 또렷하고, 왼쪽 상류 방향으로는 홍수조절지 군남댐 정경이 장엄하게 모습을 드러낸다. 북삼교에서 내려오면 목적지 댐까지 2km가 남는다. 일직선으로 곧게 뻗은 자전거길을 단조롭게 따라가면 된다.

TRAVEL TIP 주변 명소

📷 숭의전지

경기도 연천군 미산면 아미리에 있다. 조선전기 고려 태조 왕건을 비롯하여 왕 8명의 위패를 모시고 제사를 지내던 사당이 있던 곳이다. 1397년 이성계가 왕건의 전각을 처음 세웠고, 조선의 두 번째 왕 정종 때인 1399년 고려의 혜종, 현종, 충렬왕, 공민왕 등 7명을 더해 8명에게 제사를 지내기 시작했다. 또 문종 때는 전각에 '숭의전'이라 이름 짓고 고려 왕족의 후손에게 관리를 맡겼다. 아울러 고려 충신 15명의 제사도 함께 지냈다. 지금의 숭의전은 옛 자리에 1986년에 다시 지은 것이다. 📍연천군 미산면 숭의전로 382-27

📷 연천 당포성

미산면 동이리의 임진강 절벽 평지에 있는 고구려 성이다. 당포성은 조선 후기의 문신 허목1595~1682의 문집에 처음 등장한다. "언덕 강벽 위에 옛 진루가 있었는데 그 위에 총사여러 신을 모신 사당가 있고, 그 앞의 나루를 당포라고 한다."라고 기록되어 있다. 고구려가 국경을 경비하고 중요한 물류기지 역할을 하던 당포나루를 지키기 위해 돌성을 쌓은 것으로 보인다. 삼각형 모양의 성 전체 길이는 약 400m였으나 지금은 45m만 남아있다. 당포성의 배후인 미산면옛날 마전현은 개성, 평양으로 가는 길목에 있다. 고구려는 임진강 남쪽에서 최단거리로 북상하는 적을 방어하기 좋은 최적의 위치에 성을 쌓은 것이다. 이 성에서는 고구려 토기뿐 아니라 신라의 기와 조각도 나왔다. 이로 미루어 고구려뿐만 아니라 삼국통일 이후엔 신라도 이 성을 활용한 것으로 보인다. 📍연천군 미산면 동이리 778

📷 임진강 주상절리

임진강과 한탄강이 합수하는 도감포부터 북쪽으로 임진강을 거슬러 오르면 주상절리 지대이다. 병풍을 쳐놓은 것 같은 아름다운 수직 주상절리 절벽이 2km 남짓 이어진다. 이처럼 긴 주상절리는 우리나라에서 이곳밖에 없다. 약 50만 년~12만 년 전 사이에 북한 평강군 오리산과 680m 고지에서 화산이 여러 번 폭발했다. 분출한 용암이 한탄강의 낮은 대지를 메우며 흘러내렸다. 용암은 한탄강과 임진강이 합류하는 지점에서 방향을 틀어 임진강 상류 쪽으로 역류하였다. 임진강 일대는 거대한 용암대지, 곧 현무암층으로 변했다. 화산활동이 끝난 후 지대가 낮은 용암대지 위로 강이 흐르기 시작했다. 수십만 년 동안 강물은 현무암층을 깎으며 깊어졌다. 강물은 마침내 침식작용을 거듭하여 기하학적인 형태의 주상절리 수직 절벽을 만들어 우리에게 선물했다. 가을이 되면 임진강 주상절리의 절벽에 담쟁이와 돌단풍이 물든다. 여기에 석양이 비치면 절벽이 더욱 붉게 보여 '임진 적벽'이라 부른다. ◉ 연천군 미산면 동이리 817

ONE MORE 주변 맛집과 숙소

- 🍽 **고려가든**(두부버섯전골, 참게장정식) ◉ 연천군 미산면 숭의전로 381 📞 031-835-5464
- 🍽 **강마을매운탕**(쏘가리매운탕, 능이닭백숙) ◉ 연천군 미산면 우정리 390-1번지 📞 031-833-7228
- 🍽 **초리**(허브비빔밥, 허브덕갈비정식) ◉ 연천군 왕징면 북삼로20번길 55 📞 031-833-3777
- 🍽 **파머스테이블**(피자, 돈가스) ◉ 연천군 왕징면 북삼로20번길 55 📞 031-833-1811
- 🏨 **연천비경펜션** ◉ 연천군 미산면 숭의전로 498 📞 010-4755-5005
- 🏨 **블루연천펜션** ◉ 연천군 미산면 왕산로20번길 15 💻 www.블루연천펜션.com
- 🏨 **화이트연천펜션** ◉ 연천군 왕징면 왕산로28번길 5 📞 010-6434-5001
- 🏨 **평화회관펜션** ◉ 연천군 왕징면 왕산로40번길 22 📞 031-833-6440
- 🏨 **임진강해돋이펜션** ◉ 연천군 왕징면 왕산로78번길 103 📞 010-8283-4137

연천 11코스

course 11

군남홍수조절지~신탄리역 24.6km

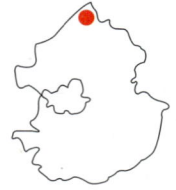

신탄리역은 11코스의 종점이자 경기둘레길의 최북단 꼭짓점이다. 11코스는 군남홍수조절지에서 시작한다. 파주에서부터 가까웠다가 멀어지기를 반복한 임진강과 이제는 헤어질 차례다. 서로 가는 길이 다른 까닭이다. 북한 땅을 향해 인사하는 그리팅맨, 경원선 철길, 차탄천 천변길을 걸으면 이윽고 신탄리역이다. 난이도는 C, 제법 힘든 코스이다.

코스 정보

시작점 연천군 군남면 선곡리 산241 **도착점** 연천군 신서면 대광리 169-43
코스 길이 24.6km **트레킹 시간** 8시간 20분
코스 특징 서울-원산을 이었던 경원선 철로의 남한측 최북단 종착역인 신탄리역까지 이르는 길이다.
난이도 C **상세경로** 군남홍수조절지 - 연천 로하스파크 - 신망리역 - 방아교 - 용천교 - 신탄리역
시작점 대중교통 연천역 버스정류장에서 82-2번, 55-2, 55-10, 55-6번 버스 승차 각각 하루 3회 운행, 82-2번은 하루 1회 운행 → 약 30분 이동 → 선곡리 마을회관 정류장 하차
포토존과 추천 경관 군남홍수조절지, 신망리역
유의사항 종착지 신탄리역까지 후반 10여 킬로미터는 차탄천 천변을 따라 걷는 단조로운 구간이다. 차탄천 자전거길이기도 해서 오가는 자전거에도 주의를 기울여야 한다.

 경기둘레길의 최북단 꼭짓점은 11코스 종점인 연천군 신탄리역이다. 이후 12코스부터는 남쪽을 향한다. 평화누리길이 북쪽으로 4km를 더 나아가 강원도 철원과의 접경인 역고드름에서 끝나는 것과 다른 점이다.

파주에서 처음 만나며 가까웠다가 멀어지기를 반복해온 임진강과 이제는 헤어질 차례다. 군남댐에서 11코스를 출발하면 주행 방향이 벌어지는 까닭이다. 남쪽으로 12km 하류에서 한탄강을 흡수하는 임진강은 수량의 급변에 따라 주변에 막대한 수해를 입히곤 했다. 게릴라성 집중호우가 반복됐던 1990년대 말에는 임진강 유역 범람으로 100여 명의 사망자와 수만 명의 이재민이 발생한 적이 있다. 2009년에는 북한의 황강댐 무단 방류로 연천지역에서 6명이 희생되기도 하였다.

군남댐으로도 불리는 군남홍수조절지는 2010년에 국내 최초로 건설된, 이름 그대로 홍수 조절을 목적으로 하는 댐이다. 함경남도에서 발원하여 북한 땅 200여 킬로미터를 흘러오며 불어난 임진강물을 휴전선 이남 10여 킬로미터 앞에서 막아서며 물 흐름을 조절해주고 있다. 높이 26m, 길이 658m라는 규모가 말해주듯 외형이 거대하다. 댐을 떠나기 전에 두루미테마파크를 잠시 둘러볼 필요가 있다. 겨울 철새인 천연기념물 두루미 수백 마리가 임진강 평화습지원을 비롯하여 연천으로 매년 날아와 겨울을 나고 간다. 이곳에서 휴전선까지는 직선거리로 6km 남짓이다. 사람 대신 두루미들이라도 이렇게 자유롭게 남북을 오갈 수 있다는 게 그나마 다행이다.

군남댐을 떠나 길을 나서면 한동안 야트막한 능선을 오르내리는 임도를 따라 걷는다. 시멘트 포장길과 푹신한 흙길이 번갈아 나타난다. 임진강이 활처럼 휘어지는 곡선이 아름답게 다가온다. 멀리 산과 산이 겹친 사이사이로 구름이 끼어든 모습도 정겹고 그윽하다. 바로 인근 해발 205m의 옥녀봉 정상엔 10m 높이의 거대 조

형물 '그리팅맨'Greeting man. 우영호 작가도 깊은 인상을 남긴다. 푸른빛으로 온몸을 감싼 이가 북서쪽 북한 땅을 향해 허리 숙여 인사하고 있다. 전국 여러 군데에 같은 작품이 있지만, 연천의 '그리팅맨'은 북녘을 향한 애틋함과 간절함이 더 묻어나는 듯하다.

11코스 초반부는 연천군의 그유 옛길인 연강나룻길과 많은 구간이 겹친다. 연강連江은 연천지역을 지나는 임진강의 옛 이름이다. 연강나룻길은 군남면 두루미테마파크에서 중면 행정복지센터까지 임진강 변을 따라가는 7.7km 옛길을 말한다. 로하스파크까지 이어지는 임도 군데군데에서 옛길 이정표를 만난다.

멋진 전통한옥과 수백 개 장독대가 열 지어 선 풍경으로 유명한 로하스파크는 예전의 계단식 논을 생태습지로 조성한 공원이다. '옥계마을 습지공원'으로도 불린다. 로하스파크에서 옥계3리와 옥계1리 마을을 지나는 3km 구간은 차도와 농로와 산길이 이어진다. '연천'이라는 지명에 얽힌 '이양소와 이방원 이야기'나 도당골,

청화동, 기무사리 등 이 일대 산골 마을을 소개하는 입간판도 만난다.

산길을 내려와 78번 지방도인 군남로를 건너 경원선 신망리역에 이른다. '신망리新望里'란 지명은 1954년 미군이 6.25 피난민들을 위한 정착촌을 세우면서 '뉴 호프 타운New Hope Town'이라고 이름 붙인 데에서 유래한다. 열차가 서지 않는 간이역인 신망리역은 현재 'DMZ 마을박물관'으로 운영 중이다.

신망리역 주변 경원선 철길을 700m 정도 따라 걷다 잠시 후 차탄천을 만난다. 강원도 철원에서 발원해 연천군의 중추 지역인 연천읍과 전곡읍을 남북으로 흐르는 37km 길이의 하천이다. 경원선 철로와 나란히 남쪽으로 흘러내리다가 전곡역 인근에서 한탄강으로 합쳐진다. 차탄천의 순우리말 이름은 수레여울이라는데, 조선 초 이방원이 건국에 반대하는 친구 이양소를 만나러 가다 수레가 빠진 데서 이름이 유래했다고 한다.

종착지 신탄리역까지 남은 10여 킬로미터는 온전히 차탄천 천변을 따라 걷는다. 애심목장, 대광교, 도신리 방아교, 대광리역을 지나 신탄리역에 이르기까지 둑방길이 이어진다. 내내 숲길이나 흙길은 만날 수 없다. 발바닥 피로감이 커지는 단조로운 구간이다. 차탄천 자전거길이기도 하다. 지나는 자전거에도 주의를 기울여야 한다.

TRAVEL TIP 주변 명소

📷 군남홍수조절지 두루미테마파크

군남홍수조절지는 휴전선에서 불과 직선거리로 6km 떨어진 접경지역에 있다. 댐 유역의 97%가 북한 땅이다. 홍수기에 불어난 임진강 물을 막아 물 흐름을 조절해주는 역할을 한다. 북측 황강댐 방류로 인한 불규칙한 물흐름을 개선하는 효과도 있다. 이 지역은 천연기념물이자 우리나라의 대표적인 겨울 철새인 두루미, 재두루미, 흑두루미 200마리가 월동하는 곳이다. 접경지역이라는 지리적 여건과 임진강 자연환경이 만들어낸 특수성으로 수달, 고라니, 어름치 등 각종 동식물이 사는 자연생태 지역이다. 2011년 10월 준공한 군남홍수조절지 테마파크는 '두루미가 들려주는 평화와 사랑 이야기'를 주제로 만들었다. 평화의 북, 소원나무, 두루미 조형물 등 다양한 이야기를 담은 시설물과 두루미 대체서식지, 어도생태원, 생태습지 등을 갖추고 있다.

📍 연천군 군남면 선곡리 614-5 📞 031-839-2061

📷 연천그리팅맨 Greeting Man

북한과 직선거리로 4km 떨어진, 해발 205m의 옥녀봉에 설치된 조각 작품이다. 연천 출신 유영호 작가의 2016년 작품이다. 10m 높이의 푸른색 사람 조형물이 북서쪽 북한 땅을 향해 허리 숙여 인사하고 있다. 통일과 평화를 기원하는 애틋함· 간절함이 묻어나는 듯하여 은근한 감동을 준다.

📍 경기 연천군 군남면 옥계리 832

📷 연천 로하스파크

멋진 전통한옥과 수백 개 장독대가 열 지어 선 풍경이 제법 서정적이다. '연천 로하스파크 생태습지'로 불리지만, '옥계마을 습지 공원'으로도 많이 알려져 있다. 포털 지도를 이용할 때는 '연천 로하스파크'로 검색하는 게 좋다. 로하스파크 자리엔 원래 계단식 논이 있었다. 농사를 짓지 않고 오랫동안 내버려 둔 곳을 2008년~2009년 사이에 생태습지로 만들었다. 생태습지에는 야생화와 수생동식물이 공존한다. 개구리가 많고 가끔 뱀도 출몰하므로 반드시 정해진 길로 다녀야 한다. 전망대에 오르면 로하스파크의 멋진 풍경을 한눈에 감상할 수 있다. 잠시 쉬어 가기 좋은 한옥 카페 세라비와 숙박시설 연천미라클타운이 걸어서 3~5분 거리에 있다.

📍 연천군 군남면 군중로 134

ONE MORE   주변 맛집과 숙소

- 🍴 약수오리(숯불더덕오리, 오리로스구이) 📍 연천군 신서면 연신로 1616 📞 031-834-1954
- 🍴 우렁이랑장어랑(우렁쌤밥, 장어구이정식) 📍 연천군 신서면 연신로1600번길 51 📞 031-834-9848
- 🍴 경춘막국수(막국수, 보쌈) 📍 연천군 신서면 연신로1620번길 16 📞 031-834-959
- 🏨 군남강펜션 📍 연천군 군남면 솔너머길 43-75 📞 031-833-8883
- 🏨 연천미라클타운 📍 연천군 군남면 군중로 134 📞 010-8696-7271
- 🏨 보문여관 📍 연천군 연천읍 연신로494번길 16 📞 031-834-0474
- 🏨 청수여관 📍 연천군 연천읍 연신로494번길 3 📞 031-834-1736
- 🏨 미라클모텔 📍 연천군 신서면 도대로11번길 58 📞 031-834-7775

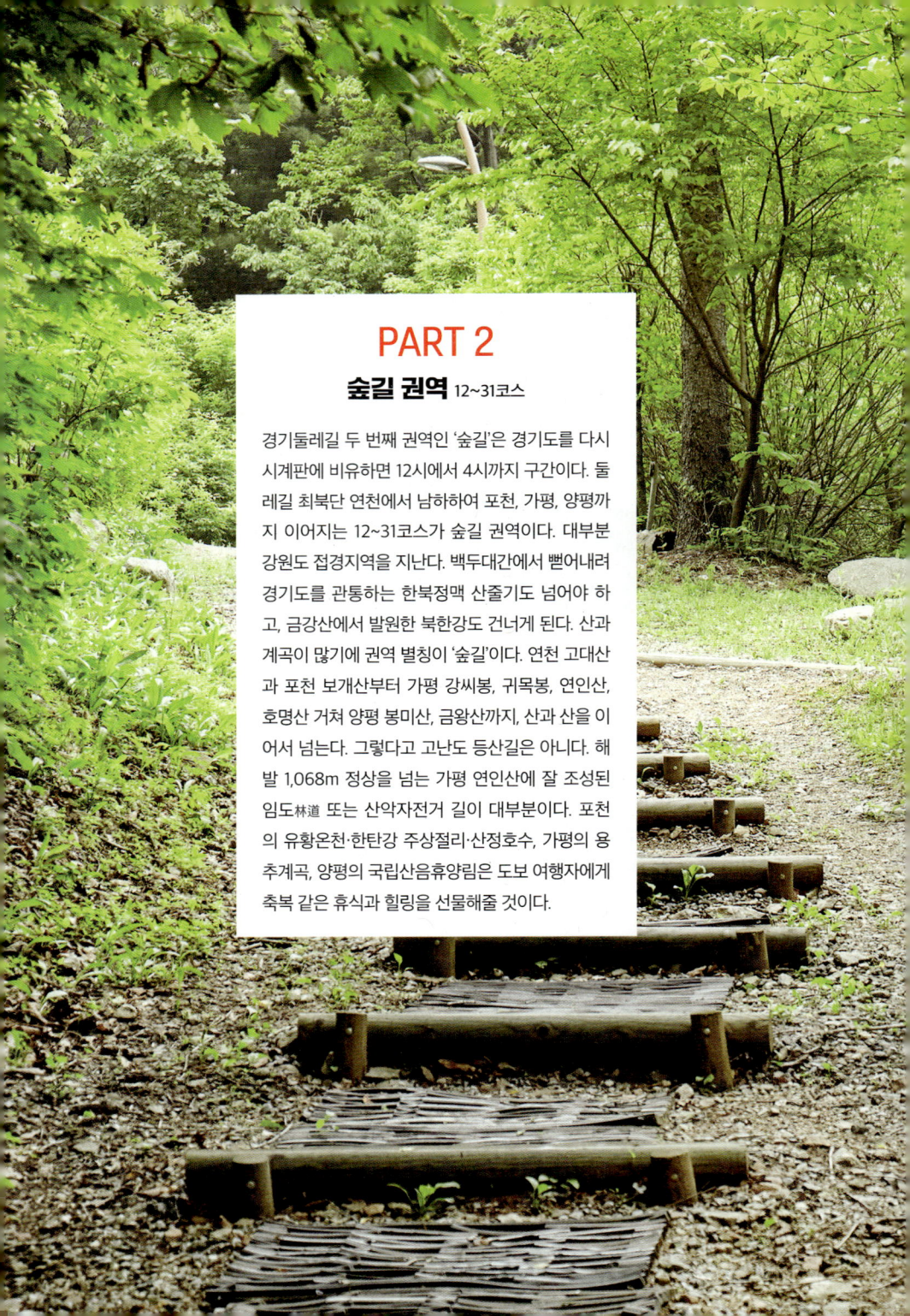

PART 2
숲길 권역 12~31코스

경기둘레길 두 번째 권역인 '숲길'은 경기도를 다시 시계판에 비유하면 12시에서 4시까지 구간이다. 둘레길 최북단 연천에서 남하하여 포천, 가평, 양평까지 이어지는 12~31코스가 숲길 권역이다. 대부분 강원도 접경지역을 지난다. 백두대간에서 뻗어내려 경기도를 관통하는 한북정맥 산줄기도 넘어야 하고, 금강산에서 발원한 북한강도 건너게 된다. 산과 계곡이 많기에 권역 별칭이 '숲길'이다. 연천 고대산과 포천 보개산부터 가평 강씨봉, 귀목봉, 연인산, 호명산 거쳐 양평 봉미산, 금왕산까지, 산과 산을 이어서 넘는다. 그렇다고 고난도 등산길은 아니다. 해발 1,068m 정상을 넘는 가평 연인산에 잘 조성된 임도林道 또는 산악자전거 길이 대부분이다. 포천의 유황온천·한탄강 주상절리·산정호수, 가평의 용추계곡, 양평의 국립산음휴양림은 도보 여행자에게 축복 같은 휴식과 힐링을 선물해줄 것이다.

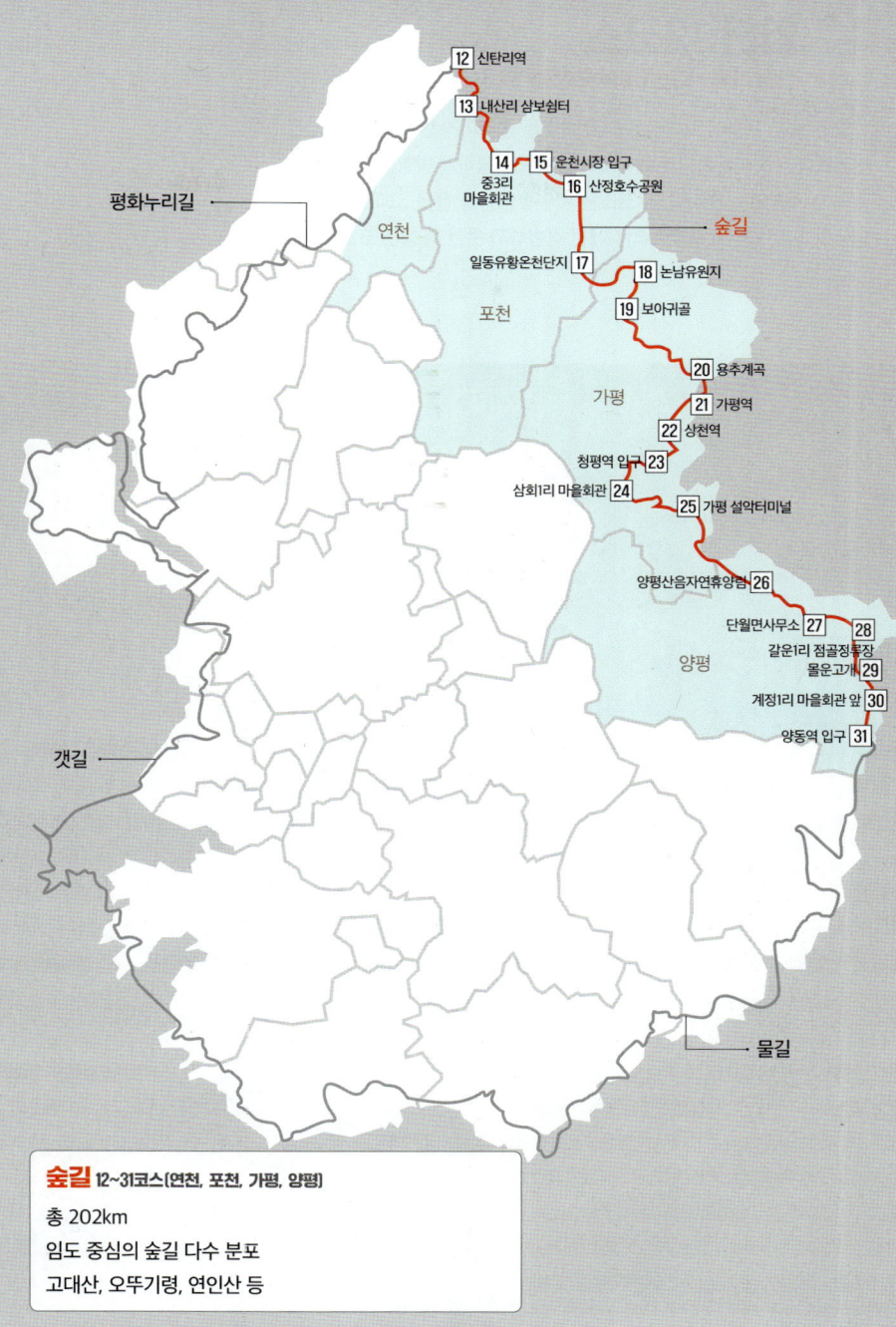

12 course 연천 12코스
신탄리역~내산리 삼보쉼터 16.3km

12코스는 전 구간이 고대산 중턱을 오르는 숲길이라 난이도가 높다. 신탄리역에서 평화누리길과 헤어지며 남쪽으로 급하게 방향을 튼다. 숲길 권역이 시작되는 것이다. 12코스는 자연휴양림을 품은 고대산 중턱을 넘는다. 난이도는 D, 평화누리길에선 경험하지 못한 꽤 힘든 코스이다.

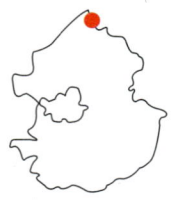

코스 정보

시작점 연천군 신서면 대광리 169-43 **도착점** 연천군 신서면 내산리 167
코스 길이 16.3km **트레킹 시간** 6시간 45분
코스 특징 최북단 신탄리역에서 방향을 바꾸며 남서쪽으로 향한다. 백마고지와 철원평야가 한눈에 들어오는 해발 832m의 고대산 정상을 넘어야 하는 힘든 코스이다. **난이도** D
상세경로 신탄리역 - 고대산 캠핑리조트 - 대소라치고개 - 내산1천 - 내산리 삼보쉼터
시작점 대중교통 ❶ 연천공영버스터미널에서 39-2번 버스 승차 10~20분 간격 운행 → 약 22분 이동 → 신탄리역 정류장 하차 ❷ 동두천역 버스정류장에서 경원선 대체 버스 승차 1시간에 1~2대 운행, 신탄리역까지 1시간 내외 소요
포토존과 추천 경관 신탄리역, 고대산 임도, 고대산 자연휴양림, 고대산
유의사항 연천 12코스는 국유임도 구간이라 코스 이용이 제한된다. 경기둘레길 홈페이지에서 국유임도 통과 가능 여부나 입산 신고 등 필요한 사전 조치를 해야 한다.

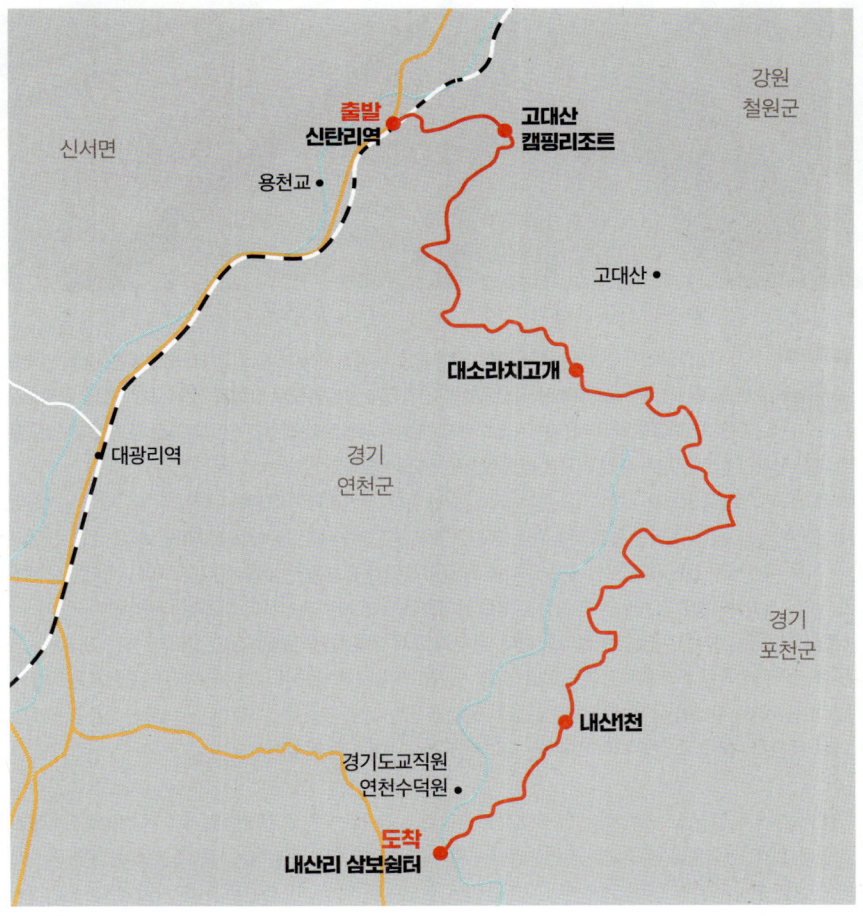

 김포 대명항에서 연천 신탄리역에 이르는 평화누리길 권역이 끝났다. 12코스부터는 숲길 권역으로 들어선다. 둘레길 최북단 꼭짓점 신탄리역에서 남동쪽으로 방향을 틀어 포천, 가평, 양평으로 향한다. 숲길 권역 마지막인 31코스까지 대부분 강원도와 접경인 산악지대를 통과한다. 임도 위주이긴 하지만 4개 권역 중 숲길 권역에 난도가 높은 코스가 밀집돼 있다.

12코스도 고대산을 오르는 산악지대 숲길이라 난도가 높다. 신탄리역에서 평화누리길과 헤어지며 남쪽으로 급하게 방향을 튼다. '철마는 달리고 싶다'는 경원선 철도 중단점인 철원군 백마고지역에 세워진 입간판 글귀다. 바로 직전 역인 신탄리역에서 사진으로나마 이 글귀가 담긴 정경을 만나 볼 수 있다. 백마고지역은 물론 신탄리역도 38선 이북이다. 해방 후 한동안은 북한 땅이었다. 6.25 직후 휴전선이 그어지며 우리 땅이 되었다.

신탄리의 옛날 지명은 '새숯막'이었다고 한다. 한자로 고쳐 쓰며 신탄리新炭里가 된 것이다. 인근 고대산을 비롯한 산악지대에 목재가 풍부했을 터이니, 숯을 가공해 파는 일이 중요한 생계수단이었음을 쉽게 짐작할 수 있다. 신탄리역 구내에 붙어 있는 '경원선 열차 중지로 인한 대체 운송 버스' 안내문은 여행자에겐 좋은 정보이다. 동두천 지역과 최전방 백마고지역을 오가는 버스 노선과 시간을 알려주고 있다.

'연천 고대산 캠핑리조트 1km'라는 역전 이정표 방향으로 걷다가 철길을 건너면 잠시 후면 캠핑리조트에 도착한다. 2017년에 문을 연 고대산 자연휴양림의 일부다. 휴양림 입구 주변에서 해발 830m 삼각봉 등 고대산 정상을 향하는 3개의 등산코스 안내 지도를 만날 수 있는데, 이 중 1번 등산로를 따라가면 된다. 초기 1km

는 등산로와 겹치지만, 이후부터는 서쪽으로 이어진 임도를 따라 올라가야 한다.
휴양림 입구 포장도로부터 가파르다. 본격적인 임도로 들어서기 전인데도 꽤 힘이 부칠 수 있다. 고대산 중턱 해발 550m까지 5km 구간은 계속 오르막이다. 몸과 마음의 준비를 단단히 하고 산행에 임하는 게 좋다. 임도 입구에는 입산을 통제한다는 안내문이 있을 수 있다. 봄 가을철 산불 예방 때문이다. 11코스 시작하기 전에 반드시 홈페이지를 통해 국유임도 이용 가능 여부를 확인해야 한다.
고대산은 강원도와 경기도의 접경이면서 휴전선과 고작 10여 킬로미터 거리에 있다. 12코스를 살짝 벗어나 정상에 오르면 철원평야와 북녘까지 시원하게 조망할 수 있다. 임도 경사가 완만해지다가 '대소라치고개'라고 쓰인 목재 푯말을 만나면 12코스의 정점이다.

이후 한동안은 오르고 내림이 거의 없는 넓고 편안한 흙길이 이어진다. 하지만 통신이 두절되는 구간이 자주 나타난다. 일행 없이 혼자인 경우는 다소 긴장될 수 있다. 경기둘레길 안내 리본에 더 신경 쓰며 나아가다 보면 길모퉁이에서 오른쪽 숲으로 안내하는 리본을 발견할 수 있다. 무심코 지나치면 한참을 갔다가 돌아와야 한다. 미끄러짐에 주의하며 가파른 숲길을 내려오면 내산1천 평지길이 시작된다. 종착지까지는 천천히 20분 거리다. 삼보쉼터 앞은 마을버스 삼각동 정류장이기도 하고, 그 뒤로는 동막골캠프텔이 영화 속 궁궐처럼 웅장하게 버티고 서 있다.

TRAVEL TIP 주변 명소

📷 신탄리역

연천군에 있는 경원선 철도역 중 하나이다. 예전에 숯을 많이 생산해 '신탄리'라는 이름을 얻었다. 1913년 처음 역이 생겼으며, 한국전쟁 이전에는 북한지역이었으나, 1951년부터 남한 땅이 되었다. 지금 역 건물은 1961년에 지었다. 한때 통근 열차가 운행되었으나 2019년부터는 운행하지 않는 폐역이다. 열차는 다니지 않지만, 역사 안으로 들어갈 수는 있다. 풍경 사진이 역사 여기저기에 걸려 있다. 액자에 쌓인 먼지를 어서 털어내고 다시 기차가 다니길 기원한다. 📍연천군 신서면 고대산길4

📷 고대산

신탄리역 동쪽, 연천군 신서면과 강원도 철원군 사이에 있다. 높이는 해발 832m이다. 산 북서쪽에 통나무집과 야영장을 갖춘 휴양림이 자리를 틀고 있다. 일반 대중은 잘 모르지만, 산을 좋아하는 사람들에게는 제법 알려져 있다. 특히 정상에 서면 철원평야와 한국전쟁 때 격전지인 백마고지, 북한의 산야가 한눈에 들어오는 전망 명소이다. 📍경기 연천군 신서면 고대산길 84-79(고대산 자연휴양림)

📷 철원평야

강원도 철원군 철원읍을 비롯한 여러 읍면과 북한 평강군 남면에 걸쳐 있는 평야이다. 넓이는 약 650㎢로 서울보다 더 크다. 김제평야나 예당평야보다 작은 편에 속하지만, 강원도에서는 가장 큰 들판이다. 철원평야는 해발 평균 300m 높이에 있는데, 독특하게 용암 위에 평야가 형성돼있다. 그 이유는 50만 년~12만 년 전 사이에 북한 평강군 지역에서 분출한 용암이 남서쪽 낮은 지대로 흘러들면서 철원평야의 용암대지가 만들어졌기 때문이다. 용암이 식어 현무암으로 변하고 이 현무암이 풍화하면서 논농사에 적합한 비옥한 토양이 되었다. 철원평야에서 생산한 철원오대쌀은 예로부터 경기미 못지않게 좋은 대접을 받고 있다. 철원평야는 강원도의 대표적인 철새도래지이기도 하다.

고대산 자연휴양림

경기도 연천군 신서면 고대산 북서쪽 자락에 있다. 경기도 최북단에 있는 휴양림이다. 통나무집 열세 채, 숲속 야영장 20면, 무장애 산책로, 숲 밧줄 놀이터, 산리문화 휴양관, 숲속 수련원, 방문자센터, 취사장, 화장실, 주차장 등을 갖추고 있다. 연천군민에게는 군민임을 증명하는 자료를 제시하면 주말과 성수기에 시설사용료 30%를 할인해준다. 입실은 14:00, 퇴실은 11:00이다. 숲속 수련원은 단체 여행객에 한정해 현장 예매해야 사용할 수 있다. 반려동물은 동반할 수 없다.

경기 연천군 신서면 고대산길 84-79

ONE MORE 주변 맛집과 숙소

- 금수강산(둥충하초백숙, 산야초능이버섯백숙) 연천군 신서면 고대산길 60 031-834-1399
- 불끈장어 부끄송어(장어구이) 연천군 신서면 고대산길 83 031-834-5355
- 내산가든(토종닭, 민물매운탕) 연천군 신서면 동내로 1375 031-834-4330
- 사철가든(백숙, 삼계탕) 연천군 신서면 동내로 1357 031-834-9125
- 쉬리모텔 연천군 신서견 연신로1634번길 27 031-834-0226
- 보개산민박 연천군 신서면 동내로 1402 031-834-9069
- 동막골캠프텔 연천군 신서면 동내로 133 031-834-7388

13 course 포천 13코스
내산리 삼보쉼터~중3리 마을회관 14.6km

13코스는 12코스와 더불어 대표적인 숲길 구간이다. 12코스가 연천과 철원 경계의 고대산을 넘었다면 13코스는 연천군과 포천시의 경계에 있는 보개산을 넘는다. 12코스와 마찬가지로 산 정상을 밟지 않지만, 그래도 난이도는 D, 12코스 못지않게 힘든 코스이다.

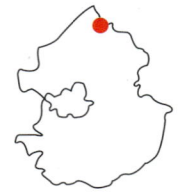

코스 정보

시작점 연천군 신서면 내산리 167 **도착점** 포천시 관인면 중리 494-5
코스 길이 14.6km **트레킹 시간** 7시간 30분
코스 특징 연천군을 등지고 포천시로 들어서는 길이다. 12코스와 마찬가지로 힘겨운 산행길이다. **난이도** D
상세경로 내산리 삼보쉼터 - 내산1천 - 사거리 - 담터고개 - 내리막 시작점 - 중리저수지 - 중리1교 - 중3리 마을회관 **시작점 대중교통** ❶ 조흥아파트 버스정류장연천에서 39-8 버스 승차180분 간격 운행 → 약 58분 이동 → 삼각동 정류장 하차 ❷ 동두천역 버스정류장에서 39-2 버스 승차10~20분 간격 운행 → 약 36분 이동 → 동막골 입구 정류장 하차 후 39-8번 버스로 환승180분 간격 운행 → 약 48분 이동 → 삼각동 정류장 하차
포토존과 추천 경관 중리 테마파크, 지장산 응회암, 보개산, 중리 테마파크 낚시터
유의사항 12코스와 마찬가지로 국유임도 구간이라 코스 이용이 제한된다. 경기둘레길 홈페이지를 통해서 국유임도 통과 가능 여부나 입산 신고 등 필요한 사전 조치를 해야 한다.

 13코스는 포천의 보개산을 걷는다. 12코스와 마찬가지로 산을 오르고 내리는 대표적인 숲길 구간이다. 산 정상은 밟지 않지만, 해발 550m 내외까지 오르내린다는 점과 잘 조성된 임도를 주로 걷는다는 공통점이 있다.

보개산은 연천군과 포천시의 경계에 있다. 두 지역 통틀어 가장 높은 산이다. 다섯 개의 높고 낮은 봉우리로 이루어져 있다. 주봉은 해발 877m인 지장봉이다. 지장봉 다음으로 화인봉, 북대, 삼형제암, 향로봉이 남쪽으로 길게 줄을 잇는다. 정상에는 주봉의 이름을 따, 연천군에선 '지장봉', 포천시에선 '지장산'으로 쓴 표지석이 각각 세워져 있다.

13코스는 초반에 연천을 벗어나 포천으로 들어선 후 이들 봉우리와 나란히 하며 걷다가 지장산 계곡으로 내려선다. 임도가 대체로 넓고 편하긴 하지만 오르고 내리는 구간이 세 번 반복되기 때문에 난이도는 최상위로 꼽힌다.

고대산과 보개산으로 이어지는 임도는 국유림에 속한다. 산림 경영을 위해 개설된 도로이다. 국유림 임도는 원칙적으로 일반인 이용을 제한하고 있다. 그러나 경기둘레길이 관통하는 국유림 임도는 사전에 방문 신고한 사람은 일반인도 통행이 가능하도록 경기도와 북부지방산림청이 업무협약을 맺고 있다. 경기둘레길 총 60개 코스 중 연천과 포천의 12, 13, 17코스, 가평과 양평의 24, 25, 26, 28, 29, 31코스 그리고 안성 40코스가 이에 해당한다. 따라서 이들 10개 국유림 임도를 관통하는 코스에 대해선 방문 최소 하루 전에는 홈페이지를

통하여 방문 신고를 해야 한다. ☰ https://www.gg.go.kr/dulegil/usr/gdg/reportForm.do

13코스의 초반 2km는 12코스의 종반 2km와 겹친다. 두 코스를 이어줄 만한 분기점이 국유림 산속에 있으므로 숙박이나 휴식 등을 감안하여, 번거롭지만 내산리 마을로 내려갔다가 같은 길로 다시 올라가도록 조치한 것이다. 내산리 삼보쉼터를 출발해 군부대 철문을 지나 내산1천을 따라 산속으로 들어간다. 큼직한 경기둘레길 나무 이정표가 가리키는 고대산 캠핑장 쪽 숲길로 들어서면 가파른 오르막이 시작된다. 12코스 내려올 때 미끄러짐에 주의했던 가파른 구간을 오르는 것이다. 5분 정도로 짧긴 하지만 꽤 힘이 부치는 구간이다.

그러나 13코스에선 더 힘들고 기다란 오르막을 두 번 더 지나야 한다. 일단 첫 오르막을 거치고 나면 12코스 종반에 헤어졌던 임도와 다시 만난다. 이 구간에서도 한동안은 인터넷이나 전화 연결이 안 된다.

임도에 들어선 후 처음 만나는 사거리는 주의를 기울여야 할 지점이다. 앞에 놓인 두 갈래 길 중 하나로 무심코 들어섰다간 반대 방향인 내산리로 향하게 될 가능성이 높다. 오던 길 바로 왼쪽의 브이(V) 자로 꺾인 임도로 올라서야 맞다. 이곳 사거리부터 힘거운 두 번째 오르막이 시작된다. 담터고개까지 1.2km 구간에서 고도를 250m 가까이 올라가야 한다.

해발 520m 담터고개에 오르면 내리막으로 이어지지만 그리 만만하지는 않다. '경사가 심하고 길폭이 협소하며 낙석의 위험이 있으니 관계자 외는 출입을 자제해 달라'는 안내 글 그대로 울창한 숲길이다. 혼자라면 다소 긴장될 만한 구간이다.

내리막 1.5km 지점 삼거리에서 정방향 담터계곡 쪽으로 내려가는 길이 아닌, 브이(V) 자로 꺾이는 오른쪽 길로 들어서면 다시 힘거운 오르막길이 이어진다. 두 번째와 마찬가지로 고도차를 250m 가까이 올라가야 하는데, 세 번째 맞는 오르막이기에 몹시 힘겹게 느껴지는 구간이다.

이후는 두 시간 동안 완만하고 기다란 지장산 계곡길로 하산한 후 한적한 도로를 따라간다. 낚시터로 유명한 중리 테마파크 저수지에 잠시 머물다 나오면 종착점인 중3리회관이 지척이다.

TRAVEL TIP 주변 명소

📷 지장산 응회암 한탄강 지질공원

응회암은 하늘에서 떨어진 돌이다. 무슨 말인가 하면 화산이 폭발할 때 하늘로 솟은 화산재가 땅에 떨어져 굳은 돌이라는 얘기다. 응회암을 다른 말로 화산응회암이라고 부른다. 응회란 엉겨서 굳은 재라는 뜻이다. 지장산(보개산 정상이 지장봉이기에 보개산을 지장산이라고 부르기도 한다)의 응회암은 화산이 만든 지질로, 학술·경관 면에서 특별한 가치를 지닌다. 한탄강 지질공원 영역에 속하며, 이 지역을 대표하는 지질 명소 가운데 하나이다. 📍포천시 관인면 중리 885

📷 중리 테마파크

포천시 관인면 중리저수지에 있는 낚시터이다. 포천 지장산과 종자산 계곡에서 흘러내린 물을 모아 만들었다. 낚시터 면적은 약 28,500평이고 수심 1m~5m 사이이다. 두 산 계곡에서 늘 맑은 물이 흘러 내리기에 가뭄에도 여간해서 물이 마르지 않는다. 물이 깨끗하고 풍경이 아름다운 데다가 낚시터 시설도 좋은 편이어서 강태공들에게 인기가 많은 편이다. 저수지에는 편의시설을 갖춘 수상 방갈로가 있다. 대표 어종은 붕어이고, 외래종이 없는 낚시터로 유명하다. 취사도구는 직접 챙겨가야 한다. 저수지 주변에 펜션, 민박, 음식점이 몇 군데 있다. 📍 포천시 관인면 지장산길 65 📞 031-533-2156

📷 보개산

경기도 연천군 신서면과 포천시 관인면 경계에 있는 산이다. 정상 높이는 해발 877m이다. 최고봉은 지장봉이다. 지장봉 정상은 큰 암봉으로 이루어져 있는데, 마치 승려의 머리처럼 생겼다고 해서 보개산이라 부르게 되었다. 신증동국여지승람에는 보개산이 "현 동북쪽 20리 철원 경계에 있다."라고 기록되어 있다. 보개산은 신증동국여지승람에 나올 정도로 이 지역에선 제법 크고 이름난 산이다. 정상에는 연천군에서 설치한 '고롱이'와 '미롱이'라는 정상석이 있다. 보개산 북쪽은 고대산 832m으로 이어지고, 남쪽은 종자산 643m으로 이어진다. 산 동쪽 능선에는 담터계곡이 있다. 동쪽 산줄기에 태봉의 왕 궁예가 부하인 왕건에 패한 뒤 절치부심 이곳에 은거하며 반격을 준비했다는 이야기가 전해져 내려온다. 📍 포천시 관인면 중리

ONE MORE | 주변 맛집과 숙소

- 🍴 **종자산꽃가람 막국수**(막국수, 수육) 📍 포천시 관인면 창동로 895 📞 031-533-1801
- 🍴 **지장산막국수본점**(막국수, 수육) 📍 포천시 관인면 창동로 876 📞 0507-1410-4344
- 🍴 **지장산큰골마당**(능이백숙, 닭볶음탕) 📍 경기도 포천시 관인면 지장산길 137 📞 0507-1337-9097
- 🛏 **내산마루펜션** 📍 연천군 신서면 동내로 1337-3 📞 031-834-9546
- 🛏 **지장산숲속펜션민박** 📍 포천시 관인면 지장산길 151
- 🛏 **호수의아침펜션** 📍 포천시 관인면 지장산길 79 📞 031-532-2274
- 🛏 **지오펜션** 📍 포천시 관인면 지장산길 75-4 📞 010-4582-3657

14 course 포천 14코스

중3리 마을회관~운천시장 입구 9.2km

한탄漢灘이란 '큰 여울'이라는 뜻이지만, 어쩐지 '한숨과 탄식'이 섞인 '한탄'이란 단어가 연상된다. 14코스는 한탄강과 만나는 구간이다. 코스의 3분의 2에 해당하는 6km 구간을 한탄강과 함께하다 헤어진다. 한탄강을 만나는 처음이자 마지막 구간이다. 만나자마자 이별이다. 어쩐지 애틋하고 아련해진다. 난이도는 B, 대체로 수월한 코스이다.

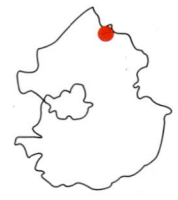

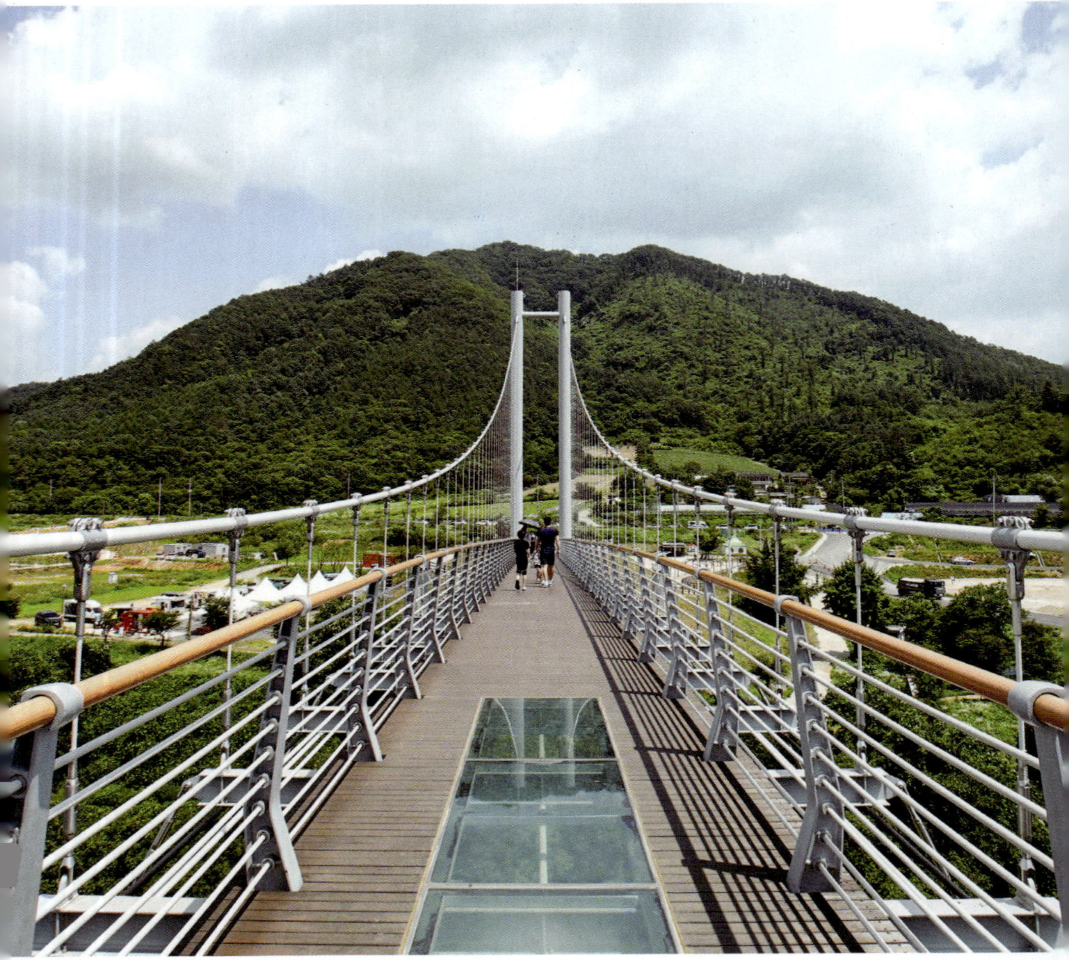

코스 정보

시작점 포천시 관인면 중리 494-5 **도착점** 포천시 영북면 운천리 510-1
코스 길이 9.2km **트레킹 시간** 3시간 5분 **코스 특징** 하늘다리를 건너고, 한국의 그랜드캐니언, 한탄강 주상절리길을 걷는다. **난이도** B **상세경로** 중3리 마을회관 - 한탄강 하늘다리 - 대회산교 밑 - 멍우리협곡 캠핑장 - 부소천교 - 6.25참전기념비 - 운천시장 입구 **시작점 대중교통** ❶ 영북면사무소 버스정류장포천에서 53번 버스 승차120~130분 간격 운행 → 약 27분 이동 → 성동1리 광명휴게소 하차후 도보 125m 이동 → 신장삼거리에서 60-1, 60-2번 버스 승차140~180분 간격 운행 → 약 41분 이동 → 중3리, 심재 정류장 하차 ❷ 영북면사무소 버스정류장에서 89-1번 버스 승차하루 1회 운행 → 약 1시간 20분 이동 → 중3리·심재 정류장 하차
포토존과 추천 경관 한탄강 하늘다리, 한탄강 지질공원, 비둘기낭폭포, 한탄강 주상절리길
유의사항 비둘기낭폭포는 한탄강 주상절리길의 명소인 만큼 꼭 들렀다 가자. 다만, 14코스 정규 루트에서 살짝 벗어나야 한다.

 북한의 평강군에서 발원해 54km를 흘러온 한탄강은 남녘 땅에서 86km를 더 흐르며 철원, 포천을 거쳐 연천에서 임진강과 합류한다. 그리곤 파주를 거쳐 김포에서 한강과 섞인 후 서해로 흘러든다. 휴전선을 넘나들며 남북 접경을 가르는 그 흐름 때문에 한반도 비극을 상징하는 대명사처럼 인식되기도 한다.

'물살 빠른 흐름'을 뜻하는 우리 말 '큰 여울' 또는 '한여울'에서 '한탄漢灘'이란 강 이름이 유래했지만, 어쩐지 '한숨과 탄식'이 섞인 '한탄恨歎'이란 단어가 연상되기 십상이다. 14코스는 한탄강과 만나는 구간이다. 코스의 3분의 2에 해당하는 6km 구간을 한탄강과 함께하다 헤어진다. 14코스는 처음이자 마지막으로 한탄강을 만나는 구간이다. 만나자마자 이별이다. 어쩐지 애틋하고 아련해진다.

14코스를 출발하면 300m 간격인 중3리 노인정과 중3리 마을회관 중간 지점에서 동쪽 은장산 방향으로 난 좁은 포장길로 들어선다. 87번 국도를 등지고 한탄강 유역으로 들어서는 것이다. 울창한 갈대밭 사이로 조성된 좁은 포장길을 지나 짧은 출렁다리 마당교를 건너면 기다란 한탄강 하늘다리와 만난다. 수면 50m 상공에 떠 있는 하늘다리를 지나노라면 중국 윈난성의 호도협처럼 좁은 협곡과 거센 물살 그리고 거대한 절벽으로 대표되는 한탄강 주변 풍광이 가득 담긴다. 특히 200m 다리 중간 바닥에 설치된 세 군데 강화유리 구간에선 까마득한 강바닥이 그대로 내려다보여 오금이 저린다.

다리 건너 한동안은 강변 같지 않고 들판의 느낌이 든다. 78번 지방도인 대회산교 밑을 지나며 다시 한탄강 분위기에 젖는다. 강변 숲길도 지나고 길게 이어지는 데크 길을 오르고 내리고를 반복하며 강을 거슬러 올라간다.

오래전 화산폭발로 분출된 거대한 양의 용암이 낮은 지역으로 흐르다 굳어져 현무암 바위가 되었다. 고지대에서 끊임없이 흘러내리는 물줄기가 바위를 깎아내리며 지금과 같은 수직 절벽과 협곡을 빚어냈다. 상대적으로 무른 현무암 바위는 10년 침식을 받으면 1mm 정도는 깎일 것이다. 수십만 년의 힘이 수십 미터의 협곡을 만들어냈다.

그 옛날 뜨거운 용암이 찬 공기와 만나 식는 과정에서, 가뭄에 논바닥 갈라지듯 균열과 틈節理들이 생겨, 길쭉한 돌기둥柱狀 같은 지금의 주상절리가 되었다. 한탄강 주상절리길은 모두 5개 코스로 구성되어 있다. 구라이길4km, 가마소길5km, 벼룻길6km, 멍우리길5km 이렇게 4개 코스에 연계 구간인 비둘기낭 순환코스6km가 추가된다. 이들 중 3코스인 벼룻길 구간 대부분이 경기둘레길 14코스와 겹친다. 하늘다리 건너서부터 멍우리협곡 지나 부소천교까지 5.5km 구간이다.

부소천이 한탄강에 합류하는 지점에서 부소천교를 건넌 후 잠시 뒤를 돌아본다. '한국의 그랜드캐니언'으로 불리는 멍우리협곡과 주상절리 일대를 한 번 더 눈에 넣고는 한탄강과 헤어진다. 이전 10코스에서는 멀리서 임진 적벽, 임진강 주상절리의 웅장함을 바라보았으나, 14코스의 한탄강 주상절리는 절벽 위와 중턱을 오르내리며 협곡의 섬세한 면들을 가까이서 감상할 수 있다.

철원과 포천의 접경에 서 있는 명성산을 정면으로 바라보며 논과 밭 사이로 이어지는 농로를 한동안 호젓하게 걷는다. 43번 국도 아래를 지나 6.25참전 기념비 앞에 서면 '구름내'雲川 마을 운천리 정경이 소박하게 다가온다.

| TRAVEL TIP | 주변 명소 |

📷 한탄강 하늘다리

한탄강 협곡과 주상절리를 감상할 수 있도록 만든 관광용 도보 다리이다. 포천시 영북면 비둘기낭폭포 근처에 있다. 길이는 약 200m이다. 지상 50m 위치에서 한탄강 협곡을 조망할 수 있다. 하늘다리 위에 서면 협곡과 물살, 수직 절벽 등 한탄강의 독특하고 이색적인 풍광을 한눈에 담을 수 있다. 다리 중간 바닥에 설치된 세 군데 강화유리 구간은 아찔함까지 선물한다. 저 아래로 강바닥이 까마득하게 내려다보여 금세 오금이 저린다.

📍 포천시 영북면 비둘기낭길 207 📞 031-538-3030

📷 비둘기낭폭포

한탄강 8경 중 하나이다. 약 27만 년 전 용암지대에 형성된 자연폭포이다. 천연기념물 제537호다. 비둘기낭폭포는 화산폭발 때 흘러나온 용암이 지표를 덮은 뒤, 이 용암대지가 강물에 깎이면서 자연스럽게 만들어졌다. '비둘기낭'은 비둘기 둥지라는 뜻으로, 산비둘기들이 폭포 안쪽 동굴을 둥지처럼 사용해서 이런 이름을 얻었다. 협곡의 절벽 사이로 낙하하는 폭포와 옥빛 연못이 더없이 아름답고 신비롭다. 폭포 높이는 약 15m이고, 연못의 너비는 30m쯤 된다. 한탄강 하늘다리에서 남쪽으로 도보 10분 거리에 있다.

📍 포천시 영북면 대회산리 415-2

📷 한탄강

길이는 136km이다. 한탄은 우리 말로 큰 여울이라는 뜻이다. 북한 땅 강원도 평강군 장암산 남쪽 계곡에서 발원하여 한반도 중서부의 화산지대, 구체적으로는 철원·포천, 연천을 흐르다 임진강으로 흘러든다. 화산폭발로 형성된 추가령구조곡의 좁고 긴 골짜기를 따라 수십만 년을 흐르며 용암지대를 깎아 절벽과 협곡을 만들었다. 지질학적으로 아주 가치가 큰 지역이다. 2015년 국가지질공원으로 지정되었으며, 2020년 유네스코 세계지질공원으로 등재되었다. 대표적인 명소로 비둘기낭폭포, 고석정, 재인폭포 등이 있다.

📷 멍우리협곡

한탄강 멍우리협곡은 흔히 '한국의 그랜드캐니언'이라 부른다. 실제로는 규모나 깊이가 그랜드캐니언에 비교할 정도는 아니지만, 한탄강에서 풍광이 뛰어난 협곡이다. 비둘기낭폭포와 한탄강이 그렇듯 멍우리협곡도 수십만 년 동안 용암대지가 강물에 깎여 만들어졌다. 수직 절벽과 주상절리가 잘 발달되어 있는 곳으로, 국가에서 명승으로 지정할 만큼 가치가 높은 자연유산이다. 협곡의 길이는 약 4km이며 주상절리 절벽의 높이는 20~30m에 이른다.

ONE MORE | 주변 맛집과 숙소

- 🍴 **경성이동숯불갈비(돼지갈비)** 📍 포천시 영북면 운천리 340-3번지 📞 031-531-0092
- 🍴 **운천칼국수(칼국수, 만두)** 📍 포천시 영북면 영북로 171-1 📞 031-532-8702
- 🍴 **뼈다귀천국 운천점(우거지감자탕, 뼈다귀해장국)** 📍 포천시 영북면 영북로 187-9 📞 0507-1394-3335
- 🍴 **샤브작샤브작(샤브샤브, 낙지덮밥)** 📍 포천시 영북면 운천로9번길 3 📞 031-534-6988
- 🛏 **샤론모텔** 📍 포천시 영북면 운천로24번길 3 📞 031-531-2805
- 🛏 **석화모텔** 📍 포천시 영북면 운천로34번길 5-1
- 🛏 **현대모텔** 📍 포천시 영북면 운천로43번길 7

15 course 포천 15코스

운천시장 입구~산정호수공원 8.6km

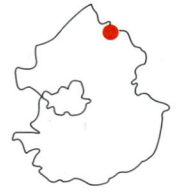

산정호수山井湖水는 포천을 대표하는 유명관광지이다. '산속의 있는 우물처럼 맑은 호수' 정도의 뜻을 담고 있다. 15코스는 산정호수를 만나러 가는 길이다. 산정호수는 제 물을 부소천을 통해 한탄강으로 흘려보낸다. 부소천을 따라 두세 시간 거슬러 올라가는 짧은 코스다. 난이도는 A, 비교적 쉬운 구간이다.

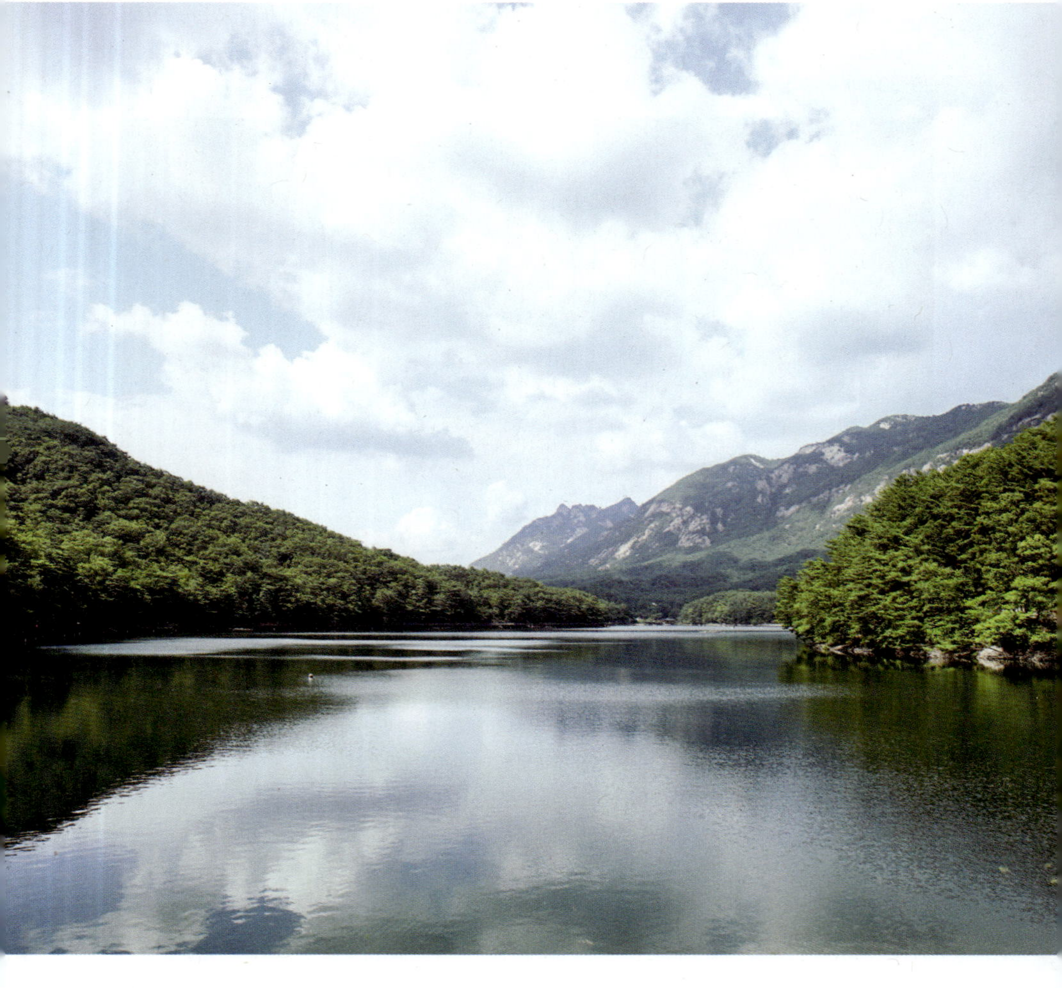

코스 정보

시작점 포천시 영북면 운천리 510-1 **도착점** 포천시 영북면 산정리 192-1
코스 길이 8.6km **트레킹 시간** 3시간
코스 특징 운천 전통시장을 지나 부소천을 거슬러 올라 산정호수까지 걷는 코스이다.
난이도 A **상세경로** 운천시장 입구 - 운천시장 - 부소천 - 문암삼거리 - 산정1교 - 산정2교 - 한화리조트 - 허브와야생화마을 - 산정호수공원
시작점 대중교통 ❶ 동서울버스터미널에서 3000번 승차 30분 간격 운행 후 영북농협 하차 1시간 40분 소요
❷ 도봉산역 환승센터에서 1336번 버스 탑승 1시간에 1~2대 운행 → 1시간 40분 후 영북중학교 앞 하차
포토존과 추천 경관 산정호수, 부소천
유의사항 문암삼거리에서 산정호수 아래인 한화리조트까지는 도로 구간이다. 다소 단조로운 코스이다.

 산정호수山頂湖水는 '산꼭대기에 있는 호수'라는 뜻의 복합 일반명사다. 그러나 같은 우리말 독음에 한자 하나가 바뀌면 고유명사로 변한다. '산정호수山井湖水'는 '포천' 하면 떠오르는 유명관광지이다. '산속에 있는 우물처럼 맑은 호수' 정도의 뜻을 담고 있다.

14코스 종착지 영북면 운천리로 들어설 때 정면으로 마주했던 명성산鳴聲山이 품고 있는 호수다. '울음산'이라고도 불렸다는 명성산은 궁예가 왕건에게 쫓기며 숨어 있다가 비참한 최후를 맞은 산이다. 그의 운명을 슬퍼하던 산새들이 '소리높이 울며鳴' 흘린 눈물이 호수가 되었나 보다. 15코스는 산정호수를 만나러 가는 길이다. 호수의 물을 한탄강으로 흘려보내는 부소천을 따라 두세 시간 거슬러 올라가면 되는 짧은 코스다.

영북면사무소 앞 버스정류장은 예전엔 시외버스터미널 건물이 있었으나 지금은 철거되어 일반 정류장으로만 운영 중이다. 정류장에서 북서쪽으로 150m 들어선 지점에 경기둘레길 15코스 안내판이 서 있다.

이 일대엔 옛날에 물이 그리도 맑았는가 보다. 산정호수 물이 흘러내리는 지류 때문이었는지도 모른다. 그 맑은 물에 구름이 비친 모습이 마치 물속에 잠긴 듯하여 '구름내'로 불리다가 운천雲川이 되었다고 한다. 38선 이북 지역이라 해방 후 한때 공산 치하였다가 휴전선이 그어지며 우리 땅이 되었다. 마을 입구 대로변에 서 있는 6.25참전기념비도 이런 역사와 연결된다.

'운천시장'이라고 쓰인 높고 큼직한 간판 밑으로 들어서면서 재래시장과 15코스가 시작된다. 여느 재래시장

분위기 그대로다. 큰 규모는 아니지만, 면 소재지에 위치해 영북면을 대표하는 전통시장이다. 시장과 연결된 시골 골목길을 잠시 걷다 부소천을 만나 나란히 함께한다. 15코스와 14코스를 이어주는 천변길을 거슬러 올라가는 것이다. 1차선 도로다. 오가는 차량에 신경 써야 한다.

문암삼거리를 지나며 2차선으로 넓어진다. 지방도 78번이다. 자동차 통행량이 꽤 많다. 별 감흥이 없는 구간 4km를 걷고 나면 보상인 듯 멋진 폭포와 마주한다. 산정호수에 넘친 물을 부소천으로 쏟아내는 낙천지폭포다. 높지 않은 낙차인데도 폭포 중간 바위에 부딪히기 때문인지 하얀 포말이 거세게 인다. '樂天地'라고 쓰인

표지석을 지나 나무다리를 건너면 폭포 옆으로 산정호수로 가는 좁은 길이 이어진다. 가파른 돌계단에 잠시 힘을 쏟고 나면 고요한 숲길에 올라선다.

산정호수 둘레길은 2.6km 수변 코스와 1.4km 궁예 코스가 호수를 한 바퀴 돌며 이어진다. 경기 둘레길 15코스 막바지는 수변 코스와 함께한다. 낙천지폭포 위에서 호수 북쪽 길을 따라 상동 주차장까지 이어진다. 호수 가장자리에 설치된 안전한 데크 길이다. 물 위를 걷는 기분이 아늑하다.

TRAVEL TIP 주변 명소

📷 산정호수

포천시 영북면에 있는 호수이다. 포천을 대표하는 관광지로, 웅장한 명성산이 장수처럼 호수 뒤를 지키고 있다. '산속의 우물과 같은 맑은 호수'는 멋진 이름을 갖고 있지만, 산정호수는 사실은 인공호수이다. 1925년, 일제강점기에 영북면 지역에 농업용수를 공급하기 위해 저수지로 만들었다. 제방은 천연 암벽을 주로 활용했다. 호수의 면적은 약 7만8천 평이고, 수심은 23.5m이다. 주변 경관이 수려해 1977년대에 관광지로 개발하였다. 레저 공간, 놀이동산, 조각공원 등을 갖추고 있다. 호수를 둘러볼 수 있는 데크 길을 잘 갖추어 놓아 물 위를 걷는 기분으로 즐겁게 산책할 수 있다. 겨울철에 호수가 얼면 썰매축제가 열린다. 숙박시설과 음식점, 카페 등도 제법 잘 갖추고 있다. 매년 100만여 명이 산정호수를 찾는다. 드라마 <낭만 탁터 김사부>의 돌담병원 촬영지가 산정호수에 있다. 예전 가족호텔 건물이다. 호수는 한국농어촌공사가 관리하고 있다. 📍포천시 영북면 산정호수로411번길 108

📷 부소천

가을 억새로 유명한 명성산 계곡에서 발원하여 산정호수를 거쳐 북서쪽으로 흐르다가 한탄강으로 합류하는 지방하천이다. 부소천 길이는 약 10km이다. 부소천이라는 이름은 이 하천에 있는 가마소폭포와 유독 많은 물웅덩이(沼)에서 유래했다. 가마소는 가마솥이라는 뜻으로, 한자로 표현하면 부솥이다. 부소천과 한탄강이 만나는 유역에는 명승 제94호로 지정된 멍우리협곡이 있다.

ONE MORE 주변 맛집과 숙소

- 🍴 우둠지숯불고기(돼지갈비) 📍 포천시 영북면 산정호수로 450-9 📞 031-534-2420
- 🍴 솟대(돼지갈비, 우렁된장찌개) 📍 포천시 영북면 산정리 506-9번지 📞 031-533-5596
- 🍴 가는골(능이백숙, 닭볶음탕) 📍 포천시 영북면 운천리 93-7번지 📞 031-533-2737
- 🍴 산비탈손두부(두부버섯전골, 순두부정식) 📍 포천시 영북면 산정호수로 295 📞 031-534-3992
- 🏠 서울장여관 📍 포천시 영북면 운천로43번길 4-9 📞 031-534-4590
- 🏠 설렘게스트하우스 📍 포천시 영북면 산정호수로 99 📞 010-7474-7939
- 🏠 하이델베르그 📍 포천시 영북면 산정호수로 133 📞 031-531-6438
- 🏠 메이필드 📍 포천시 영북면 산정호수로 188
- 🏠 베르그제펜션 📍 포천시 영북면 산정호수로 867
- 🏠 늘푸른허브펜션 📍 포천시 영북면 산정호수로 861 📞 010-6288-4840
- 🏠 산정파인트리펜션 📍 포천시 영북면 산정호수로 814 📞 031-532-8020
- 🏠 산정호수파크텔 📍 포천시 영북면 산정호수로 798 📞 031-531-6843

16 course 포천 16코스
산정호수공원~일동 유황온천단지 12.7km

16코스는 산정호수와 헤어지며 남쪽으로 방향을 잡는다. 낭유고개를 넘어 온천지구인 일동면을 향해 나아간다. 초반부터 고갯길이 제법 힘들다. 고개 마루턱을 넘고도 한동안은 군부대 차량이 오가서 신경이 쓰인다. 코스 후반에 들어서면 호젓한 시골길이 이어진다. 난이도는 C, 제법 힘든 코스이다.

코스 정보

시작점 포천시 영북면 산정리 192-1 **도착점** 포천시 일동면 화대리 644-1 화대2리 표지석 옆
코스 길이 12.7km **트레킹 시간** 4시간 15분 **코스 특징** 옛날엔 이리가 많았다는 낭유고개를 넘어 유명한 유황온천단지로 이어지는 길이다. **난이도** C **상세경로** 산정호수공원 - 경기도평화교육연수원 - 낭유고개 - 낭유교차로 - 낭유대교 - 수입교 - 일동 유황온천단지 **시작점 대중교통** ❶ 영북면사무소 버스정류장에서 10, 10-1번 버스 승차 35~290분 간격 운행 → 약 23~34분 이동 → 산정호수.상동주차장 정류장 하차 ❷ 일동시장입구 버스정류장에서 12번 버스 승차 65~100분 간격 운행 → 약 13분 이동 → 금주3리 만세교 정류장 하차 후 1386버스로 환승 60~120분 간격 운행 → 약 41분 이동 → 산정호수.상동주차장 정류장 하차 ❸ 도봉산역 환승센터에서 1386버스 탑승 산정호수 상동주차장 하차 **포토존과 추천 경관** 대관모봉을 바라보는 농로 풍경, 운담영당, 일동 유황온천단지, 독수리유격대전적비 **유의사항** 사향산과 관음산 사이 골짜기를 넘어가는 낭유고개 차도는 단조로우면서 가파른 오르막길이다. 지나가는 자동차에 신경을 많이 써야 한다.

멀리 동쪽으로는 강원도 여러 산의 호위를 받고, 가까운 북쪽으로는 명성산922m 그리고 반대편 남쪽으로는 사향산737m과 관음산733m이 주변을 감싸고 있다. 산정호수가 누워 있는 모양새가 이처럼 포근하다. 흐르지 않고 고여만 있는 물은 썩는 법, 이들 산악지대에서 모여든 호숫물이 흘러나갈 수 있는 방향은 트여 있는 서쪽뿐이다. 낙천지폭포 틈새로 빠져나온 맑은 호숫물은 낮은 쪽으로 흐르고 흘러 한탄강으로 합쳐지는데, 예부터 사람들은 이 물줄기를 따라 하나둘씩 모여들어 촌락을 이루며 살았다. 14코스와 15코스는 이 물줄기를 따라 거슬러 올라왔다.

호수 남쪽의 관음산과 사향산은 영북면 산정리와 이동면 노곡리를 이어주는 387번 지방도를 사이에 두고 동

서로 마주 본다. 16코스는 두 산을 잇는 능선인 낭유고개를 넘어 남쪽 온천지구인 일동면을 향해 나아가는 코스다. 초반부터 가파른 고갯길을 넘느라 힘들다. 고개 마루턱을 넘고도 한동안은 군부대 차량이 오가는 도로라서 안전에 신경 써야 한다. 코스 후반에 들어서면 다행히 호젓한 시골길이 이어진다.
여행자들이 산정호수에 들고-나는 관문은 두 군데 중 하나이다. 낙천지폭포 앞 하동주차장이거나 아니면 상가 밀집 지역인 상동주차장이 다. 경기둘레길 여행자들은 하동주차장에서 호숫가로 올라와 호수 둘레길을 3분의 2바퀴 걸은 뒤 상동주차장을 벗어나면서 호수와 헤어진다.

16코스 출발점인 산정리 마을회관 앞 삼거리에서 상동주차장을 지나 경기도평화교육연수원까지 1km는 차량 통행이 많은 도로지만 넓은 평지라서 그런대로 호젓하다. 삼거리에서 왼쪽 길로 들어서며 낭유고개로 향한다. 완만하지만 꾸준한 경사가 고갯마루까지 2km나 이어진다. 꽤나 힘들고 지루하게 느껴진다.
옛날 이 고개 주변엔 이리떼가 많았는지 낭유狼踰고개는 '이리너미고개'로 불렸다 한다. '이리狼가 넘다踰'라는 한자 뜻과 연결되는 지명이다. 차 없던 옛 시절, 지게나 괴나리봇짐 짊어진 민초들이 일상을 살아내기 위해 이 고갯길에서 쏟아냈을 땀과 한숨이 상상된다. 주변엔 군부대가 몇 군데 있다. 대한민국 누군가에겐 군가 부르며 아침 구보로 땀을 쏟았던 추억의 고갯길일 것이다.

낭유고개 정상에 겨우 도착해 잠시 숨을 돌린다. 기다랗게 이어진 내리막이 눈에 들어온다. 다시 길을 재촉한다. 고갯마루를 넘고 나면 포천시 영북면에서 이동면으로 들어선다. 애주가들에겐 포천 이동막걸리 한 잔이 간절하게 그리워지는 곳이다. 65년 전통의 이동주조㈜가 예나 지금이나 애주가들이 선호하는 쌀막걸리를 만들어내고 있다. '포천'이라는 지명은 '물川을 품는다抱'라는 뜻이다. 물맛이 좋으니, 막걸리 맛도 좋은가 보다.
387번 지방도가 끝나는 낭유교차로를 지나 포천 파크골프장을 바라보며 영평천 낭유대교를 건너면 포천시 이동면二東面에서 일동면一東面으로 행정구역이 바뀐다. 경기둘레길 한 개 코스를 걸으며 포천시 14개 읍면동 중 3개 면을 지나는 셈이다. 이 지역 일동면과 이동면은 조선 시대엔 영평현에 속한 동면東面이었다 한다. 구한말 행정 개편 때 영평천을 중심으로 북쪽은 이동면, 남쪽은 일동면으로 나뉘었다.
일동유황온천까지 남은 4km는 아주 쾌적하다. 전반에 낭유고개 넘으며 쌓였던 피로를 풀기에 충분하다. 고요한 천변길과 농촌의 골목을 시간 가는 줄 모르고 번갈아 걷다 보면 어느새 종착지인 운담교차로 앞 일동 유황온천단지에 닿는다.

TRAVEL TIP 주변 명소

📷 관음산

경기도 포천시에 있는 산으로 높이는 733m이다. 영중면·영북면·일동면·이동면 경계에 있다. 오래전부터 관음보살에 얽힌 전설이 전해온다. 하루는 관음보살이 이 산에서 잠시 쉬다가 그만 정상 산마루에 바랑승려가 등에 지고 다니는 자루 모양의 큰 주머니를 벗어 놓고 갔다. 이 전설에서 관음산이라는 이름이 유래했다. 주변 산보다 높이는 크게 뒤지지 않으나 돌과 바위가 많지 않은 덕에 오르내리기는 훨씬 편하다.

📍 포천시 영북면 산정리 산 185-1

📷 운담영당

경기도 포천시 일동면 화대리에 있는 영당이다. 조선 후기의 학자 김평묵1819~1891의 사후인 1915년 제자들이 그의 높은 학문과 덕을 기리기 위해 영당을 세웠다. 김평묵은 1876년 강화도에서 조선과 일본 사이에 별잗호

조약이 체결되자 고종에게 이를 반대하는 상소를 올렸다. 그는 위정척사, 곧 올바른 성리학을 지키고 사악한 서학을 물리친다는 가치 아래 일본도 척사의 하나로 보았다. 훗날 그의 제자들은 의병을 일으켜 조선 독립운동을 펼쳤다. 대표적인 사람이 유인석이다. 운담영당에는 김평묵과 그가 생전에 추앙했던 조선 중기의 문신이자 주자학의 대가 송시열1607~1689, 조선 후기의 성리학자 이항로1792~1868, 주자학을 집대성한 중국 송나라의 주자1130~1200를 배향했다. 한국전쟁 때 불에 탄 후 오랫동안 방치되어 있었으나, 1999년에 복원했다.

◎ 포천시 일동면 화동로 1240

📷 사향산과 낭유고개

사향산은 산정호수 남쪽 5km 지점에 있는 산이다. 이 산 북쪽 계곡의 물 일부가 산정호수로 흘러든다. 지방도로 387번 도로를 사이에 두고 관음산과 동서로 마주 보고 있다. 이 두 산 사이를 오르는 고개가 낭유고개이다. '이리狼가 넘다踰'라는 뜻을 가진 낭유고개의 옛 이름은 '이리너미고개'이다. 옛날엔 이리 곧 늑대가 고개를 넘을 만큼 제법 많이 출몰한 모양이다. 차 없던 옛 시절, 지게나 괴나리봇짐 진 민초들이 일상을 살아내기 위해 힘들게 이 고개를 넘었으리라. 낭유고개 주변엔 군부대가 제법 많다. 이곳에서 군대 생활을 한 사람이라면 군가를 부르고 행군하며 땀을 쏟았던 기억이 떠오를 터이다.

◎ 경기 포천시 이동면 노곡리

ONE MORE 주변 맛집과 숙소

- 🍴 중앙식당(메기매운탕, 쏘가리매운탕) ◎ 포천시 영북면 산정호수로411번길 108 ☎ 031-533-3361
- 🍴 옛고을(능이닭백숙, 더덕돼지고기볶음) ◎ 포천시 영북면 산정호수로 722-10 ☎ 010-6692-7724
- 🍴 취락(능이닭백숙, 닭볶음탕) ◎ 포천시 일동면 화대리 631번지 ☎ 031-533-3361
- 🍴 명지원 이동갈비(이동갈비, 버섯생불고기) ◎ 포천시 일동면 화동로 1258 ☎ 031-536-9919
- 🍴 the포천가든(이동갈비, 숙성삼겹살) ◎ 포천시 일동면 화동로 1072-1 ☎ 010-4746-3599
- 🏠 산정호수 하우스랜드펜션 ◎ 포천시 영북면 산정호수로 728 ☎ 031-532-6129
- 🏠 숲속의하얀집펜션 ◎ 포천시 영북면 산정호수로 722-19 ☎ 010-6337-2784
- 🏠 등산로민박 ◎ 포천시 영북면 산정호수로 722-7 ☎ 031-532-2446
- 🏠 아이러브펜션 ◎ 포천시 영북면 산정호수로 706 ☎ 031-532-7710
- 🏠 포천 비버리힐펜션 ◎ 포천시 이동면 새낭로 607 ☎ 031-536-6660
- 🏠 푸른마을펜션 ◎ 포천시 이동면 새낭로 619-46 ☎ 010-2329-1208

17 course 포천 17코스
일동 유황온천단지~논남유원지 14km

17코스는 13코스부터 이어져 온 포천시 구간이 끝나고 가평군으로 들어서는 루트이다. 가평군 구간은 25코스까지 이어진다. 두 지역의 접경인 강씨봉을 넘지만, 임도를 걷는다. 험하진 않지만 그렇다고 경사가 만만한 건 아니다. 무리울계곡 입구부터 강씨봉으로 향하는 임도가 시작된다. 난이도는 C, 제법 힘든 코스이다.

코스 정보

시작점 포천시 일동면 화대리 644-1화대2리 표지석 옆 **도착점** 가평군 북면 적목리 292-2
코스 길이 14km **트레킹 시간** 6시간 10분
코스 특징 강씨봉 능선에 있는 오뚜기고개를 넘는다. 포천시에서 가평군으로 들어서는 구간이다. **난이도** C
상세경로 일동 유황온천단지 - 무리울계곡 입구 - 오뚜기고개 - 논남기계곡 - 강씨봉자연휴양림 - 논남유원지
시작점 대중교통 ❶ 일동버스터미널에서 7-1, 7-2번 버스 승차180~240분 간격 운행 → 약 4분 이동 → 화대2리.제일온천 정류장 하차 ❷ 일동버스터미널에서 12, 3-1번 버스 승차65~100분 간격 운행 → 약 5분 이동 → 운담초등학교앞 정류장 하차 ❸ 일동바스터미널에서 11, 2번 버스 승차200~300분 간격 운행 → 약 5분 이동 → 운담사거리 정류장 하차 **포토존과 추천 경관** 강씨봉휴양림, 논남기계곡
유의사항 17코스는 국유임도 구간이라 코스 이용이 제한됨. 경기둘레길 홈페이지를 통해서 국유임도 통과 가능 여부나 입산 신고 등 필요한 사전 조치를 취해야 한다. 오뚜기고개까지 임도 구간은 어려운 코스이다.

 이동갈비, 능이백숙, 비빔국수, 해장국, 쌈밥…. 17코스가 시작되는 일동면 화대리의 운담교차로 주변엔 식당이 많다. 식당 간판만 봐도 입맛을 돋운다. 코스 진행 방향으로 조금 걷자 온천도 보인다. 건물 앞과 옆면에 '유황온천'이라는 큼직한 간판을 내걸었다. 일동 유황온천단지를 대표하는 곳이다. 지하 800m에서 끌어올린 유황온천이다. 유황 성분이 당뇨, 고혈압, 신경통 등 각종 성인병과 피부질환에 효과가 있다는 건 어느 정도 공인된 사실인 듯하다.

17코스는 13코스부터 이어져 온 포천시 구간이 끝나고 25코스까지 이어지는 가평군으로 들어서는 구간이다. 두 지역의 접경인 강씨봉을 임도를 따라가며 넘는다. 험하진 않지만, 경사가 만만한 것도 아니다.

운담교차로를 출발하면 초기 3km는 368번 지방도를 걷는다. 오가는 자동차가 신경 쓰이는 왕복 2차선 도로다. 무리울계곡 입구에서 도로가 끝나는데, 이 지방도는 산 너머 가평군에서 다시 이어진다. 이곳에서 오뚜기고개 너머 강씨봉휴양림까지 구간은 지금은 단절돼 있지만 언젠가는 하나로 이어질 것 같다. 무리울계곡 입구부터 강씨봉으로 향하는 임도가 시작된다.

초반부터 꾸준한 오르막이다. 17코스 정점인 오뚜기고개까지는 임도 5km를 걷는다. 고도 차 500m 이상을 올라가야 한다. 일반인 통행이 제한되는 국유림 임도라서 '경기둘레길' 홈페이지를 통해 사전 허락을 받아야 하는 10개 코스 중 하나다. 고개 정상까지는 산악자전거와 오토바이 통행을 금하고 아프리카돼지열병을 차단하기 위해 설치한 철문을 대여섯 개 열고 닫으며 통과하는 과정을 거쳐야 한다.

'오뚜기령'이라는 큼직한 표지석을 만나면 오르막은 끝이다. 오뚜기고개는 산길 4개가 교차하는 해발 695m의 조그만 광장이다. 왼쪽으로는 해발 830m 강씨봉까지 2.7km, 오른쪽으로는 해발 1,020m 귀목봉까지 2.8km 거리다. '오뚜기'란 고개 이름은 한국군 8사단의 별칭인 '오뚜기부대'에서 따온 것이다. 한국전쟁 이후 이곳에 군사도로를 낼 때 8사단이 작업을 했기 때문이다. '오뚜기령' 표지석 상단에 오뚜기를 연상시키는 큼직한 '8'자가 새겨져 있다. 8사단 마크다.

강씨봉과 오뚜기고개는 포천시와 가평군을 가르는 경계이기도 하다. 군용 같은 노란색 철재 바리케이드를 열어 고개를 내려서면서 가평군으로 첫발을 디딘다. 북쪽으로 열린 하산길로 내려서자마자 바람이 몰아친다. 오뚜기고개라는 바람막이가 갑자기 없어진 탓이다. 가평천을 만나기까지 고도 차 270m를 내려오는 논남기계곡 구간은 가히 바람골이라 불릴 만하다.

해발 420m 지점부터 가평천이 시작된다. 이곳 적목리 산악지대에서 발원하여 남동쪽으로 35km를 흘러가다 가평 읍내리에서 북한강에 합류하는 지방하천이다. 가평천 상류 따라 1km 일대에 자리를 튼 강씨봉자연휴양림은 경기도 도유림이다. '숲속의 집'이나 '휴양관' 등에서 여유롭게 숙박하며 가족 단위로 산림욕을 즐기기 좋다. 경기둘레길 17코스의 종점이 아니라서 도보 여행자는 더 가야 한다. 하지만 잠시 쉬어갈 순 있다. 한두 시간 산림욕을 하는 것만으로도 충분한 휴식이 될 수 있다.

시詩가 있는 숲길에 들어선다. 숲 향기 짙게 맡으며 수십 점의 익숙한 시와 명언들을 음미해보는 것도 좋다. 계수나무길과 데크로드 길로 이뤄진 소리향기길을 한 바퀴 돌면서 아기자기한 조형물과 쉼터와 포토존을 즐기며 거니는 것 또한 쾌적하고 좋다. 휴양림 한편의 입간판에서 '강씨봉' 지명에 얽힌 이야기를 들을 수 있다. 옛날 이곳엔 강씨가 모여 마을을 이루고 살았다. 그 시작은 후고구려를 세운 궁예의 부인 강씨가 터를 잡고 살면서부터라고 전해진다. 강씨 부인이 왕건과 궁예의 싸움을 피해 숨어 살았다고 하는가 하면, 궁예의 폭정을 말리다가 귀양 왔다는 설도 있다. 강씨들이 모여 이룬 마을이라서 이 일대 가장 높은 산을 '강씨봉'이라 부르게 되었다고 한다.

TRAVEL TIP | **주변 명소**

📷 일동 제일유황온천

포천군 일동온천지구 초입에 있다. 운담교차로에서 17코스 진행 방향으로 조금 걸어가면 보인다. 온천 건물에 '유황온천'을 강조하는 큼지막한 간판을 달았다. 유황온천은 관절염, 성인병, 당뇨, 고혈압, 신경통, 부인병, 관절염, 그리고 각종 피부질환에 효과가 있는 것으로 알려져 있다. 이렇듯 효능이 다양하니 '유황온천'을 강조하는 것은 당연한 이치일 터이다. 지하 800m에서 유황온천수를 끌어 올린다고 한다. 수도권 시민들이 즐겨 찾는다.

📍 포천시 일동면 화동로 1210 📞 031-536-6000

📷 임산폭포

경기도 가평군 북면 적목리의 논남유원지와 명지산 중간 지점에 있는 폭포이다. 북면 적목리의 논남기마을에서 펜션이 들어선 임산계곡을 따라 한참 들어가면 폭포를 만날 수 있다. 폭포가 웅장하지는 않지만 2단으로 떨어지는 폭포라서 이색적이다. 명지산 위쪽에서 높이 10m쯤 되는 1단 폭포가 떨어진다. 뒤이어 15m 안팎의 2단 폭포가 수직으로 낙하한다. 물이 많은 초여름과 여름에 가면 시원한 폭포 줄기를 제대로 감상할 수 있다.

📍 가평군 북면 적목리

📷 포천아트밸리

1960년대부터 약 30년 동안 화강암을 채굴한 채석장을 복합문화공간으로 꾸몄다. 청와대, 국회의사당, 인천국제공항, 세종문화회관 공사에 쓰일 정도로 포천 화강암은 품질이 좋기로 유명했다. 훼손되고 황폐화된 채석장을 친환경적으로 복구하고 일부는 그대로 보존하여 근대 산업 유산의 기능도 함께 할 수 있게 하였다. 채석장 물웅덩이를 호수로 재탄생시키고, 공연장과 전시실, 예술 창작실도 갖췄다. 조각공원과 전망 카페, 천문과학관, 모노레일 같은 시설도 있다. ⓥ 도천시 신북면 아트밸리로 234 ☎ 1668-1035

📷 강씨봉 자연휴양림

경기도 포천시 일동면 화대리와 가평군 북면 적목리의 경계에 있는 강씨봉 동쪽 기슭에 있다. 강씨봉은 후고구려 궁예의 왕비 강씨가 난리를 피해 터를 잡고 살았다고 전해지는 산이다. 자연휴양림은 경기도가 소유한 도유림이다. 2011년 단독형 숲속의 집 7동, 단체가 머물 수 있는 산림휴양관 9실, 회의실, 공중화장실, 산책로, 어린이를 위한 놀이시설, 간이 물놀이 시설을 갖추고 있다. 숲 해설 프로그램을 운영하고, 숲 체험도 할 수 있다. 선착순 사전 예약제를 실시하고 있다. 매월 7일 오전 9시부터 홈페이지를 통해 예약할 수 있다. 최대 사용 기간은 2박 3일이다. 매주 화요일은 휴무이나, 화요일 또는 수요일이 공휴일이면 개장한다.

ⓥ 가평군 북면 논남기길 520 ☎ 031-8008-6611

ONE MORE 주변 맛집과 숙소

- 🍴 최주미메밀국수막국수(메밀국수, 콩메밀국수) ⓥ 포천시 일동면 운악청계로 1782 ☎ 031-531-9130
- 🍴 하루방한방능이백숙(능이닭백숙, 능이오리백숙) ⓥ 포천시 일동면 화동로 1221 ☎ 031-535-8088
- 🍴 옹기골만찬쌈밥(우렁쌈밥, 저 육쌈밥) ⓥ 포천시 일동면 수입로 12 ☎ 031-533-4077
- 🛏 제일유황온천 ⓥ 포천시 일동면 화동로 1210 ☎ 031-536-6000
- 🛏 지청마루펜션 ⓥ 포천시 일동면 청지로 48 ☎ 010-8820-0351
- 🛏 강씨봉자연휴양림 ⓥ 가평군 북면 논남기길 520 ☎ 031-8008-6611
- 🛏 가평 탑펜션 ⓥ 가평군 북면 논남기길 492-35 ☎ 031-581-8332
- 🛏 카멜펜션 ⓥ 가평군 북면 논남기길 478 ☎ 010-7724-0072

18 course 가평 18코스

논남유원지~보아귀골 8.8km

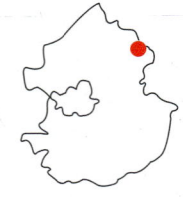

18코스는 임산계곡을 거슬러 오른 후 귀목계곡으로 내려서는 코스다. 두 계곡 모두 명지산과 귀목봉 사이에 위치한다. 두 봉우리를 잇는 해발 775m의 귀목고개가 코스 정점이다. 짧지만 고개 정점 근처의 오르막이 꽤 심한 난코스이다. 코스 난이도는 D, 오지 트레킹 분위기가 나는 힘든 코스이다.

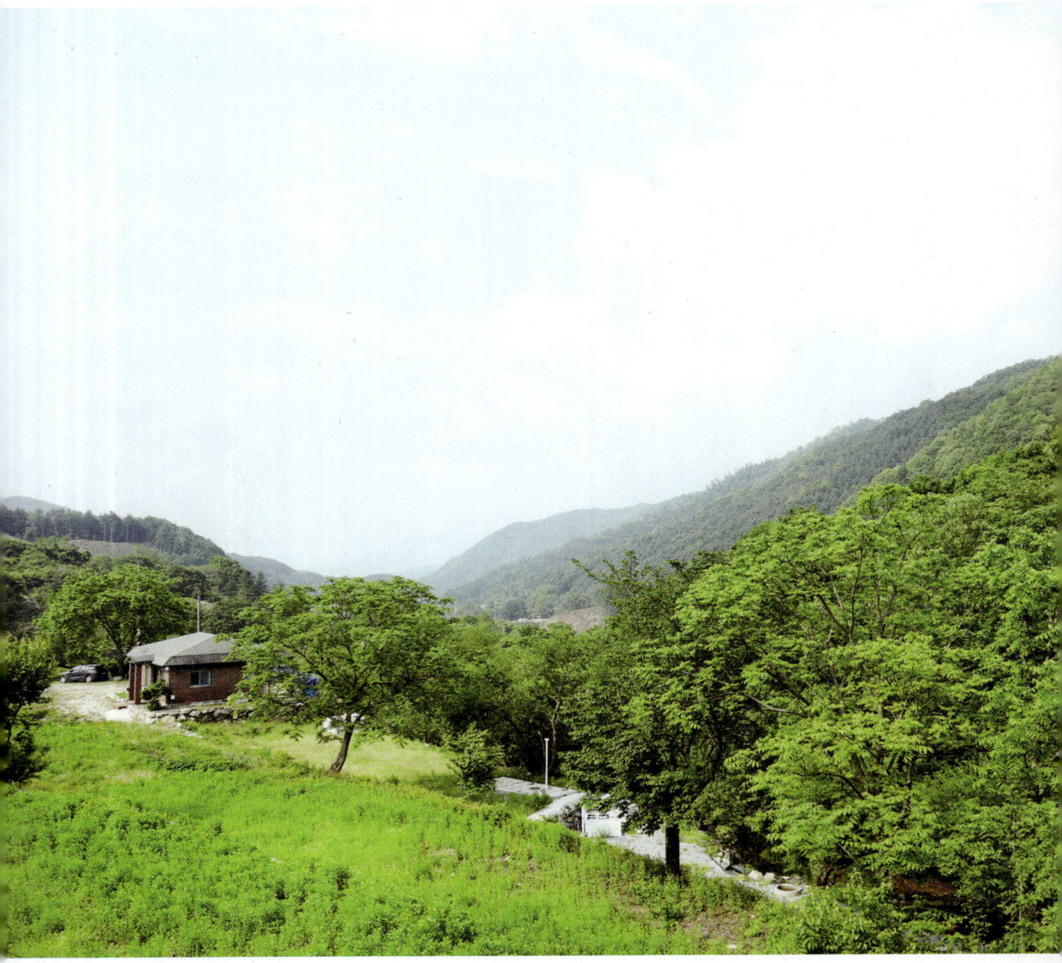

코스 정보

시작점 가평군 북면 적목리 292-2 **도착점** 가평군 조종면 상판리 585버스정류장 맞은편
코스 길이 8.8km **트레킹 시간** 3시간 25분
코스 특징 오지 트레킹 분위기를 느끼며 명지산과 귀목봉 사이 귀목고개를 넘는다.
난이도 D **상세경로** 논남유원지 - 임산계곡 - 귀목고개 - 조종천 - 귀목 종점 - 보아귀골
시작점 대중교통 목동터미널 버스정류장가평군 북면에서 50-5, 15-5 버스 승차30분 간격 운행 → 약 1시간 3분 이동 → 논남정류장 하차
포토존과 추천 경관 귀목봉으로 이어지는 명지산 등산길, 명지산, 귀목고개, 귀목봉
유의사항 임산계곡에서 귀목고개로 올라가는 길은 돌덩이 많은 거친 노면에 급경사 구간임. 겨울철 눈이 쌓일 때는 바위 틈에 발목이 끼지 않게 유의할 필요가 있다.

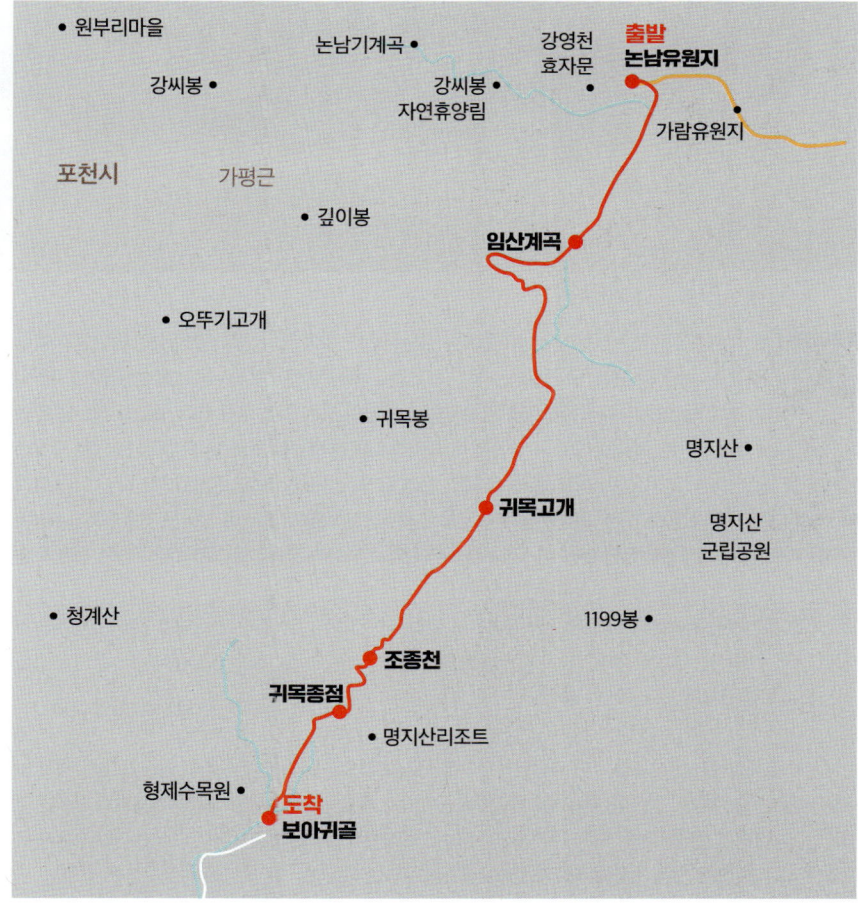

 논남유원지가 있는 적목리 논남마을에는 '강영천姜永天 효자문'이 있다. 강씨 성이 많았던 마을이었고, 산 이름 강씨봉과도 연결되는 성씨이다. 홀로 사는 모친이 몸져누우며 혼수상태가 되자, 일곱 살 아들 영천이 다급하게 자신의 손가락을 깨물어 모친 입에 피를 흘려 넣느라 정신을 잃었다. 어린 아들의 피 덕택에 깨어난 모친이 옆에서 피 흘리며 쓰러진 아들을 보고 놀라 지극정성으로 간호한 덕에 아들 또한 살아났고, 이런 사연이 입소문을 타고 조정에까지 들어갔나 보다. 성인도 아닌 7살 어린 아이의 효심이 모두에게 감동을 주어 숙종 임금 때 효자문이 세워졌고, 세월이 흐르며 없어진 것을 80년대에 복원했다고 한다. 18코스 출발점인 논남 버스정류장 사거리에서 북서쪽 골목길로 100m 들어가면 농가와 숲 사이에서 아담한 효자문을 만날 수 있다.

18코스는 임산계곡을 거슬러 오른 후 귀목계곡으로 내려서는 코스다. 두 계곡 모두 해발 1,267m 명지산과 해발 1,036m 귀목봉 사이에 위치한다. 두 봉우리를 잇는 해발 775m 귀목고개가 코스 정점이다. 짧고 단조롭지만 고개 정점 근처의 오르막이 꽤 심해 난코스에 해당한다.

논남 버스정류장에서 임산교를 지나 가평천을 건너면 임산계곡으로 들어선다. 유원지 인근인 만큼 계곡 입구부터 민박집과 현대식 펜션이 즐비하다. 임산계곡은 귀목고개에서 논남교까지 내려온 계곡으로, 명지산과 귀목봉에서 발원한 물줄기들이 모여 흘러내리다 논남교 아래에서 가평천에 합쳐진다. 18코스 전반부는 귀목고개까지 이어지는 임산계곡 물줄기를 거슬러 올라가는 구간인 셈이다.

틈틈이 보였던 펜션 등이 사라지면서 길 또한 비포장으로 바뀌지만, 한동안은 편안한 임도가 이어진다. 코스 출발점인 논남교는 해발 300m이다. 정상인 귀목고개까지는 고도 차를 500m 가까이 올려야 하는데, 전반은 완만하다가 고개가 가까워지는 후반에는 갑자기 경사가 가팔라진다. 거기에 더해 편안한 임도가 끝나고 울퉁불퉁 바위투성이 숲길이 나타난다.

40여분 동안 땀을 흘리면 비로소 귀목고개 정상에 이른다. 왼쪽으로는 명지산까지 3.9km, 오른쪽으론 귀목봉까지 1.4km임을 알려주는 팻말이 서 있다. 그 옛날 아랫동네 적목리 주변 강씨 마을 사람들이 등짐 짊어지고 한양 등 남쪽으로 갈 때 바로 이 고개를 넘어 지금의 조종면 상판리 마을로 내려갔을 것이다.

하산길 초반도 꽤나 가파르다. 정상에서 200m만 내려오면 편안하고 완만한 숲길이 이어지지만, 그때까지는 경사가 거의 50도에 가깝다. 장대 같은 나무들이 쑥쑥 들어선 숲길을 한동안 걷다 보면 소리가 맑은 조종천 물줄기와 만난다. 이곳 조종면 상판리 일대에서 발원하여 청평까지 40여 킬로미터를 흘러가 북한강과 만나는 하천이다.

잠시 후 산길이 끝나고 도로가 시작되는 귀목종점 정류장에 내려선다. 18코스 종착지인 보아귀골 버스정류장까지는 폭 좁은 도로 1km를 남겨두고 있다. 가끔 오가는 차량에 유의하며 발걸음을 옮긴다.

TRAVEL TIP | 주변 명소

📷 명지산

경기도 가평군 북면과 조종면에 걸쳐 있는 산이다. 수도권의 높은 산들이 몰려 있는 한북정맥에서 살짝 비켜서 있다. 백두대간 추가령에서 갈라져 나온 한북정맥은 한강을 향해 내달리다 강씨봉에서 새끼를 쳐 남동쪽으로 제법 장대한 지맥을 만든다. 청평의 호명산을 마지막으로 북한강으로 잦아드는 명지지맥이다. 명지지맥의 시작점이 곧 명지산이다. 해발 1,252m로, 경기도에서는 같은 북면에 있는 화악산 1,468m 다음으로 높다. 정상 남쪽으로 연인산, 우정봉, 매봉 등을 거느리고 있다. 명지산은 산세가 제법 웅장하고 수려한 편이다. 맑은 날 정상에 서면 북한강까지 내려다보인다. 명지산 넓은 품에 임산폭포, 용소폭포, 그리고 여름철이면 피서객이 몰리는 아름다운 명지계곡을 품고 있다. 1991년 가평군이 군립공원으로 지정하였다.

📷 귀목계곡과 조종천

귀목계곡은 명지산과 귀목봉 사이로 난 계곡이다. 북쪽 귀목고개에서 남쪽의 가평군 북면 제령리와 상판리까지 이어진다. 계곡은 제법 깊어서 약 3㎞ 가까이 이어진다. 이 일대는 환경 가치가 뛰어나 경기도에서 생태계보전지역으로 지정하였다. 이미 만들어 놓은 등산로 말고는 출입할 수 없다. 계곡에서 가장 유명한 장소는 범바위이다. 호랑이가 갓 시집을 온 새댁을 잡아먹었다는 일화가 전해지는 곳이다. 명지산 계곡만큼은 아니지만, 매년 여름이면 서울과 수도권 사람들이 더위를 피해 계곡을 많이 찾는다.

귀목계곡의 물은 남쪽으로 흘러 조종천을 만든다. 귀목계곡이 잦아드는 조종면 상판리에서 시작해 조종면 소재지와 청평을 거쳐 북한강으로 흘러든다. 조종천 냇물의 길이는 약 39㎞이다. 조종천 양편으로 펜션, 캠핑장이 몰려 있다. 조종천 이름은 가평의 옛 이름 '조종'에서 따왔다.

ONE MORE 주변 맛집과 숙소

- 🍴 **가평 굴바위 산장식당**(닭백숙, 도토리묵) 📍 가평군 북면 논남기길 503 ☎ 010-7936-1069
- 🍴 **가평하늘마루식당**(바비큐) 📍 가평군 북면 논남기길 403번길 69 ☎ 031-582-2366
- 🍴 **차시네손두부**(두부요리) 📍 가평군 조종면 명지산로 582-18 ☎ 031-585-1193
- 🛏 **천룡펜션** 📍 가평군 북면 논남기길403번길 17-16 ☎ 031-582-8506
- 🛏 **강씨봉미리내펜션** 📍 가평군 북면 논남기길 376-16 ☎ 010-9012-5438
- 🛏 **예쁜집펜션** 📍 가평군 북면 논남기길403번길 17-31 ☎ 1833-6682
- 🛏 **별빛마루펜션** 📍 가평군 북면 논남기길403번길 61 ☎ 031-581-0107
- 🛏 **하늘마루펜션** 📍 가평군 북면 논남기길403번길 69 ☎ 031-582-2366

19 course 가평 19코스
보아귀골~용추계곡 15km

19코스는 연인산을 넘는 코스이다. 가평군 조종면 보아귀골에서 연인산도립공원의 용추계곡까지 이어진다. 시작점에서 포장길을 따라 500m 올라가면 연인산 등산로 입구다. 연인산 정상까지 3.6km 거리를 올라가야 한다. 고도 차가 800m이니, 가파른 구간이다. 경기둘레길 전 구간 중에서 가장 높은 지점을 오른다. 난이도는 D, 무척 힘든 코스이다.

코스 정보

시작점 가평군 조종면 상판리 585(버스정류장 맞은편)
도착점 가평군 가평읍 승안리 산76-1(연인산도립공원 공영주차장 앞) **코스 길이** 15km **트레킹 시간** 6시간
코스 특징 경기둘레길에서 해발고도가 가장 높은 연인산을 넘어 용추계곡에 이른다. **난이도** D
상세경로 보아귀골 - 연인산 - 전패고개 - 승안천 - 용추계곡 **시작점 대중교통** ❶ 현리터미널가평군 조종면에서 40-5번 버스 승차270분 간격 운행 → 약 30분 이동 → 보아귀골 하차 ❷ 청평역경춘선에서 41번 버스 승차 200분 간격 운행 → 약 25분 이동 → 조종중고교 앞 하차 후 40-5번 버스 환승270분 간격 운행 → 약 30분 이동 → 보아귀골 하차 **포토존과 추천 경관** 칼봉산자연휴양림, 보아귀골, 용추계곡
유의사항 코스 초반 보아귀골부터 연인산 정상까지 구간이 상당히 가파르고 가끔은 험한 편이다. 발목 긴 등산화와 스틱 등 기본 등반 장비를 준비하는 게 좋다.

 보아귀골 정류장에서 왼쪽에 경기둘레길 19코스 지도와 스탬프 함이 보인다. 맞은 편 조종천 건너로 형제수목원이 보인다. 이곳에서 조종천과도 헤어진다. 포장길을 따라 500m 올라가면 연인산 등산로 입구다. 연인산 정상까지 3.6km에 소요시간 1시간 30분이라는 이정표가 서 있다. 거리는 짧지만, 고도 차 800m 가까이 올라가야 한다. 워낙 가파른 구간이다. 두 시간은 각오하는 게 좋다. 경기둘레길 전 구간 중에서 가장 높은 지점을 오른다.

등산로 초반 한동안은 우거진 숲 때문에 길이 명확하지 않다. 바닥도 흙보다는 돌덩이가 많은 너덜길이다. 초반부터 꽤 신경이 쓰인다. 연인산 오르는 루트지만, 상대적으로 사람들이 많이 오르지 않는 등산로다. 그만큼 인적도 드물다. 천천히 고도를 올리다 숯가마 터 쉼터를 지나면 '정상 1000m' 남았다는 이정표와 함께 가파른 능선길이 시작된다. 정상까지 남은 거리를 알려주는 800m, 600m, 400m, 200m 이정표를 순서대로 지나 올라간다. 1km 구간 안에 고도차를 400m 올려야 하는 45도의 가파른 경사 능선이다.
이윽고 데크 전망대가 눈에 들어오고, 곧이어 정상 45m라는 반가운 이정표가 나타난다. 반대편 북쪽으로 능선을 따라가면 명지산 정상에 닿고, 남쪽으로는 우정봉을 거쳐 칼봉산과 이어지는 교차 노선이다. 데크 전망대에 서면 명지산과 귀목봉이 특히 도드라져 보인다. 두 봉우리를 잇는 능선의 한가운데 낮은 지점이 18코스에서 힘겹게 넘은 귀목고개다. 사람 키를 훌쩍 넘기는 우람한 정상석 옆으로 유머러스한 이정표들이 정감을 자아낸다. 명지산 5.9km, 태양까지 1억 5천만km, 안드로메다까지 2,400경km에 덧붙여 '테스형네 집'과 '영숙이네 집' 방향까지 친절하게 알려주고 있다.

연인산은 20여 년 전까지만 해도 이름이 없는 산이었다. 해발 1,068m로 제법 높은 산인데 서운했을 법하다. 1999년에 가평군이 나서서 공모를 통해 연인산戀人山이란 이름을 붙여줬다. '사랑이 이뤄지는 산'이란 의미를 담았다. 옛날 이 산속에서 숯을 굽고 화전을 일구며 살아가던 청년 길수와 산 아랫마을의 참판 댁 여종 소정이의 이루지 못한 사랑 이야기기 모티브가 되었다. 올라가는 중턱에서 만난 두 개의 숯가마 터와 하산하며 만나게 될 여러 개의 숯가마 터 등 화전민 생활의 흔적들이 그 옛날 사랑을 이루지 못한 비운의 남녀를 떠올리게 한다.

초기 하산 구간 2.5km는 조릿대 숲을 지난다. 꽤 가파른 너덜길이라 주의가 필요하다. 후고구려의 궁예가 패전 후 군사를 주둔시키며 잠시 쉬어갔다는 해발 580m의 전패고개부터는 폭넓은 임도가 시작된다. 걸음은

한결 편해진다. 아프리카돼지열병 확산 차단을 위한 철책 문 안으로 들어서면서부터 주변은 한층 더 쾌적한 공간으로 바뀐다. 솜이불처럼 푹신하게 깔린 솔잎 숲길을 걷는다.

숯가마 터와 화전민 터가 군데군데 보이고, 화전민 자녀들이 다녔던 내곡분교 폐건물, 그 옆으로 쌓은 소망 돌탑 등이 애환의 분위기를 잔잔하게 전해준다. 용추계곡 물줄기 승안천이 시작되면서 돌다리 위로 하천을 건너는 빈도가 높아진다. 비가 온 후에는 물 흐름이 거세지기 쉽다. 안전에 특히 신경 써야 할 구간이다. 일단 들어서면 퇴로가 애매하기 때문에 강수량이 많을 때는 19코스를 피하는 게 좋다.

TRAVEL TIP 주변 명소

📷 연인산도립공원

연인산은 가평군 가평읍, 조종면, 북면에 걸쳐 있다. 높이는 해발 1,068m이다. 꽤 높은 산이지만 어쩐 일인지 연인산은 불과 25년 전까지 이름이 없었다. 이에 가평군은 이 산에 얽힌 이루지 못한 사랑 이야기에서 영감을 얻어 연인산이라는 이름을 1999년에야 지어주었다. 사랑 이야기는 대략 이렇다. 옛날 연인산에 숯을 굽는 길수라는 청년이 살고 있었다. 그는 산 아래 김 참판 집에 숯을 대주고 있었다. 길수는 김 참판의 여종 소정을 좋아했다.
소정도 길수를 좋아하기는 마찬가지였으나, 김 참판의 심한 방해로 둘의 사랑은 이루어지지 못했다.

연인산엔 곳곳에 아름드리 잣나무가 자란다. 잣나무가 자라는 곳은 대부분 한국전쟁 이후부터 1960년대까지 화전을 일구던 곳이었다. 화전민을 강제로 이주시키고 그곳에 잣나무를 심은 까닭에 지금은 멋진 숲이 되었다. 지금도 화전민들이 살던 옛 집터 흔적을 발견할 수 있다. 연인산엔 명품 계곡 길이라는 산책로가 있다. 화전민의 집터와 숯가마 터가 남아있는 길이다. 역사·문화적으로 가치가 있을 뿐만 아니라 징검다리와 출렁다리가 아름답다. 길이 험하지 않아 누구나 어렵지 않게 산책을 즐길 수 있다. 연인산 남쪽 칼봉산이 품은 용추계곡에도 많은 사람이 찾는다.

용추계곡

칼봉900m에서 발원하여 칼봉과 옥녀봉 사이로 흐르는 계곡이다. 계곡의 길이는 약 24km이다. 상류 지역은 숲이 우거지고 길이 없어서 접근할 수 없다. 계곡이 아홉 번 굽이굽이 돌아 산 아래로 내려가는데, 그 모습이 용을 닮았다고 하여 용추계곡이라는 이름을 얻었다. 아홉 번 굽을 때마다 절경을 보여주는데, 이를 용추 9곡이라 한다. 그중에서 가장 아름다운 곳은 용추폭포이다. 하류에서 6km 지점에 있다. 높이는 약 5m로 이곳에서 용이 승천했다는 전설이 전해온다. 용추폭포 위쪽과 아래쪽에 펜션과 캠핑장이 많이 있다.

ONE MORE 주변 맛집과 숙소

- 온정리 닭갈비 금강막국수 가평점(들기름막국수, 메밀쌈숯불닭갈비)
  가평군 가평읍 용추로 85 031-585-7910
- 용추계곡뜰(능이백숙, 도토리묵) 가평군 가평읍 용추로 397 031-582-6689
- 커피먹인닭(낙지전복닭백숙, 문거닭백숙) 가평군 가평읍 용추로 229-38 0507-1407-3685
- 들밥(들밥정식, 닭볶음탕) 가평군 가평읍 용추로 206 031-581-2016
- 하늘그리기펜션 가평군 가평읍 용추로 587-15 031-582-9947
- 뜰안채펜션 파주시 파평면 파평산로572번길 16 010-4853-6940
- 용추계곡여행펜션 가평군 가평읍 용추로 508-10 031-582-7764
- 연인과산 가평군 가평읍 용추로 508-25 031-581-4155
- 예담펜션 가평군 가평읍 용추로 508-43 031-582-2334
- 용추밸리하우스 가평군 가평읍 용추로 508-40 031-582-5116

20 course 가평 20코스
용추계곡~가평역 9.3km

20코스 전반부는 연인산의 용추계곡과 승안천을 따라 걷는다. 승안천은 연인산과 칼봉산 자락에서 발원하여 동남쪽으로 흐르다 가평천에 안긴다. 코스 후반부는 승안천과 합류한 가평천을 옆에 두고 앞서거니 뒤서거니 걷다가 북한강에 이르러 서남쪽 가평역으로 방향을 튼다. 난이도는 A, 물을 따라 내려가는 비교적 쉬운 코스이다.

코스 정보

시작점 가평군 가평읍 승안리 산76-1(연인산국립공원 공영주차장 앞)
도착점 가평군 가평읍 달전리 569(가평역 입구) **코스 길이** 9.3km **트레킹 시간** 3시간
코스 특징 호젓한 용추계곡을 따라 가평역까지, 가평의 어제와 오늘을 만나는 길. **난이도** A
상세경로 용추계곡 - 용추폭포 - 승안2리 마을회관 - 승안교 - 계량교 - 가평군농협 - 가평잣고을시장 - 가평레일파크 - 가평2교 - 오목교 - 가평역
시작점 대중교통 ❶ 가평터미널에서 71-4번 버스 승차165분 간격 운행 → 약 38분 이동 → 용추종점 정류장 하차 ❷ 가평역 버스정류장에서 10-1번 버스 승차165분 간격 운행 → 약 44분 이동 → 용추종점 정류장 하차
포토존과 추천 경관 가평 레일바이크, 용추계곡, 가평잣고을시장, 자라섬 **유의사항** 용추 9곡의 위치와 의미를 사전에 파악하고 간다면 용추계곡 현지에서 여행의 즐거움이 더 커질 것이다. 정규 코스를 조금만 벗어나, 레일바이크와 자라섬 등 가평의 진면목을 여유롭게 만나는 것도 좋겠다.

 20코스 전반부는 연인산을 내려오는 길이다. 연인산을 내려온 후부터는 승안천 물길 따라 함께 간다. 승안천은 연인산과 칼봉산 자락에서 발원하여 동남쪽으로 10여 킬로미터를 내려와 가평천에 합류한다. 이 물길의 가장 큰 매력은 용추계곡이라는 걸출한 지형을 끼고 흐른다는 점이다. 북쪽으로 연인산과 송악산, 남쪽으로는 매봉과 칼봉산, 두 개의 산줄기 사이 움푹 파인 골짜기가 그 옛날 용이 머물렀다는 용추계곡이다.

용추계곡은 곧지 않다. 굽이굽이 돌아간다. 아홉 번을 돌아가는 모양새가 용이 하늘로 솟아오르는 듯 절경이라 하여 용추 9곡으로도 불린다. 제1곡인 용추폭포 와룡추를 시작으로 거슬러 올라가며 2곡 무송암, 3곡 탁영뢰, 4곡 고슬탄, 5곡 일사대, 6곡 추월담, 7곡 청풍협, 8곡 귀유연, 9곡 농완개 순으로 아홉 굽이마다 이름이 있다. 19코스 후반, 승안천을 따라 내려오는 여러 굽이에서 용추 9곡을 설명하는 글을 만날 수 있다. '거북이 놀던 제8곡 귀유연', '달 밝은 가을밤을 연상시키는 제6곡 추월담', '계곡 물소리가 북소리나 거문고 소리처럼 들린다는 제4곡 고슬탄', '단군의 아내 용녀의 전설이 깃든 제3곡 탁영뢰…' 굽이굽이 매력을 표현한 글귀가 인상적이다.

용추 종점 정류장을 지나 20코스 초반에서는 '아이를 낳게 해준 미륵바위'라는 '제2곡 무송암'을 만나고, 마지막으로 '용이 누운 형상'이라서 와룡추라는 제1곡 용추폭포를 지난다. 19코스 후반부와 20코스 전반부를 걸으며 용추계곡의 아홉 굽이인 용추 9곡을 모두 섭렵하는 것이다. 용추폭포 지나 가평 읍내까지 20코스 남은 구간은 내내 하천을 따라 산간 마을을 지나는 평지다. 오가는 차량이 많긴 하지만 그래도 발걸음은 가볍다. 강씨봉 능선, 귀목고개, 연인산을 넘을 때까지 찻길을 만나지 못했다. 오랜만에 만나는 자동차들이 귀찮기는커녕 반갑기까지 하다.

승안천은 넓은 부지에 공원처럼 조성된 연인산도립공원 탐방안내소를 지나며 가평천에 안긴다. 이쯤에서 길은 승안리와 이별하고 가평의 중심인 읍내리로 들어선다. 가평천을 따라가는 내내 지방 소도시의 면모가 느

꺼진다. '읍내'라기보다는 아담하지만 '도시' 분위기가 난다. 잣 최대 산지라는 명성에 걸맞게 재래시장의 이름도 가평잣고을시장이다. 날짜만 맞으면 전통 오일장에서, '신선이 먹는 음식'이라는 잣과 잣으로 만든 음식을 맛볼 수 있다. 전통과 현대 이미지가 잘 섞인 시장통 분위기도 매력적이다.

시장 바로 옆 가평 레일파크에 들르면 두 발로 페달을 밟아 철로 위를 달릴 수 있다. 70여 년 동안 운행하다 멈춘 옛 경춘선 철길 4km 구간이 지금은 레일바이크 왕복 노선으로 활용되고 있다. 옛날 통일호, 비둘기호, 무궁화호 열차의 정서와 옛 시골 역전의 분위기가 물씬 묻어난다.

경기둘레길 노선을 살짝 벗어나긴 하지만 재즈페스티벌로 유명한 자라섬과 뮤직빌리지음악역1939는 음악 도시 가평을 대변하는 곳이다. 자라섬은 가평천이 북한강에 합류하는 곳에 있는 아름다운 섬이다. 자라섬 앞뒤, 그러니까 가평교에서 가평역까지는 가평올레 구간이기도 하다. 20코스를 마무리 짓는 이 구간에서는 악기나 음계, 연주자 등 음악 관련 장식과 구조물을 다양하게 만난다. 가평이 음악 도시임을 새삼 실감하게 해주는 길이다. 저녁 무렵이면 음악 관련 장식과 조형물에 조명이 켜진다. 오색 네온사인으로 번쩍이는 모습이 제법 낭만적이다.

| TRAVEL TIP | 주변 명소

뮤직빌리지음악역1939

1939년 개장했던 옛 가평역사와 가평역 폐철도 부지에 들어선 음악을 주제로 한 복합문화공간이다. 폐역사와 폐철도 부지를 재생하여 역사적·공간적 가치를 되살리고 더불어 문화적 가치까지 더했다. '음악역1939'는 옛 가평역사 일대의 공간 약 1만2천여 평에 들어섰다. 그 중심엔 뮤직센터가 있다. 지하 1층, 지상 3층 규모로 전체 면적은 약 1천여 평이다. 뮤직센터엔 공연장, 스튜디오, 레지던스, 연습동, 영화관, 레스토랑 등이 들어서 있다. 야외 공연장, 세미나실, 컨벤션홀, 일반인이 음악을 배울 수 있는 교육장도 갖추고 있다. 2019년 1월 정식으로 개장한 이후 매년 25개 안팎의 다양한 음악 프로그램을 진행하고 있다.

◎ 경기도 가평군 가평읍 석봉로 100 ☎ 031-581-1939

가평 레일바이크

옛날 경춘선 일부 구간에 설치한 체험형 놀이시설이다. 옛 경춘선엔 비둘기와 통일호, 무궁화호가 70년을 달렸다. 지금은 폐선이 된 옛 철길에 레일바이크를 설치해 경춘선 열차의 추억을 되살리게 해준다. 가평 레일바이크는 가평역을 출발하여 경강역까지 갔다가 다시 가평역으로 돌아오는 왕복 4km 코스이다. 높이 30m의 북한강 철교를 건너는 기분이 아주 짜릿하다. 봄에는 벚꽃 터널이 환상적이고, 여름과 가을엔 느티나무 터널이 매력적이다. ◎ 가평군 가평읍 장터길 14

📷 자라섬

가평읍 동쪽 북한강에 있는 섬이다. 강 옆에 붙은 육지였으나, 1943년 청평댐 건설로 물이 차오르면서 청평호의 섬이 되었다. 섬이 자라섬이라는 이름을 얻는 건 1986년이다. 자라섬 바로 북쪽, 가평천과 북한강 만나는 지점 보납산 남쪽에 동산 같은 작은 산이 있다. 늪산이다. 가평 사람들은 옛날부터 북한강 쪽으로 불쑥 머리를 내민 늪산의 모습을 보고 '자라목'이라고 불렀다. 실제로 이 산 근처 도로 이름이 '자라목길'이다. 늪산 정상에 서면 자라섬이 한눈에 보인다. 반대로 자라섬에서도 늪산이 제일 가까이 보인다. 이에 가평군은 중국 사람들이 농사를 지어 '중국섬'으로 불리던 섬을 '자라섬'이라 고쳐 부르기로 하였다. 섬은 중도, 서도, 남도와 2개 부속 섬으로 이루어져 있다. 중도에는 지름 100m가 넘는 원형 잔디광장과 포토존이 있다. 이곳에서 매년 가을 '자라섬국제재즈페스티벌'이 열린다. 서도에는 캠핑장과 인라인스케이트장, 생태공원이 있다. 남도에는 야생화 단지가 있어서 산책하기 좋다. 동도라고도 부르는 부속 섬은 미개방 구역이다.

ONE MORE 주변 맛집과 숙소

- 🍴 가평축협 한우명가 본점(소고기, 한우설렁탕, 한우국밥) 📍 가평군 가평읍 달전로 19 📞 031-581-1592
- 🍴 무교동낙지 가평본점(낙지볶음, 낙지해물전골) 📍 경기 가평군 가평읍 경춘로 2055 📞 031-582-7644
- 🍴 장군숯불구이(돼지갈비, 삼겹살) 📍 경기 가평군 가평읍 보납로18번길 4 📞 031-582-7885
- 🛏 용추계곡유원지펜션 📍 가평군 가평읍 용추로 291 📞 031-581-4858
- 🛏 가평 돌담펜션 📍 가평군 가평읍 용추로 274 📞 010-4343-0274
- 🛏 나무의꿈펜션 📍 가평군 가평읍 용추로 269 📞 031-582-1737
- 🛏 미엔느펜션 📍 가평군 가평읍 용추로 218 📞 010-8572-5353
- 🛏 카리브펜션 📍 가평군 가평읍 용추로 195 📞 031-581-2922
- 🛏 자라섬게스트하우스 📍 가평군 가평읍 오리나무길 51 📞 031-581-7022
- 🛏 호텔자라 📍 가평군 가평읍 가화로 41-27 📞 031-582-4900

21 course 가평 21코스

가평역~상천역 8.6km

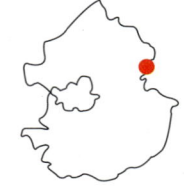

우리 땅에는 주요 강변을 따라 자전거길이 잘 이어져 있다. 21코스는 북한강 자전거길 중반부와 겹친다. 큰 변화 없이 단조롭지만, 옛 경춘선 철로가 70여 년간 운행됐던 옛길이었음을 상기하면 새삼 운치가 뒤따른다. 난이도는 A, 산길이 없는 쉬운 코스이다.

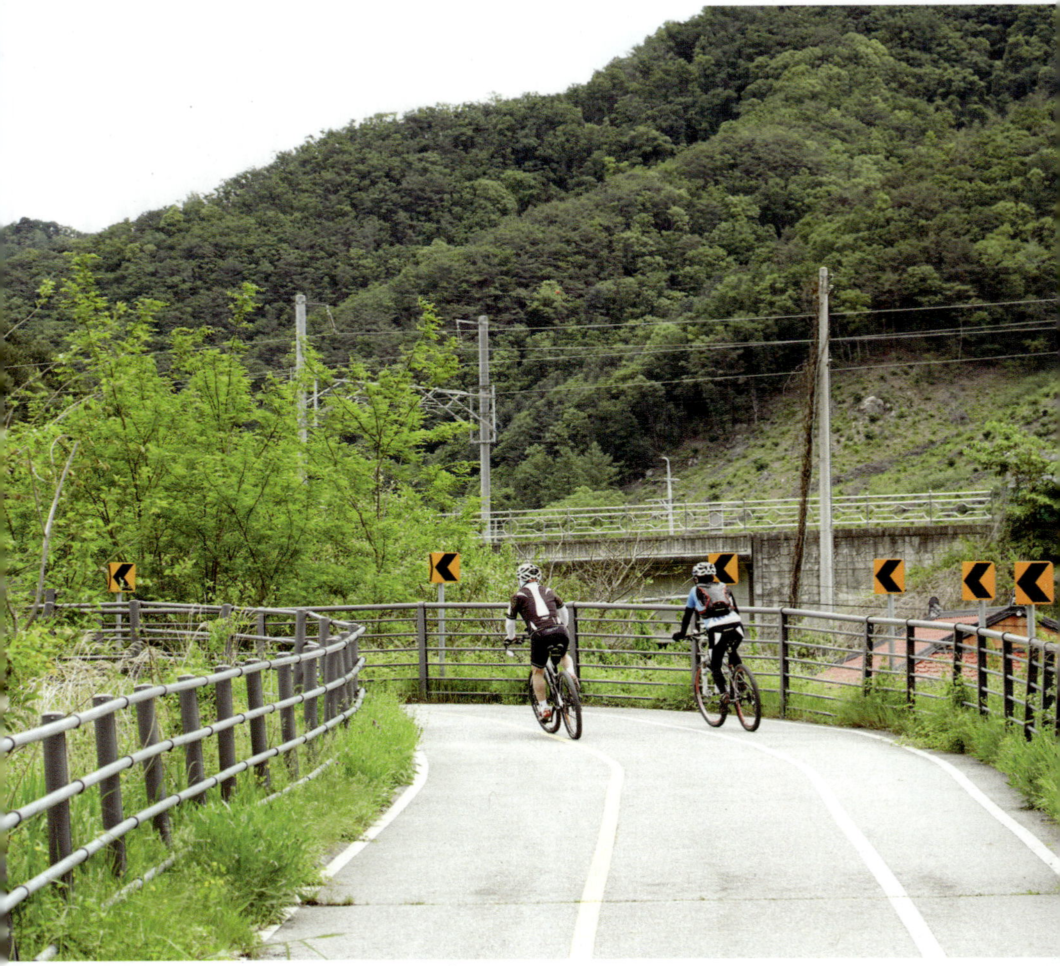

코스 정보

시작점 가평군 가평읍 달전리 569(가평역 입구) **도착점** 가평군 청평면 상천리 1268-3(상천역 입구 앞)
코스 길이 8.6km **트레킹 시간** 2시간 45분
코스 특징 옛 철길 주변으로 조성한 가평 올레길을 따라 고즈넉하게 걷는다. **난이도** A
상세경로 가평역 - 하색1교 - 사이클 테마공원색현터널 - 초옥교 - 상천역 **시작점 대중교통** 가평터미널에서 10-7, 15, 71-1, 41번 버스 승차60~90분 간격 운행 → 약 6~8분 이동 → 가평역 정류장 하차
포토존과 추천 경관 자라섬, 버드나무 숲 벤치, 달전천, 가평군 목공예 영농조합
유의사항 전체적으로는 쉽고 단조로운 코스지만, 색현터널 425m 구간은 여행자들이 적은 비수기에 혹시 혼자서 걷는다면 다소 부담을 느낄 수도 있다.

 경기둘레길 60개 코스 중에서 포천-가평-양평을 잇는 20개 코스는 숲길 권역에 해당한다. 땀 흘리며 산을 오르거나 울창한 숲이나 능선을 지나는 구간이 대부분이다. 예외인 경우도 있다. 산이나 숲이 아니라 평지 구간도 여러 군데 있는데, 21코스가 대표적이다.

가평역에서 상천역까지 마을과 마을을 잇는 시골길을 따라 평지만 편안히 걷는다. 전철 한 구간만 걸으면 된다. 산티아고 순례길의 메세타 고원처럼 사람에 따라선 단조롭고 볼 게 없다고 지루해할 수도 있다. 다른 한편으론 묵묵히 사색하며 오로지 자아에 집중해 걸을 수 있는 코스이기도 하다.

서울과 춘천을 잇는 80여 킬로미터 경춘선 전철이 가장 많은 여행객을 내리고 태우는 곳이 가평역이다. 인근 남이섬과 자라섬, 조금 떨어진 용추계곡으로 가는 여행자들 대부분이 거치는 관문이다. 'GAPYEONG'이라는 세움간판을 뒤로하고 역 광장을 벗어나면 한동안은 북한강으로 흘러드는 달전천을 거슬러 걷는다.
하색리 마을 경계쯤에서 달전천과 헤어지면 길은 상색리 마을로 이어진다. 상천천을 만나고 조금 지나면 상천역에 이른다. 큰 변화 없이 단조롭지만, 옛 경춘선 철로가 70여 년간 운행됐던 옛길이었음을 상기하면 새삼 운치가 뒤따른다.

우리나라엔 주요 강변을 따라 자전거길이 잘 이어져 있다. 21코스는 춘천 의암호 신매대교에서 운길산역 북한강철교까지 이어지는 70km 북한강 자전거길 중반 부분과 겹친다. 사이클 테마공원 밑으로 뚫린 색현터널도 인상적이다. 총 길이 425m라 다소 길게 느껴지기도 하지만 터널 내 조명시설이 잘 되어 있고, 특히 잔잔한 음악이 흐르는 분위기가 넓은 지하 카페를 연상시키듯 그윽하다. 여행자들 왕래가 적은 비수기라면 혼자 터널을 지나기에 다소 부담을 느낄 수도 있겠다.

종점 가까이에 있는 상천천 앞에는 '오마니'라는 시비가 있어 잠시 걸음을 멈추게 한다. 탈북자 출신 영화감독인 정성산 씨가 2001년 7월에 세운 것으로 표기되어 있다.

목놓아 오마니를 부르다 / 재가 된 한 맺힌 이산의 가슴들/
아! 불효의 씻을 수 없는 죄 앞에/ 오늘도 불효자는 속죄의 한을/ 소리쳐 외칩니다./
용서해 주시라요 오마니/ 살아단 계시라요 나의 오마니시여

ONE MORE	주변 맛집과 숙소

- 🍴 시골밥상닭갈비(시골쌈밥, 치즈닭갈비) 📍 가평군 가평읍 경춘로 1793 📞 031-582-9809
- 🍴 빗고개청국장(곤드레밥, 고등어구이돌솥밥) 📍 가평군 청평면 상천리 148-4번지 📞 031-582-7631
- 🍴 함지박(두부전골, 김치찌개) 📍 가평군 청평면 상천역로19번길 14 📞 031-584-9767
- 🏨 케이팝호텔 📍 가평군 가평읍 경춘로 2035 📞 031-581-7555
- 🏨 브라운모텔 📍 가평군 청평면 경춘로 1496-7 2~5층 📞 031-581-9393
- 🏨 에덴파크모텔 📍 가평군 청평면 경춘로 1440 📞 031-581-7400

22 course 가평 22코스
상천역~청평역 입구 11.4km

상천역을 출발해 호명산을 넘어 청평역에 이르는 노선이다. 산정호수인 호명호수까지 오르는 구간이 제법 가파르다. 하지만 하늘을 담은 산정호수는 무척 아름답다. 이어지는 호명산 정상까지 가는 능선길은 오르내림이 잦아 험한 편이다. 22코스의 난이도는 D, 난도가 가장 높은 그룹에 속한다.

코스 정보

시작점 가평군 청평면 상천리 1268-3(상천역 입구 앞) **도착점** 가평군 청평면 청평리 145-2
코스 길이 11.4km **트레킹 시간** 5시간 **코스 특징** 호랑이 울음소리가 들린다는 호명산을 넘어 청평호반을 내려다보며 걷는다. 산을 다 내려온 뒤 얼마 후 청평역에 이른다. **난이도** D
상세경로 상천역 - 호명산 잣나무숲속 캠핑장 - 호명호수 공원 - 호명호수 - 호명산 - 기타다리 - 청평역
시작점 대중교통 청평터미널에서 73-1 버스 승차(110분 간격 운행) → 약 10분 이동 → 상천역 입구 정류장 하차
포토존과 추천 경관 기타다리, 목교, 호명호수, 잠곡서원, 조종천
유의사항 상천역에서 호명호수에 이르는 구간은 꾸준한 오르막이고, 이어지는 호명산 정상까지의 숲길도 만만치 않다. 충분한 휴식과 함께 양호한 컨디션으로 오르는 게 좋다.

상천역에서 청평역까지, 22코스의 길이는 약 11.4km이다. 이 중에서 평지는 산천천을 따라 걷는 초반부와 조종천을 따라가는 종반부에 집중돼 있다. 평지 거리는 5km 남짓이다. 나머지는 산길을 오르내리는 역동적인 구간이다. 호명산으로 오르는 길로 들어서면 본격적으로 난도가 높아진다. 힘이 들어 산행을 포기하고 싶어도 중간 탈출로가 여의치 않다. 컨디션을 잘 조절해야 한다. 음료와 간식 등도 미리 챙기고 출발하는 게 좋다.

상천역은 가평군 청평면의 한적한 시골 마을 한가운데에 있다. 한적하지만 포근한 느낌을 주는 시골 간이역이다. 역 앞에서 22코스와 가평 올레를 소개하는 지도와 표를 훑어보고 나서 길을 나선다. 포장도로가 끝나는 지점에 멋진 누각 상천루가 반겨준다. 누각 뒤로 숲길이 이어진다. 본격적인 오르막의 시작이다. 하늘을 밀어 올릴 듯 쭉쭉 뻗은 잣나무와 사이사이 자리를 튼 소나무들이 피톤치드를 물씬 뿜어낸다.

호명호수는 호명산 자락 고지대에 조성된 인공호수다. 인근 청평양수발전소에서 물의 낙차를 이용해 전기를 만들 목적으로 만들었다. 호명호수의 물을 수직에 가깝게 떨어뜨려 전기를 생산한다. 호수에 오르는 초반 3km는 해발 100m에서 535m까지 고도 435m를 올라야 한다. 내내 힘든 구간이다. 호수에 도착해도 산 정상까지는 다시 4.5km를 더 가야 한다. 해발 632m의 정상까지는 고도 차 100m에 불과하지만 오르고 내리는 구간이 몇 군데 있어서 만만치가 않다. 호수 도착 후 시간에 쫓기거나 컨디션 난조를 보이면 직진하는 게 좋다. 호수를 한바퀴 돌아가는 정규코스를 생략하는 것이다. 우측으로 이어진 호숫가 길을 이용하면 1.5km가 단축된다. 다만, 호수 주변 팔각정이나 전망대에서 조망할 수 있는 가평팔경 중 제2경의 근사한 풍광들은 포기해

야 한다.

호명산 정상에선 사방이 탁 트이진 않는다. 오히려 하산길에 나무와 숲 사이로 내려다보이는 청평 댐과 청평 호반 풍경이 더 인상적이다. 하산길 초기 1km는 고도 차 350m를 내려가는 거의 45도 급경사 길이다. 안전에 특히 유의해야 한다. 군데군데 설치된 안전 로프가 꽤 의지가 된다.

하산 시점이 해 질 녘이라면 더 운치가 있다. 산중에서 내려다보이는 청평 일대 풍경이 근사하고, 특히 조종천을 건너는 기타다리의 대형 기타 조형물이 빨강-파랑-노랑으로 색조를 바꿔가며 계속 시선을 끈다. 22코스는 가평 올레 6-1코스와 그대로 겹친다. 가평군 일대 총 128km에 걸쳐 조성된 가평 올레는 모두 10개 코스로 구성되어 있다.

TRAVEL TIP 주변 명소

📷 호명산과 호명호수

호명산은 가평군 청평면의 북한강 북쪽에 있다. 먼 옛날에 호랑이가 많이 산 까닭에 '호랑이 울음소리가 울린다'라고 하여 이렇듯 멋진 이름을 얻었다. 호명산은 해발 632m로 그리 높은 산은 아니다. 하지만 산 위에서 보는 풍경은 그야말로 절경이다. 남쪽으로는 청풍호반이 펼쳐지고, 서쪽으로는 조종천이 대지에 곡선을 그리며 유려하게 흐른다. 게다가 북동쪽 기슭엔 호명호수를 품고 있다. 물이 휘감고 호수가 부드럽게 산을 감싸고 있다. 호명산은 이래저래 물의 산이다.

호명호수는 청평양수발전소 위쪽에 발전용 물을 저장하기 위하여 인공으로 만든 호수이다. 호수 크기는 4만 5천 평이고, 둘레는 1.7km이다. 심야에 남아도는 전기를 이용해 북한강의 물을 호명호수까지 끌어올린 다음 전기수요가 한창일 때 물을 떨어뜨려 전기를 얻는다. 호명호수의 물은 730m 수로를 낙하하여 발전기를 돌린다. 호명산 위에서 바라보면 호명호수는 마치 작은 백두산 천지를 보는 듯 아름답고 신비롭다. 호명호수 팔각정에서 내려다보는 청평호반 풍경 또한 절경이다.

📍 가평군 청평면 호명리 5 📞 031-580-2062

📷 가평팔경

가평군청이 가평군의 아름다운 자연과 관광 자원을 널리 알리려고 1988년 군민들의 의견을 모아서 선정하고 지정하였다. 제1경은 청평호반이다. 호수의 면적이 무려 580만 평이다. 제2경은 백두산 천지를 닮은 호명호수이다. 제3경은 용추폭포로 유명한 용추 9곡이다. 제4경은 가을에 더 빛나는 명지단풍이다. 제5경은 경기도에서 유일하게 천연기념물 열목어가 사는 적목용소이다. 제6경은 운악망경이다. 실제로 운악산에서 바라보는 경치가 절경이다. 제7경은 축령백림이다. 60~90년 수령을 헤아리는 축령산의 잣나무 풍경이 더없이 매력적이다. 제8경은 유명농계이다. 유명산 계곡의 물놀이만큼 좋은 피서법은 없다.

📷 가평 올레

가평군의 명소를 연결한 길로, 2010년 첫선을 보였다. 모두 10개 코스이고, 전체 길이는 128km이다. 가평군은 자치단체로는 처음으로 사단법인 제주올레로부터 운영 컨설팅을 받았다. '올레' 명칭도 공식적으로 사용하기로 협약을 맺었다. 자라섬을 걷는 물안길 코스를 시작으로, 연인산도립공원, 호명호수와 호명산, 축령산 등 가평의 명소를 두루 걷는다. 마음의 고향인 농촌과 산골 마을의 정취를 체험할 수 있는 코스도 있다. 가평 올레를 걸으며 녹색 관광과 풍경 체험, 산골의 서정적인 정취를 더불어 느낄 수 있는 특별한 경험을 할 수 있다.

ONE MORE 주변 맛집과 숙소

- 🍴 춘천꼬꼬닭갈비 청평점(닭갈비, 막국수) 📍 가평군 청평면 청평중앙로72번길 22 📞 031-584-0171
- 🍴 푸지뫼칼국수&보쌈(굴보쌈, 바지락칼국수) 📍 가평군 청평면 잠곡로 41-1 📞 031-584-8280
- 🍴 청평호반닭갈비막국수(닭갈비, 막국수) 📍 가평군 청평면 강변로 45-7 📞 031-585-5921
- 🛏 청평파인호텔 📍 가평군 청평면 청평역로 38-19 📞 031-585-6116
- 🛏 강변파크 📍 가평군 청평면 청덕역1로 15 📞 031-585-6173
- 🛏 청평리치빌 📍 가평군 청평면 강변로 93-10 📞 031-584-3353
- 🛏 유니온펜션 📍 가평군 청평면 청평역로 19 📞 031-584-2710
- 🛏 솔내음펜션 📍 가평군 청평면 강변로 93-37 📞 031-584-4313

23 course 가평 23코스
청평역 입구~삼회1리 마을회관 8.1km

청평역을 출발하여 조종천과 북한강을 옆에 두고 걷는 코스이다. 조종천 끝나는 곳에서 북한강을 만난다. 이윽고 길은 신청평대교에서 북한강을 건넌다. 이제부터는 북한강 동쪽 길을 따라 아래로 내려간다. 초반 일부 구간은 북한강자전거길과 겹친다. 사이클 족들의 스피드에 살짝 신경이 쓰인다.

코스 정보

시작점 가평군 청평면 청평리 145-2 **도착점** 가평군 청평면 삼회리 201
코스 길이 8.1km **트레킹 시간** 2시간 40분
코스 특징 조종천을 따라가다 춘평댐을 바라보며 북한강을 만나 함께 걷는 길. **난이도** A
상세경로 청평역 - 청평1리 마을회관 - 청평2교 - 청평대교 - 신청평대교 야구장 - 신청평대교 - 청평자연휴양림 입구 - 가평벚꽃길 - 수풀로 - 삼회1리 마을회관
시작점 대중교통 청평터미널에서 30-8, 30-3, 30-6, 43번 버스 승차 하루 2회 운행 → 약 3분 소요 → 청평역 정류장 하차 **포토존과 추천 경관** 청평호, 청평자연휴양림, 북한강, 청평오일시장
유의사항 신청평대교를 건너서 만나는 꽃길에서는 주의가 필요하다. 오가는 자동차에 특히 주의가 필요한 구간이다. 표지판이 안내하는 위험 구간을 숙지하고 걷는 게 좋다.

숲길 권역 147

23코스는 청평역에서 출발하여 청평 오일시장, 신청평대교, 삼회1리 벚꽃길 등을 거쳐 삼회1리 마을회관까지 이어진다. 조종천과 북한강을 따라 걷는 코스다. 앞서 21코스에서 그랬던 것처럼 초반 일부 구간은 북한강자전거길과 겹친다. 오가는 사이클 족들의 스피드에 살짝 신경이 쓰이는 구간이다. 23코스는 동시에, 자라섬 근처를 지나며 잠시 인사한 북한강과 제대로 만나는 구간이다. 만나자마자 이별이라고 북한강과는 23코스에서 만나고, 23코스에서 헤어진다. 이후에는 영영 만나지 못하고 이별이다.

청평역에서 천천히 걸어 10분이면 청평1리 마을회관에 이른다. 이 주변 200m 일대에서 청평여울시장이 열린다. 끝자리 2일과 7일에 매달 여섯 번 시장이 열린다. 날짜가 맞으면 전통 재래시장 분위기를 물씬 맛볼 수 있다. 시장 맞은편 청평교를 건너면 한동안 조종천을 따라 호젓한 천변을 걷는다. 포천시 일동면의 청계산과 가평군 조종면의 연인산 자락에서 발원하여 40km를 내려온 조종천이 북한강에 안길 채비를 한다. 마지막 1.5km를 조종천 따라 걷는다.

청평대교 아래를 지나 잠시 후 청평1교 밑에 놓인 인도교이자 자전거길을 건너면 가평군 대성리로 접어든다. 조종천이 제 수명을 다하고 거대한 북한강에 빨려드는 지점이다. 21코스 후반 호명산 하산길에서 보았던 청평댐이 자태를 제대로 드러내는 지점이다. 북녘 금강산 부근에서 발원하여 여러 물줄기를 받아들인 뒤 휴전선에서부터 북한강이란 이름으로 흘러오다가 저곳, 높이 31m의 청평댐에 가로막히며 천천히 흐른다. 저 댐은 지난 80여 년 동안 저렇게 서서 580만 평의 청평호를 만들고 있다.

길은 대성리 초입의 넓은 공터를 지나자 급격하게 동쪽으로 방향을 틀어 신청평대교로 올라선다. 이곳에 서면 왼쪽 멀리 호명산을 배경으로 청평댐 경관이 한층 더 웅장하게 드러난다. 대교 정면으로는 뽀루봉과 화야산이 가파르게 솟아 있다. 다리 너머로 가는 길을 가로막아 설 태세다.

신청평대교를 건너고부터는 청평면 삼회리 영역이다. 청평역에서 출발해 5km를 지나오는 동안 청평리와 대성리에 이어 청평면의 세 번째 마을로 접어든 셈이다. 신청평삼거리 우측길로 접어들자마자 '북한강로 벚꽃길' 세움간판이 도보 여행자를 반갑게 맞이해준다. 벚꽃 철엔 걷기보다는 자동차 드라이브에 더 최적화된 구간인 듯 보인다. 도로 옆으로 데크 길이 잠시 이어지다 끝난다. 이윽고 또 다른 세움간판이 경고를 보낸다. "현 위치부터 1.5km까지는 차도와 인접한 위험 구간이므로 보행 시 안전에 유의해 주세요." 세움간판 말대로 자동차에 신경

쓰며 걷도록 하자. 신청평대교 동쪽 끝에서 10분 남짓 걸으면 마이다스호텔에 이른다. 이 호텔의 동쪽 맞은편엔 드넓은 청평자연휴양림이 숨어 있다. 청정자연에서 두어 시간 쉬었다 가는 것도 좋겠다. 입장료는 5,000원이다. 23코스 종착지 부근, 청평면 삼회리의 북한강 옆에는 생태복원지구인 '수풀로'가 있다. 북한강 변에 쌓은 옹벽을 허물고 이 일대에 숲을 만들었다. 도로를 조금 벗어나 강변 가까이 호젓한 숲길을 10분 즈음 산책하길 권한다. 잠시 쉬고 5분을 더 가면 종점이다.

TRAVEL TIP 주변 명소

📷 북한강

북한의 강원도 금강군의 단발령에서 발원하여 금화와 화천, 춘천, 가평을 거쳐 양평군까지 흐르는 한강 수계의 물길이다. 상류부터 금성천, 소양강, 가평천, 홍천강, 조종천 등이 북한강에 합류한다. 북한강의 길이는 약 317km이다. 양평군 양수리에서 남한강과 합류하여 한강이라는 이름으로 흐르다가 임진강과 합류하여 강화에서 서해의 품에 안긴다. 북한강 수계에 화천댐, 평화의댐, 춘천댐, 소양강댐, 의암댐, 청평댐 등이 있다.

📷 북한강로벚꽃길

신청평대교의 동쪽 끝, 가평군 청평면 삼회리에서 시작하여 양평군 서종면 수입리까지 이어지는 벚꽃길이다. 391번 지방도로인 북한강로를 따라 20km 남짓한 벚꽃길이 종종 끊기며 이어진다. 매년 봄이 되면 많은 사람이 벚꽃길을 달리며 드라이브를 즐긴다. 벚꽃길 옆으로는 북한강이 흐르고 있어서 흐드러진 벚꽃과 어우러져 절경을 연출한다. 서울이나 수도권 남부에서 출발할 때에는 양평군 서종면에서 진입하는 게 편리하다. 다만 반대편 차도로 달려야 하기에 강변 드라이브의 즐거움은 반감된다. 📍 양평군 서종면 수입리 산101

📷 청평댐

경기도 가평군 청평면 북한강 수계에 있는 마지막 댐이다. 일제강점기인 1944년 수력발전을 하기 위해 만들었다. 북한강에 건설된 최초의 댐이다. 댐의 높이는 31m이고, 길이는 470m이다. 청평댐이 만들어지면서 청평호라는 큰 호수가 생겼다. 물이 가득 찰 때 청평호수의 면적은 약 580만 평이다. 청평호 영역에 관광지로 유명한 자라섬과 남이섬이 있다. 청평호의 물을 끌어들여 호명산의 호명호수에 물을 가두었다가 청평양수발전소를 돌린다. 6월부터 9월까지, 많은 사람이 청평호에서 수상 스포츠를 즐긴다.

ONE MORE 주변 맛집과 숙소

- 🍴 이덕분추어탕(추어탕, 메기매운탕) 📍 가평군 청평면 호반로 30 ☎ 031-584-6513
- 🍴 청평등갈비(등갈비찜, 소금구이닭갈비) 📍 가평군 청평면 호반로 20 ☎ 031-584-3223
- 🍴 이경숙할머니음식점(장어구이, 쏘가리매운탕) 📍 경기 가평군 청평면 북한강로 2092 ☎ 031-584-0064
- 🍴 청평돌짜장(돌짜장, 눈꽃갈비찜) 📍 가평군 청평면 북한강로 2040 ☎ 031-585-3812
- 🛏 청평다온펜션 📍 가평군 청평면 청평역로 17 ☎ 010-5123-9300
- 🛏 J모텔 📍 가평군 청평면 경춘로 764 ☎ 031-584-2306
- 🛏 뉴힐링스파펜션 📍 가평군 청평면 북한강로 2173 ☎ 1833-9306
- 🛏 마이다스호텔&리조트 📍 경기 가평군 청평면 북한강로 2245 ☎ 031-589-5600
- 🛏 리버웨이브풀빌라 📍 가평군 청평면 북한강로 2141 ☎ 0507-1408-9394

24 가평 24코스

course **삼회1리 마을회관~가평 설악터미널 17.1km**

24코스는 동쪽으로 길을 잡는다. 삼회1리 마을회관을 떠나 고개를 넘고 산을 오른다. 24코스는 가평군 설악버스터미널에서 끝난다. 코스 길이는 17.1km로 트레킹 시간은 7시간 가까이 이어진다. 난도는 C, 산길을 오르내리는 제법 힘든 코스이다.

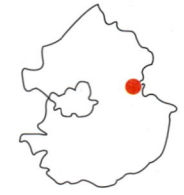

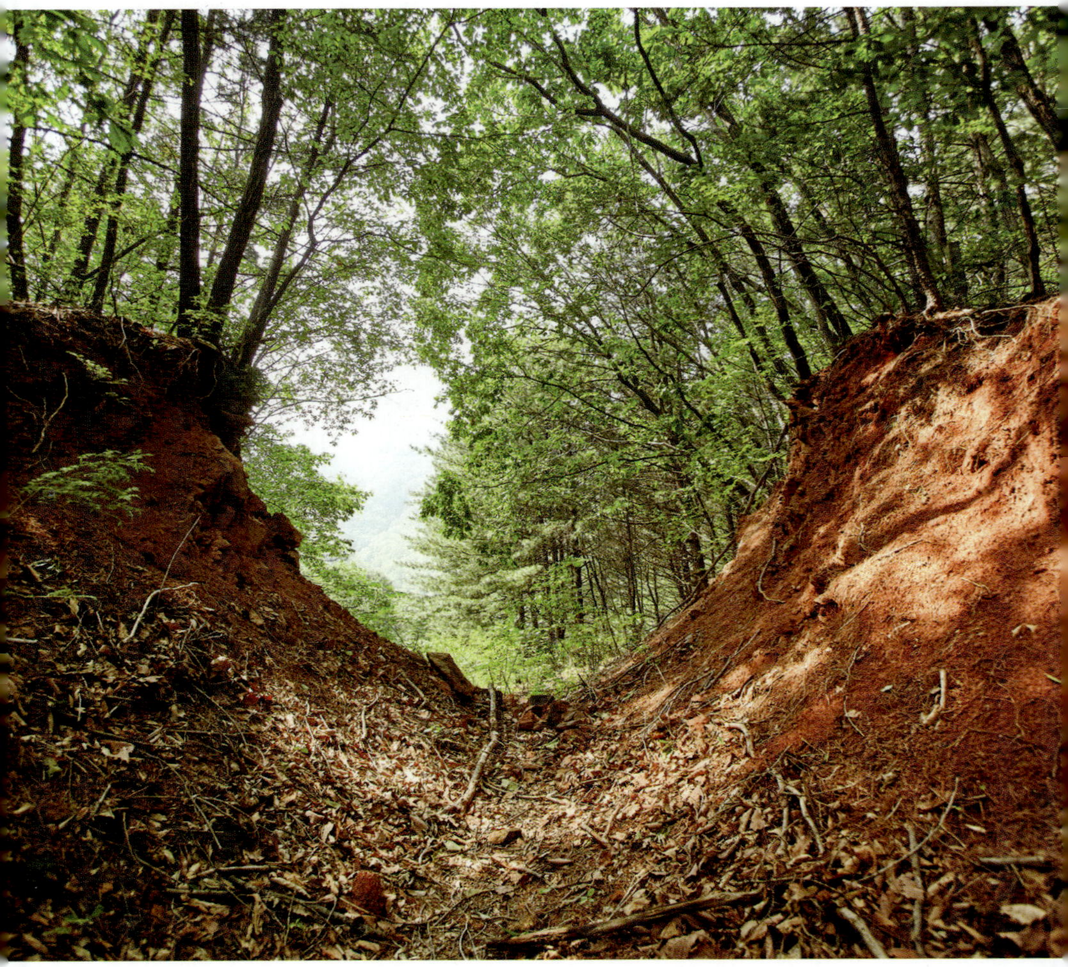

코스 정보

시작점 가평군 청평면 삼회리 201 **도착점** 가평군 설악면 신천리 497-4
코스 길이 17.1km **트레킹 시간** 6시간 40분
코스 특징 화야산 능선을 따라 이어지는 길고 긴 임도를 걷는다. **난이도** C
상세경로 삼회1리 마을회관 - 운곡암 - 절골 - 절고개 - 임도 시작점 - 화곡2리 마을회관 - 솔고개 - 설악버스터미널 **시작점 대중교통** 청평터미널 버스정류장에서 30-2번 버스 승차240분 간격 운행 → 약 20분 소요 → 큰골정류장 하차 **포토존과 추천 경관** 화야산, 24코스 임도, 화야산 큰골계곡
유의사항 가평 24코스는 국유임도 구간이라 코스 이용이 제한된다. 경기둘레길 홈페이지에서 국유임도 통과 가능 여부나 입산 신고 등 필요한 사전 조치를 취해야 한다. 절골에서 절고개까지는 특히 가파른 너덜길이라 미끄러짐 등 안전에 유의해야 한다.

21코스 평지 길, 22코스 산길, 23코스 평지 길에 이어 24코스는 다시 산길이다. 24코스 출발점인 청평면의 삼회1리 마을회관 앞에서 종착점인 설악면 설악버스터미널까지 이어진다. 차를 타고 가면 20여 분 강변도로를 여유롭게 달리며 멋진 드라이브를 즐길 수 있지만, 24코스를 선택하면 7~8시간 산길을 오르고 내려야 한다.

매년 4월이면 '북한강로 벚꽃·표고버섯축제'로 마을회관 주변 일대가 시끌벅적하다. 마을회관에서 동쪽으로 길을 잡는다. 북한강로2010번길이다. 고요한 시골길을 걸으니 기분이 저절로 아늑해진다. 초반 3km 구간은 완만한 오르막이다. 하지만 평지나 다름없이 느껴진다. 인적이 거의 없는 마을 한편에 꽤 호화롭게 지어진 금식기도원 건물이 이질적으로 보인다.

민가를 벗어나 큰골계곡으로 들어선다. 물소리가 유독 청아하게 들려오는 곳에 '화야산 운곡암'이라 새겨진 우람한 일주문이 서 있다. 운곡암에 잠시 들러 주변 정취를 음미해본다. 고려 말의 학자 원천석이 세태에 회의를 느껴 은거하며 지었다고 한다. 암자 이름은 그의 호 '운곡'에서 따왔다. 태종 이방원이 즉위 후 한때 스승이었던 그를 여러 차례 불러 등용하려 했으나 한사코 응하지 않았다고 한다.

화야산 산장 300m 이전 지점인 절골에서 정방향으로 계속 임도를 따라가면 화야산 정상에 이른다. 하지만 24코스 리본은 왼쪽 숲길로 안내한다. 입구에 큼직한 타이어 하나가 수문장처럼 막아서 있다. 타이어에 누군가 매달아 놓은 '멧돼지 출입금지'란 팻말이, 멧돼지에게 이르는 말인지 사람에게 이르는 말인지 잠시 생각해보게 한다.

신청평대교 위에서 아득하게 바라봤던 뽀루봉과 화야산, 두 산 사이 해발 485m의 절고개를 넘는 구간이다.

절골에서 1km 조금 못 되는 거리인 절고개까지는 고도 차 300m를 올라가야 한다. 상당히 가파르다. 온통 너덜길이고, 길 자국도 주변과 뚜렷하게 구분되지 않는다. 나뭇잎이 쌓인 늦가을이나 눈 쌓인 겨울날엔 길 찾아가기가 매우 어렵다. 50m 간격으로 나무에 매달아 놓은 리본 이정표에 온전히 의지해야 한다. 정상인 절고개 근처에서는 미끄러짐에도 특히 주의해야 한다. 간간이 매달린 안전 로프가 큰 도움이 된다. 우천 시에는 특히 미끄럼 위험이 클 듯하다.

해발 485m인 절고개에 간신히 오르면 네 개 방향을 알려주는 이정표가 서 있다. 출발점 삼회1리 마을회관에서 3.7km 올라왔고, 오른쪽으로 화야산 정상까지는 2.4km, 왼쪽 뾰루봉까지는 2.1km로 표기되어 있다. 정방향 이정표인 솔고개를 향해 내려간다. 하산길도 초기 한동안은 꽤 가파르다.
절고개를 내려오면 화야산 능선 해발 300m 일대를 돌아가는 임도가 시작된다. 화곡2리 마을 도로까지 장장

11km에 걸친 길고 긴 임도 구간이다. 폭도 넓고 바닥도 그다지 돌길은 아니어서 걷기에 불편함은 없다. 평지로 느껴지는 완만한 내리막이다. 서너 시간 걷는 길이라 단조로움을 느낄 수 있다. 혼자 걷는다면 인적이 드물어 살짝 긴장을 느낄 수도 있다.

성경 통독원과 본각사 이정표를 만나기 시작하면 임도 막바지임을 뜻한다. 화곡2리 마을회관에 이르면 차도가 나타나고, 버스정류장도 보인다. 이제 차도를 따라 걷는다. 86번 지방도이다. 마이다스 골프클럽 입구 주변에선 '660m 위험 구간' 안내 세움간판도 만난다. 도로 옆 인도 폭이 좁기에 지나는 자동차에 특히 주의를 기울여야 한다.

솔고개까지 내려오면 37번 국도로 이어진다. 이때부터 갑자기 인적이 늘어난다. 차량 통행량도 급증한다. 종착지인 설악터미널까지는 내리막이다. 도로 폭은 넓지만, 경사가 심하고 오가는 차가 많다. 이 구간도 보행 안전에 특히 신경을 많이 써야 한다.

TRAVEL TIP   주변 명소

📷 운곡암

경기도 가평군 청평면 삼회리, 화야산과 뽀루봉 서쪽 기슭에 있는 작은 절이다. 다른 이름으로 운곡정사라고 부른다. 작은 암자이지만 이 절엔 제법 곡절이 있는 이야기 두 개가 전한다. 고려 말의 학자이자 문인인 원천석은 공민왕 때 과거에 급제하였으나, 정국이 몹시 문란해지자 벼슬에 나가지 않았다. 그는 한때 조선 태종 이방원의 스승이었다. 태종이 왕이 된 뒤 여러 차례 벼슬을 주려고 하였으나 그때마다 마다하였다. 대신 그는 가평 화야산에 운곡암을 짓고 그곳에 은거하였다. 절 이름 운곡은 그의 호에서 따온 것이다. 운곡암은 구한말의 학자이자 의병장 유인석과도 인연이 있다. 운곡암은 유인석이 젊었을 때 이곳에 머물며 공부를 한 것으로 전해진다.

화야산

서북쪽은 경기도 가평군 청평면, 북동쪽은 설악면, 남쪽은 양평군 서종면에 걸쳐 있다. 높이는 해발 755m이다. 바로 북쪽으로 자신보다 조금 낮은 뾰루봉과 마주하고 있다. 정상에 오르면 청평호와 청평호를 감싸고 있는 용을 닮은 늠름한 뭇 산세를 한눈에 감상할 수 있다. 이성계가 고려를 무너뜨리자 고려 말의 학자이자 문인인 원천석이 이 산에 암자를 짓고 은거했다고 전해진다. 화야산은 산세가 제법 가파르고 계곡도 깊은 편이다. 정상까지 오르려면 2시간은 잡아야 한다. 경기둘레길 24코스가 이 산을 지난다.

ONE MORE 주변 맛집과 숙소

- 들풀(달맞이밥상, 민들레밥상) 경기 가평군 설악면 한서로124번길 16-12 031-585-4322
- 소양강숯불닭갈비(숯불닭갈비, 막국수) 경기 가평군 설악면 한서로23번길 42 031-584-8558
- 설악한우명가(한우생불고기, 한우새싹비빔밥) 경기 가평군 설악면 한서로 3 031-585-4200
- 한촌설렁탕 가평설악점(설렁탕, 양곰탕) 가평군 설악면 유명로 1600 031-584-5988
- 2724 참숯불장어(장어구이) 가평군 설악면 자잠로23번길 27-24 031-584-7422
- 고거산왕족발(족발, 보쌈) 가평군 설악면 신천중앙로88번길 11 031-584-8959
- 하버하우스 가평군 청평면 북한강로 1964-24 www.harborhouse.co.kr
- 카리브모텔 가평군 청평면 북한강로 1939 031-585-6301
- 뉴월드호텔 가평군 설악면 유명로 1734 031-584-8533
- 에어타임펜션 가평군 설악면 유명로 1714-12 010-2330-7728

25 course 가평 25코스
가평 설악터미널~양평 산음자연휴양림 20.3km

25코스는 17코스에서 시작된 가평군 구간을 마감하는 루트이자 처음 양평군을 만나는 구간이다. 12km 넘는 도로를 걸은 다음 다시 봉미산을 넘어야 하는 만만치 않은 구간이다. 산행길도 길어서 약 8km가 이어진다. 난도는 D, 꽤 힘든 구간 중 하나이다.

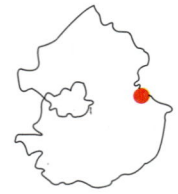

코스 정보

시작점 가평군 설악면 신천리 497-4 **도착점** 양평군 단월면 산음리 856-11(양평 산음자연휴양림)
코스 길이 20.3km **트레킹 시간** 6시간 45분
코스 특징 길고 긴 도로를 지난 후 봉미산 능선을 따라 오른다. 가평과 헤어져 양평으로 들어선다.
난이도 D **상세경로** 설악버스터미널 - 신천교 아래 - 창말 입구 - 위곡3리 마을회관 - 마치고개 - 설곡리 마을회관 - 성곡마을정류장 - 성현고개 - 양평 산음자연휴양림
시작점 대중교통 청평터미널에서 23번 버스 승차100분 간격 운행 → 약 45분 소요 → 설악터미널 하차
포토존과 추천 경관 봉미산, 양평 산음자연휴양림
유의사항 창말 입구부터는 폭이 좁은 2차선 도로가 두 시간 가까이 이어진다. 차량 통행에 주의하며 안전하게 여행을 해야 한다.

숲길 권역 159

 가평군은 가평읍을 중심으로 북면-하면-상면-청평면-설악면, 6개 읍면으로 구성돼 있다. 서쪽 일대는 포천시-남양주시-양평군에 둘러싸여 있고, 동쪽은 강원도와 맞닿아 있다. 17코스에서 포천시를 벗어나 가평군 북면으로 들어선 경기둘레길은 18~24코스를 거치며 남쪽으로 가평읍과 청평면을 지난 후 동쪽으로 방향을 틀어 설악면을 걷는다. 25코스 막바지에서 설악면과 헤어지며 가평을 벗어난다.

포천에서 가평으로 들어올 때 강씨봉 능선을 넘었듯, 가평에서 양평으로 들어서기 위해서도 산을 넘어야 한다. 해발 856m인 봉미산의 500m 지점을 넘지만, 넓고 편안한 임도라 산길 자체는 그다지 힘들진 않다. 그러나 12km가 넘는 도로 구간을 세 시간 가까이 걸은 후 곧바로 산행길 8km가 이어지기 때문에 몸이 지친다. 체력과 안전이 염려될 경우는 버스를 이용하여 도로 구간을 건너뛸 수 있다. 25코스 출발점인 설악터미널에

서 20-3번 버스를 타면, 등산로 입구인 버스 종점 성곡마을정류장까지 한 번에 갈 수 있다.

설악터미널을 출발하여 10분 정도 설악면 소재지인 신천리 상가 거리를 지난다. 소박한 식당과 아기자기한 가게들이 열 지어 있다. 미원초교를 지나 설악교 앞에서 천변으로 내려선다. 강원도 홍천군 장락산 자락에서 발원한 창의천이 5km를 흘러온 하류 지점이다. 창의천은 이곳에서 500m를 더 내려가 미원천에 섞인 후 북한강 청평호로 흘러든다. 25코스는 호젓한 천변길을 따라 창의천 물줄기를 거슬러 올라간다.
천변을 벗어나면 서울-양양간 60번 고속도로 밑을 지나 2차선 도로 옆 보도블록 인도를 한동안 걷는다. 향원사 방향 표지석이 있는 창말 입구 버스정류장 삼거리부터는 같은 2차선이지만 도로 폭도 좁고 보도블록도 없다. 이곳부터 7.2km까지는 인도 폭이 좁아서 보행 시 특히 안전에 유의해야 한다. 위험 구간 안내문도 세워져 있다.

이 구간은 걷는 이의 취향에 다라 호불호가 확연히 나뉠 것 같다. 뭐 볼 게 있다고 이런 위험한 도로를 장시간 걷느냐며 불만일 수 있다. 차도와 보도의 구분은 없지만 오가는 차량이 그다지 많지도 않고, 주변 전원풍경이 호젓하기에 이를 즐기는 이들도 있을 것이다.
위험 구간 표지로부터 한 시간쯤 걷다가 'NOVITAS'란 도회풍 건물 앞에 이르면 해발 200m의 마치고개다. 평지인 듯 완만한 오르막을 오르고, 완만한 내리막을 다시 한 시간 가까이 걷다 보면 아기자기한 시골 마을 설곡리를 지나 버스 종점 성곡마을 정류장에 이른다. 정류장 앞 성곡교 건너 15분 정도 들어가면 포장도로가 끝나며 산길 임도가 시작된다.

임도 앞에 세워진 등산로 안내판에는 해발 855.6m의 봉미산 정상까지 오르는 두 개 코스가 소개된다. 봉미 능선을 거치는 우회로인 1코스는 3시간이 걸리고, 곧바로 정상에 오르는 2코스는 2시간이 걸린다고 되어 있다. 25코스 종반부는 봉미 능선을 넘어야 하기에 우선은 등산로 1코스를 따라간다. 정점인 봉미 능선까지 3.2km는 해발 260m에서 500m까지 고도를 높인다. 가파른 편은 아니고, 폭이 넓은 임도이다. 앞에서 언급했듯이 구간 자체만으론 어렵지 않다. 문제는 이미 차도를 따라 장거리를 걸은 후라서 몹시 힘들게 느껴진다. 봉미 능선에 오르면 봉미산 정상으로 오르는 길 대신에 산음휴양림으로 향하는 완만한 하산길로 들어선다. 가평군이 끝나고 양평군이 시작되는 지점이다. 내려오는 길목에서 잠시 왼쪽 뒤로 고개를 돌리면 봉미산 정상의 두 개 봉우리가 봉긋한 자태로 여행자의 시선을 끈다.

TRAVEL TIP 주변 명소

봉미산

봉미산은 경기도 가평군과 양평군에 걸쳐 있는 산이다. 높이는 해발 856m로, 정상을 경계로 서쪽과 북쪽은 가평군이고 남쪽과 동쪽은 양평군이다. 백두대간의 오대산 두루봉에서 갈라져 나온 한강기맥의 후반부에 해당한다. 한강기맥은 봉미산, 용문산, 명지산, 중미산을 거쳐 양평군 양서면의 청계산에서 마지막으로 불끈 솟았다가 남한강과 북한강 사이 두물머리에서 잦아든다. 봉미산은 경기도에서도 오지에 속해 '속리산'이라는 별칭을 얻었다. 산 남쪽에 숲이 아름다운 산음자연휴양림을 품고 있다.

📷 산음자연휴양림

봉미산 남쪽 자락 경기도 양평군 단월면에 있는 국립자연휴양림이다. 높은 산이 병풍처럼 둘러싸고 있고 계곡이 깊고 아름다운 데다가 물이 맑아 휴양과 산림욕을 겸해 많은 사람이 찾는다. 산음휴양림의 가장 큰 매력은 매표소서부터 시작되는 약 3km에 이르는 긴 치유의 숲길이다. 산음휴양림 치유의 숲길은 산림청 1호인 '치유의 숲'이다. 산림치유지도사가 상주하며 명상, 숲속 체조 등 산림치유 프로그램을 운영한다. 치유의 숲길을 산책하다 보면 무척 다양한 나무를 만날 수 있다. 잣나무, 낙엽송, 리기다소나무, 자작나무, 상수리나무, 가래나무, 피나무, 물박달나무, 층층나무가 아름다운 숲을 만들고 있다. 다양한 수종이 만들어내는 단풍이 무척 아름답다. 소원 바위, 산음약수터 등도 만날 수 있다.

산음휴양림은 숙박시설도 제법 잘 갖추고 있다. 19채의 숲속의 집, 연립동 13실, 휴양관 객실 17개를 갖추고 있다. 특히 이 중에는 반려견 동반 객실도 있다. 다만, 예약할 때 등록한 반려동물만 입장할 수 있다. 맹견과 15kg을 초과하는 중·대형견은 입장할 수 없다. 휴양림의 휴무일은 매주 화요일이고, 개장시간은 09:00~18:00이다. 📍경기 양평군 단월면 고북길 347 📞031-774-8133 🔗www.foresttrip.go.kr

ONE MORE | 주변 맛집과 숙소

- 🍴 육남매쌈밥(쌈밥정식, 황태해장국) 📍가평군 설악면 한서로 162 📞0507-1377-9289
- 🍴 금강막국수 가평(막국수, 메밀전) 📍가평군 설악면 음동길 23 📞031-584-8387
- 🍴 산듸골촌두부(두부전골, 감자전) 📍가평군 설악면 한서로 41 📞031-585-5258
- 🛏 노르웨이숲펜션 📍가평군 설악면 유명로 1649
- 🛏 청포도펜션 📍가평군 설악면 음동길 19 📞031-584-3995
- 🛏 퍼플트리 📍가평군 설악면 묵안로 709 📞031-585-5859
- 🛏 솔가펜션 📍가평군 설악면 봉미산안길 154 📞010-2928-0688
- 🛏 솔고은펜션 📍가평군 설악면 봉미산안길 190-93 📞010-2082-5729
- 🛏 예당펜션 📍가평군 설악면 봉미산안길 190-184 📞010-4734-5070

26 course 양평 26코스
양평 산음자연휴양림~단월면사무소 17.2km

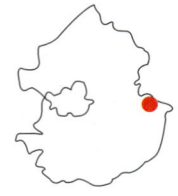

산음자연휴양림 입구를 출발해 반나절 그윽한 숲길을 걷는 코스이다. 산음 임도 5km를 지나면 비솔고개에서 단월산 임도가 시작된다. 길은 산을 굽이굽이 돌며 이어진다. 숲길이 끝나면 향소리 절골마을이다. 4km 남짓 부안천 둑길을 따라가면 단월면사무소가 나온다. 종점이다. 난이도는 C, 제법 힘든 코스이다.

코스 정보

시작점 양평군 단월면 산음리 856-11(양평 산음자연휴양림) **도착점** 양평군 단월면 보룡리 341-10
코스 길이 17.2km **트레킹 시간** 7시간 45분
코스 특징 양평의 숲과 자연의 기운을 만끽하며 고즈넉한 임도를 걷는다. **난이도** C
상세경로 양평 산음자연휴양림 - 비솔고개 - 향소리절곡부락정류장 - 덕수교차로 - 단월 레포츠공원 - 단월면사무소 **시작점 대중교통** 양평버스터미널에서 2-11, 2-5, 2-2번 버스 승차 하루 1~2회 운행 → 약 2시간 소요 → 산음1리·고북산음자연휴양림 하차 *경기 둘레길 양평군(25~31코스) 구간 방문 시 버스 배차 및 운행시간을 사전에 확인 요망 (양평버스터미널 031-772-2341) **포토존과 추천 경관** 산음자연휴양림, 휴양림 오솔길, 부안천
유의사항 양평 산음자연휴양림은 경기도에 속한 5개의 '국립' 자연휴양림 중 하나이자 유일하게 경기둘레길 노선에 위치한 국립휴양림이다. 사전 예약하여 머물면 좋은 추억이 될 것이다.

 산림청 자료에 따르면 우리나라엔 2023년 4월 현재 164개의 자연휴양림이 있다. 국립이 43개이고 나머지 121개는 대부분 공립이고 사립이 몇 군데 끼어 있다. 하루 이틀 묵으며 휴양림의 자연을 즐길 수 있도록 전반적인 시설이나 시스템이 대체로 잘 되어 있다. 양평 산음자연휴양림은 경기도에 속한 5개 '국립' 자연휴양림 중 하나다. '국립'으로는 유일하게 경기둘레길 구간에 있다.

산음자연휴양림은 해발 856m의 봉미산 남쪽 기슭 해발 250m에서 400m 사이에 걸쳐 있다. '치유의 숲'이나 숙박시설과 야영장 등을 잘 갖추고 있다. 특히 반려견 동반 객실을 갖추고 있어서 애견인들에게 큰 인기를 끌고 있다. 다만, 맹견과 15kg을 초과하는 중·대형견은 입장할 수 없다. '산음山陰'이란, 말 그대로 '산 그늘'을 의미한다. 봉미산뿐만 아니라 천사봉, 용문봉, 단월산, 소리산 등 주변 사방이 온통 높은 산이니 제법 어울리는 이름이 아닌가 싶다.

26코스 출발점은 산음자연휴양림 매표소에서 1km 내려와 만나는 사거리이다. 아띠울펜션 맞은편에 코스 안내 지도와 스탬프 함이 서 있다. 산음천 다리를 건너며 산음 임도가 시작된다. 완만한 오르막을 30분 넘게 걷는다. 임도 삼거리에서 산음자연휴양림 부대시설인 '반려견 객실' 안내판이 서 있다. 예전의 '숲속 수련장'을 반려견 동반 여행자들이 이용할 수 있도록 숙박시설로 전환해 운영하고 있다. 반려견 놀이터를 비롯해 진돗개, 삽살개, 말티즈, 비숑 등 애견 이름을 딴 객실로 구성되어 있다.

비솔고개까지 2.5km의 임도가 더 이어진다. 고도 차 100m를 오르내리는 완만한 구간이다. 비솔고개는 경기 여주와 강원 홍천을 잇는 345번 지방도로에 있다. 단월면 산음리가 끝나고 향소리로 들어서는 길목이다. 산음 임도 5km가 끝나고 단월산 임도 7km가 곧바로 시작되는 기점이기도 하다.

한강기맥은 강원도 평창의 백두대간 두로봉에서 경기 양평의 양수리 두물머리까지 횡으로 이어지는 산줄기를 말하는데, 해발 375m의 비솔고개는 바로 이 한강기맥의 한 지점이다. 시계 기판에 비유하면 9시 지점 김포 대명항에서 출발해 시계방향으로 이어져 온 경기둘레길은 3시 지점인 양평군 단월면 비솔고개에서 한강기맥과 교차하며 남쪽으로 내려선다.

단월산 임도 구간 7km 또한 해발 450m 내외를 완만하게 오르내리는 구간이다. 크게는 봉미산-소리산 임도에 속하며 작게는 단월산 임도로 불리지만 실제로는 해발 864m 도일봉 능선을 따라 걷는 구간이다. 26코스 임도 구간은 단월면 MTB 자전거도로이기도 하다. 주변 봉미산과 소리산 일대를 능선 따라 한 바퀴 도는 순환코스로, 5시간 남짓 걸리는 5개 코스가 총 거리 63km에 걸쳐 이어진다.

단월산 임도가 끝나고 향소리 마을로 내려서면 비솔고개에서 잠시 스쳤던 345번 지방도로와 다시 만난다. 삼거리의 버스정류장에서. 자전거도로 코스를 안내하는 상세 지도가 서 있다. 산음자연휴양림 이후 비솔고개를 지나 이곳 절골부락 버스정류장까지 걸어온 경로는 MTB 자전거도로 3코스 일부와 2코스 전체에 해당한다. 단월면사무소까지 마지막 남은 4km는 부안천을 따라 걷는다. 편안한 천변 둑길이 끝날 즈음 단월레포츠공원을 지난다. 이즈음에서 학교 건물과 마트와 식당이 모습을 드러낸다. 설악면 소재지에 이어 40km 가까이 걸어 다시 만나는 면 소재지 풍경이다.

ONE MORE 주변 맛집과 숙소

- 메밀가막국수(막국수, 모두부) ⊙ 양평군 단월면 단월로 408 ☎ 031-771-9660
- 승은이네(능이닭백숙, 능이닭볶음탕) ⊙ 양평군 단월면 석산로 12-1 ☎ 031-775-5660
- 우리식당(순부두, 된장찌개) ⊙ 양평군 단월면 석산로 11 ☎ 031-773-0487
- 원가든(오리백숙, 닭백숙) ⊙ 양평군 단월면 향소응달말길 22 ☎ 031-773-0489
- 시골집순대국(순대국, 소머리국밥) ⊙ 양평군 단월면 단월로 53 ☎ 031-774-2221
- 아띠울펜션 ⊙ 양평군 단월면 고북길 245 ☎ 010-9759-8780
- 고북밸리펜션 ⊙ 양평군 단월면 윗고북길 1-4 ☎ 031-775-5788
- 구름발치펜션 ⊙ 양평군 단월면 향소절골길 100 ☎ 031-774-9682
- 단월황토민박 ⊙ 양평군 단월면 되퇴울길 5 ☎ 010-3721-7922

27 양평 27코스
단월면사무소~갈운1리 증골정류장 10.4km

산길을 버리고 오랜만에 논과 밭과 천변 풍경을 만나는 구간이다. 단월면사무소에서 남쪽으로 길을 잡자마자 노송과 아름드리 느티나무가 걸음을 멈춰 세운다. 이곳에 고려 때 처음 세웠다는 정자 보산정이 있다. 잠시 쉬었다 가도 좋겠다. 이후부터는 내를 따라 걷고, 논밭을 지난다. 부안천, 흑천, 청운면 소재지, 용두천을 지나면 이윽고 갈운리 종점에 다다른다. 난도는 A, 걷기 쉬운 코스이다.

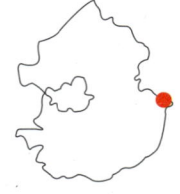

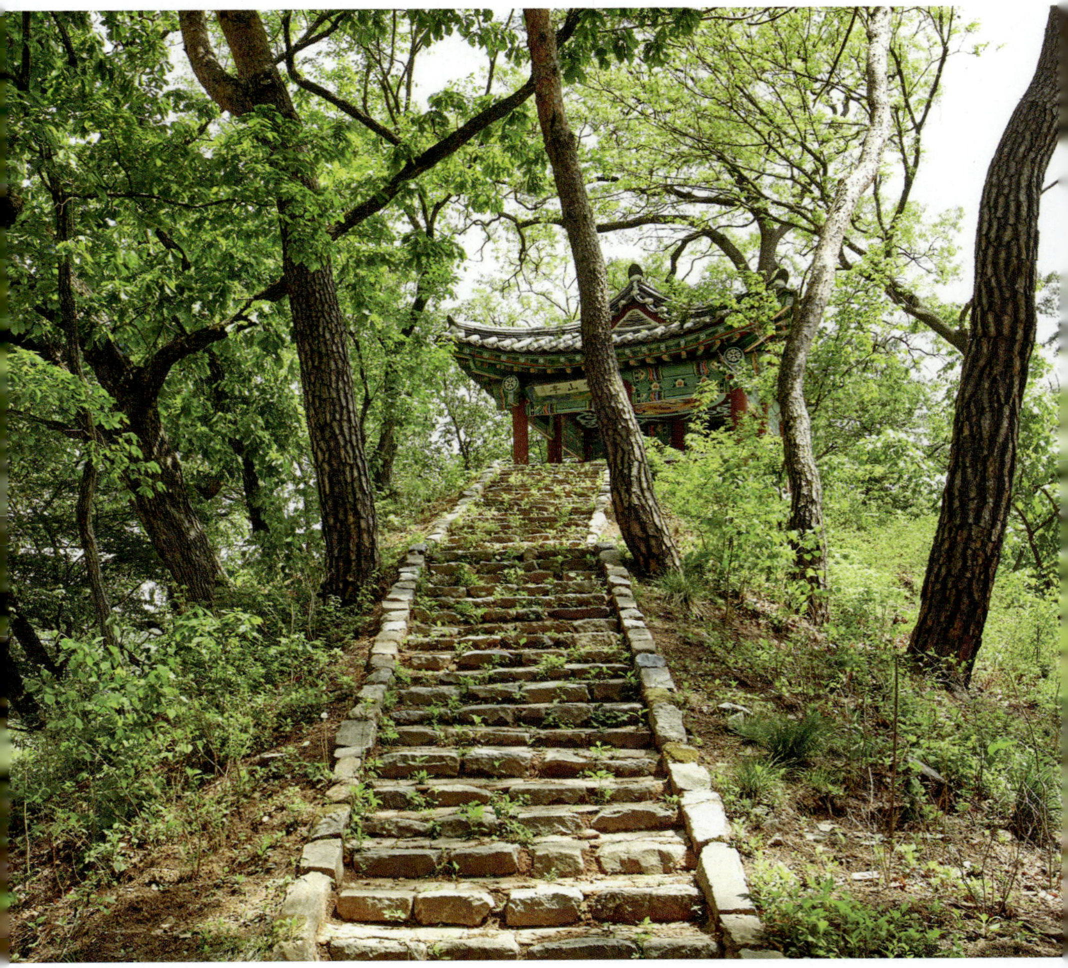

코스 정보

시작점 양평군 단월면 보룡리 341-10 **도착점** 양평군 청운면 갈운리 889-6
코스 길이 10.4km **트레킹 시간** 4시간 30분
코스 특징 덕수천, 흑천, 용두천을 따라 양평군의 고즈넉한 물줄기와 함께한다. **난이도** A
상세경로 단월면사무소 - 교동IC교 - 청운교 - 청운체육공원 - 용두교 - 용두2리정류장 - 갈운1리.증골정류장
시작점 대중교통 ❶ 양평버스터미널에서 2-5번 버스 승차 → 36분 이동 → 보룡1리면사무소 하차
포토존과 추천 경관 보산정, 흑천
유의사항 마지막 2km 구간은 6번 국도를 지나야 한다. 인도와 차도의 구분은 있지만, 인도 폭이 매우 좁다. 앞과 뒤를 잘 살피며 안전 확보에 특별히 신경 써 걸어야 한다.

  단월면은 양평군의 12개 읍면 중 하나이다. 청운면, 양동면과 더불어 경기둘레길이 관통하는 지역이다. 세 지역 모두 양평의 동부에 위치한다. 강원도와 접해 있다. 27코스는 초반에 단월면을 벗어나며 청운면으로 들어선다. 오랜만에 산악지대를 벗어나 논과 밭, 천변과 시골 마을을 걷는 구간이다. 단월면 소재지인 보룡리는 고려 말 공민왕 때 무안 박씨의 선조인 송림공 박정朴禎이 혼란스러운 정치 상황을 피해 낙향한 곳이다. 이후 후손들까지 정착해 살며 마을이 형성되었다. 당시 마을 연못에 '고귀한 용'이 산다는 믿음이 있어서 '보룡寶龍'이란 지명을 얻었다고 한다.

보룡리의 단월면사무소 앞이 27코스의 출발 지점이다. 남쪽으로 길을 잡자마자 부안천 쪽으로 우뚝 솟은 정자, 보산정寶山亭을 만난다. 기와를 얹은 흙담 울타리 안의 울창한 노송 숲에 싸여 있다. 낙향한 송림공이 시회장詩會場으로 건립했고, 이후 6대손 이조참판 박원겸이 수학당으로 이용했다고 설명되어 있다. 물론 지금의 정자는 무안 박씨 문중에서 1955년과 1974년에 복원한 것이다.
단월면의 '단월'은 '단구월사丹丘月謝'에서 유래했다고 한다. 신선이 산다는 가상의 언덕 '단구丹丘'에, 달 구경하는 정자 '월사月謝'가 합쳐진 말이다. 야트막한 언덕 위에 자리를 튼 보산정에서 신선들이 달을 바라보며 조용히 자연을 관조하는 풍경이 떠오른다.

보룡마을 중심 도로인 보룡길 전봇대에는 '양평단월 고로쇠축제'를 알리는 철 지난 포스터가 붙어 있다. 20회를 넘기며 매년 3월에 열리는 이 지역 연례행사다. 신라 말 풍수지리설의 대가로 알려진 도선국사가 다리를 고쳤다는 이야기가 고로쇠나무 수액의 효과를 말해준다. 그가 좌선하고 난 후 무릎이 펴지지 않아 고생하다가 이 지역 나무 수액을 여러 차례 마시자 말끔히 나아졌다는 것이다. 그때부터 '뼈에 이로운 나무'라는 뜻의 '골리수骨利樹'로 불리다가 언제부턴가 발음이 변해 오늘날엔 고로쇠나무로 불리게 되었다. 따뜻한 봄을 맞아 나무에 수액이 차오르는 3월이 되면 26코스 종반인 단월레포츠공원 등 이 일대에서 고로쇠축제가 열린다.
6번 국도를 내려다보며 비룡육교를 건너면 청운면 비룡리로 들어선다. 이번엔 6번 국도 아래를 지나며 덕수천 천변길로 들어선다. 27코스에선 인천항에서 강릉 동해안까지 277km를 달리는 6번 국도와 수시로 만난다. 27코스는 덕수천-흑천-용두천으로 이어지는 천변길이 대부분이라 오르막 내리막이 없다. 평지를 걷는 기분이 가볍다.

조그만 물줄기 덕수천 다음에 만나는 흑천은 양평군의 중심 물줄기이다. 강원도 횡성군과 경계인 성지봉에서 발원하여 서쪽으로 양평군을 횡단한 뒤 남한강에 합류한다. 27코스에선 흑천 둑방길 3km를 걷는다. 하천

바닥 암석들이 유독 검어 물 색깔까지 검게 보인다 하여 흑천이란 이름이 붙었다. 하천 이름이 주는 이미지와 달리 천변엔 제법 광활한 논밭과 전원풍경이 펼쳐진다. 평화롭고 화사한 풍경이 마음을 따뜻하게 해준다. 종착지까지 남은 5km는 작은 물줄기 용두천과 나란히 간다. 6번 국도도 용두천과 나란히 달린다. 코스 종반부 6번 국도는 오가는 자동차가 많고 인도 폭이 좁아 위험하다. 용두2리 정류장 지나면 갈운1리 아실정류장 앞에서 6번 국도를 벗어나 마을 안길로 우회한다. 갈운1리 아실마을회관을 거친 후 다시 6번 국도 앞 갈운1리 증골정류장으로 나온다.

ONE MORE 주변 맛집과 숙소

- 퇴촌 민물매운탕어탕국수(어탕소면, 메기매운탕) ♦ 양평군 청운면 경강로 4091 ☎ 031-771-4519
- 용두식당(김치두루치기, 된장찌개) ♦ 양평군 청운면 용두민속장터길 6-4 ☎ 031-774-4752
- 명성식당(막창전골, 닭볶음탕) ♦ 양평군 청운면 용두민속장터길 12-2 ☎ 031-773-9075
- 대명모텔 ♦ 양평군 단월면 보산정길 47 ☎ 031-775-0660
- 조용한펜션 ♦ 양평군 청운면 비룡골길 29-21
- 소나무펜션 ♦ 양평군 청운면 활골길 9 ☎ 010-3347-2942
- 펜션올가랜드 ♦ 양평군 청운면 활골길23번길 40-3 ☎ 010-2258-7639

양평 28코스
갈운1리증골정류장~몰운고개 9.2km

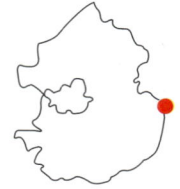

28코스는 북쪽에서 남쪽으로 산악지대를 걷는다. 거의 전 구간을 임도 따라 걷는다. 양평의 많은 임도는 산악자전거 코스이기도 하다. 28코스도 산악자전거 노선과 겹친다. 코스 초반부터 거의 마지막까지 몰운 임도를 따라 오르막을 오른다. 난이도는 C, 제법 힘이 드는 코스이다.

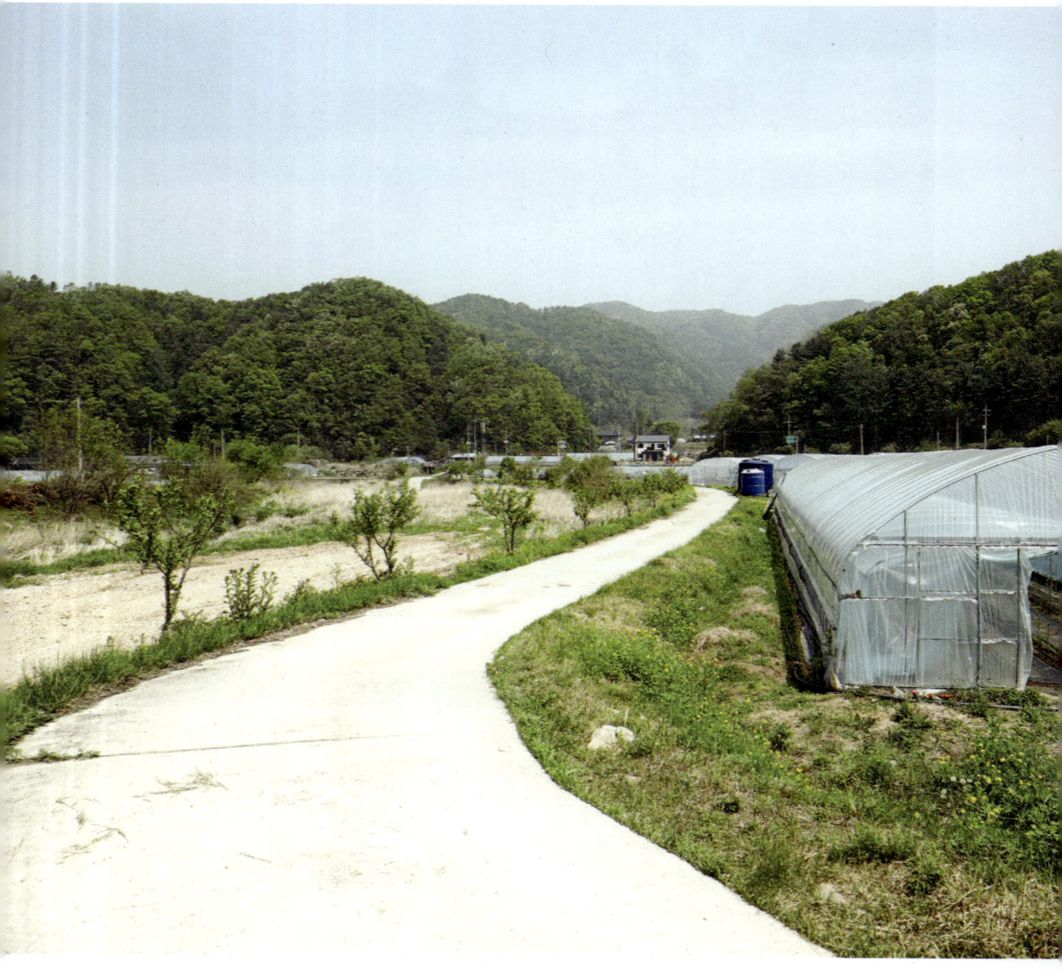

코스 정보

시작점 양평군 청운면 갈운리 889-6 **도착점** 양평군 양동면 금왕리 19-7(몰운고개)
코스 길이 9.2km **트레킹 시간** 3시간 35분
코스 특징 양평군이 자랑하는 청운면 몰운 임도, 넓고 호젓한 산길을 오래 걷는다. **난이도** C
상세경로 갈운1리.증골정류장 - 몰운고 - 산내물소리 게스트하우스 - 모름고개 - 몰운고개다빈쿱스정류장
시작점 대중교통 용두리터미널에서 10-2번 버스 승차하루 4회 운행 후 약 7분 이동 → 갈운1리.증골정류장 하차
포토존과 추천 경관 몰운고가로 향하는 산길양평군 청운면갈운리 산 143, 코스 내 농촌 풍경양평군 청운면 경강로 4670
유의사항 28코스는 전 구간이 양평군 청운면과 양동면 MTB자전거길과 겹친다. 앞과 뒤에서 지나는 자전거에 특히 유의하며 걸어야 한다.

 27코스는 부안천-덕수천-흑천-용두천으로 이어지는 천변길을 따라 걸었다면, 28코스는 산악지대를 거치며 거의 전 구간에 임도를 걷는다. 갈운1리.증골정류장을 출발하여 용두천 천변길로 내려선다. 낚시꾼들이 앉아 쉬곤 했을 법한 쉼터 한 채가 고즈넉하게 서 있다. 쉼터 평상 위에 잠시 배낭을 내려놓고 호흡을 가다듬는다. 마음속으로 곧 이어질 오르막 산행을 대비한다.

갈운천이 용두천에 합류하는 지점에서 몰운교를 건넌다. 여기서부터 오르막 차도가 시작된다. 위험 구간 표시판이 서 있지만, 차량 통행이 별로 없어 그다지 위험하지는 않다. 349번 지방도의 일부인 몰운고갯길을 10분 정도 오르면 삼거리가 나타난다. 오른쪽 길로 들어선다. 입구에 '장수마을 1km' 표지판이 서 있는 좁은 길이다. 갈운장수마을길을 1.5km 정도 완만하게 오르고 나면 포장도로가 끝나고, 곧이어 몰운 임도가 시작된다. 입구엔 "국유림 보호를 위하여 출입이 제한되니, 입산하려면 사전 허가를 받아야 한다"는 안내문이 있다. 해발 488m의 더렁산 동쪽 능선을 따라가는 몰운 임도는 인근 비룡 임도와 함께 4개 코스로 이뤄진 총 거리 34.5km의 청운면 MTB자전거도로의 일부. 앞서 단월면도 그렇고 양평은 전체적으로 산악자전거 매니아들에겐 천국으로 불릴 만하겠다.

28코스 임도 구간에서 최고 해발은 420m 지점이다. 출발점인 용두천이 해발 150m이니 고도 차 270m를 오르는 셈이지만 그다지 가파르게 느껴지진 않는다. 오르내림이 없이 처음부터 끝까지 완만한 오르막으로 이어지기 때문이다.

임도길 7km가 끝나면 코스 초입에 10분간 걸었던 차도와 다시 만난다. 오르막이 끝나고 내리막이 시작되는 기점에서다. 해발 410m의 이곳은 지도엔 모름고개로 표기되어 있지만 몰운고개로도 불린다. 이 도로의 이름이 몰운고갯길인 것과 맥락을 같이한다.

종착지인 해발 280m의 복합문화공간 다빈큐스 입구까지는 2차선 차도를 따라 20

분 정도 내려가면 된다. 위험 구간 표지판이 있지만, 차량 통행은 적은 편이다. 길가 철조망에 폐자전거를 이용해 만든 정겨운 장식물들이 눈길을 끈다. 이 구간도 몰운 임도와 이어지는 자전거도로임을 상기시켜주는 장식물이다. 28코스를 마무리하는 이 구간에서는 지나는 자동차보다는 뒤에서 달려오는 자전거에 더 신경 쓰며 걸어야 한다.

ONE MORE 주변 맛집과 숙소

- 🍴 **점골막국수(막국수, 두부전골)** 📍 양평군 청운면 경강로 4662 📞 031-773-9756
- 🍴 **청운면메기마을(메기매운탕, 참게매운탕)** 📍 양평군 청운면 아실길72번길 55 📞 031-773-9650
- 🏠 **해피스토리펜션** 📍 양평군 청운면 갈운장수마을길 16-14 📞 010-9970-6083
- 🏠 **바오하우스** 📍 양평군 양동면 골운고갯길 732-21 📞 031-772-6554

29 course 양평 29코스
몰운고개~계정1리 마을회관 앞 12.6km

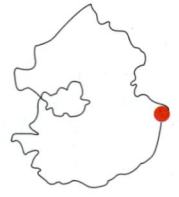

28코스처럼 29코스도 주로 임도를 걷는다. 복합문화공간 다빈쿱스 입구에서 포장길이 끝나고 임도가 시작된다. 임도는 금왕산 서쪽에서 동쪽으로 이어진다. 고도는 300~400m이다. 이 길 역시 산악자전거 코스와 겹친다. 마지막 1km는 완만한 내리막이다. 난이도는 C, 제법 힘이 드는 코스이다.

코스 정보

시작점 양평군 양동면 금왕리 19-7(몰운고개) **도착점** 양평군 양동면 계정리 757-5(계정1리 마을회관 앞)
코스 길이 12.6km **트레킹 시간** 6시간 30분
코스 특징 강원 횡성군과 경계 부근의 산악자전거 코스이기도 한 호젓한 금왕 임도를 걷는다. **난이도** C
상세경로 몰운고개다빈쿱스 - 도토머리봉 등산로 입구 - 밤나무재 - 금왕골 입간판 - 계정1리 마을회관앞
시작점 대중교통 ❶ 양동역버스정류장에서 2-1번 버스 승차240분 간격 운행 → 약 21분 이동 → 금왕1리점말 정류장 하차 후 2.3km 도보 이동 ❷ 용문버스터미널에서 2-1번 버스 승차240분 간격 운행 → 약 51분 이동 → 금왕1리점말 정류장 하차 후 2.3km 도보 이동
포토존과 추천 경관 양평 MTB_비룡산 순환코스, 몰운고개로 향하는 길 **유의사항** 29코스 역시 전 구간이 양평군 산악자전거 코스와 겹친다. 앞과 뒤에서 지나는 자전거에 유의하며 걸어야 한다.

 몰운고갯길은 경기도 양평과 강원도 문막을 남북으로 이어주는 349번 지방도로의 일부다. 정확하게는 도로의 양동면과 청운면 일대 8km 구간을 일컫는다. 29코스는 복합문화공간 다빈큡스 입구에서 시작된다. 몰운고갯길과 헤어지고 곧바로 임도로 들어선다. 청운면과 양동면의 경계인 도토머리봉 서쪽 자락에서 양동면의 금왕산 동쪽 자락으로 꾸불꾸불 이어지는 금왕임도를 따라간다.

임도 초반은 도토머리봉 등산로의 일부이기도 하다. 세움간판 설명에 따르면 '도토머리'는 멧돼지를 뜻하는 '도토'와 '머리'의 합성어로, 이를 한자로 바꾸어 저두산猪頭山으로 부르기도 한다. 세움간판이 서 있는 해발 370m 임도에서 해발 612m의 저두산 정상까지는 2km 내외의 두 개 등산로가 소개되고 있다.

산 정상은 경기 양평군과 강원 횡성군의 경계이다. 금왕 임도 구간 역시 산악자전거 코스에 해당한다. 앞서 단월면의 26코스에선 63km의 봉미산-소리산 순환코스가 있었고, 청운면의 28코스에선 34.5km의 비룡산 순환코스를 거쳐왔다. 29코스 양동면 이 구간은 계정-금왕산 순환코스 52km의 일부다. 이 외에도 중미산 코

스, 유명산 코스 등 이 일대 여러 개의 MTB 코스가 인기를 끌고 있다. 온통 산지로 둘러싸였고 산마다 임도가 잘 조성된 까닭이다. 산악자전거 마니아에겐 그야말로 천국이 따로 없을 것이다.

금왕 임도 삼거리에서 우측길로 들어서면 숲 사이로 멀리 민가 여러 채가 눈에 들어온다. 29코스의 절반쯤 남은 지점이다. 삼거리에 서 있던 입간판 지도에 '피그랜드'로 표기된 걸로 보아 민가가 아니고 양돈 단지인가 보다. 길 왼편으로 단단하게 둘러쳐진 철조망에 "이 울타리는 아프리카돼지열병ASF이 전파되는 것을 차단하기 위해 정부에서 설치했다."라는 안내문이 보인다.

해발 487m인 금왕산 정상에서 가까운 곳에 또 삼거리가 있다. 정상과 직선으로 300m 떨어진 지점이다. '현위치 금왕골'이라는 세움간판이 서 있다. 우측으로 난 오르막은 금왕산 둘레를 한 바퀴 도는 길이고, 내리막으로 직진하면 29코스 종점으로 하산하는 길이다. 잠시 후 또 만나는 삼거리에선 둘레길 리본을 잘 보고 왼편 숲길로 내려서야 한다. 무심코 지나쳐 임도 따라 계속 직진하기 쉬운 지점이다.

29코스 걷기 시작한 뒤 처음으로 민가 주택 한 채를 지난다. 마을과 동떨어져 숲속에 홀로 있다. 하얀 나무 벽에 십자가 마크가 도드라져 보인다. 코스 종점인 계정1리 마을회관까지는 완만한 내리막 1km를 남겨두고 있다.

ONE MORE | **주변 맛집과 숙소**

- 계정횟집(매운탕, 송어회) ᅟ경기 양평군 양동면 양서북로 666-13 ᅟ031-773-1556
- 바오하우스 ᅟ양평군 양동면 몰운고갯길 732-21 ᅟ031-772-6554
- 클럽타피올라 ᅟ양평군 양동면 몰운고갯길 732-20 ᅟ031-772-9997

30 course 양평 30코스
계정1리 마을회관 앞~양동역 입구 7.6km

길은 계속 남쪽으로 향한다. 30코스는 양동면 계정리에서 중앙선 양동역 입구까지 이어진다. 대부분 평지로 비교적 짧고 걷기도 쉽다. 2차선 도로를 따라가다 계정천 둑길로 내려선다. 멀리 산과 산이 겹겹이 둘러싸고 있지만, 천변길 주변은 논밭과 농가, 비닐하우스가 띄엄띄엄 보이는 전형적인 전원풍경 그대로다. 난이도는 A, 쉬운 코스이다.

코스 정보

시작점 양평군 양동면 계정리 757-5(계정1리 마을회관 앞)
도착점 양평군 양동면 쌍학리 185-8(양동역 입구) **코스 길이** 7.6km **트레킹 시간** 2시간 30분
코스 특징 경기도에서 가장 동쪽에 위치하여 강원도와 접경인 시골길을 걷는다. **난이도** A
상세경로 계정1리 마을회관 앞 - 계정3리버스정류장 - 계정교 - 양동역 입구
시작점 대중교통 양동역버스정류장에서 2-1번 버스 승차 하루 3회 운행 → 약 20분 이동 → 계정1리 송정 정류장 하차 **포토존과 추천 경관** 금왕산, 계정리 느티나무
유의사항 계정천을 따라 중앙선 양동역까지 평지로 이어지는 쉽고 짧은 구간이지만 2차선 차도와 겹치는 구간이 많다. 지나는 자동차에 특히 유의하며 걸어야 한다.

 양평군은 경기도 가장 동쪽에 있다. 강원도와 접해 있다. 양동면은 양평군에서도 가장 동쪽이다. 전체 면적의 80%가 임야에 속한다. 30코스 출발지인 계정리는 양동면에서도 가장 동쪽에 위치한 오지 마을이다. 강원도 횡성-원주와 맞닿고 있다. 계정리는 양평군 내에서 꽃이 가장 늦게 피고, 평균 기온이 가장 낮은 지역이라고 한다. 금왕 임도를 내려와 계정1리 마을을 지나오는 1km 구간에선 비릿한 축산 내음이 내내 느껴진다. 주변에 양돈 농가들이 많음을 알 수 있다.

계정1리 마을회관 앞 버스정류장에서 30코스가 시작된다. 계정천을 따라 중앙선 양동역까지 평지로 이어지는 쉽고 짧은 구간이다. 잠시 2차선 도로를 따라가다 계정천 둑길로 내려선다. 멀리 남쪽으로 산과 산이 겹겹이 둘러싸고 있지만, 천변길 주변은 논밭과 비닐하우스와 농가들이 띄엄띄엄 전형적인 전원풍경을 보여준다.

계정2리 마을회관 앞 천변 너머에는 수령 500년인 느티나무가 전혀 노쇠한 기운 없이 10m가 넘는 거구의 풍채를 과시하며 서 있다. '계정리 느티나무'로 불리는 양평군 지정 보호수이다.

계정3리 마을회관 앞 가랫골삼거리에선 '국립하늘숲추모원 3.7km' 이정표를 지난다. 수목장은 화장한 유골을 나무뿌리 주변에 묻어줘서 고인이 나무와 함께 상생하도록 해주는 장묘 방식이다. 이를 위해 조성된 넓은 숲이 수목장림樹木葬林이다. 양동면의 하늘숲추모원은 우리나라에서 유일한 국립 수목장림이다.

조그만 계정교를 건너면 계정천과 이별한다. 한적한 시골길을 걷다가 중앙선 철로 아래 터널을 지나면 시골 읍내 분위기 물씬 풍기는 양동역 입구로 들어선다. 30코스가 끝나고 31코스가 시작되는 지점이다. 양동역 입구는 경기옛길 평해길 제9길과 10길의 분기점이기도 하다.

조선 시대에는 한양을 중심으로 여섯 갈래 큰 길이 동서남북으로 퍼져나갔다. 조선 후기의 문신이자 『산경표』의 저자인 신경준이 이를 잘 정리했다. 평안도 압록강의 의주까지는 의주로, 한반도 동북단 함경도 경흥까지는 경흥로, 강원도 강릉을 거쳐 경상도 평해까지 이어진 평해로, 부산까지는 영남로, 남쪽 땅끝 해남까지는 삼남

로, 그리고 강화도로 향하는 강화로가 그것이다. 이들 6대 간선도로는 한반도의 중추신경이나 다름없었다. 근현대로 접어들면서 소멸하거나 포장도로가 되어버린 이 옛길을 경기권 내에서만 복원한 길이 경기옛길이다. 2013년 삼남길을 시작으로 2022년 10월 마지막 강화길까지 6개 옛길이 모두 복원되어 있다. 이 중 평해길은 2023년 12월에 복원한 경기옛길이다.

ONE MORE 주변 맛집과 숙소

- 양동큰대문집(김치찌개, 오리주물럭) ⌾ 양평군 양동면 쌍학새마을1길 13 ☎ 031-772-6335
- 시골밥집(된장찌개, 김치찌개) ⌾ 양평군 양동면 쌍학새마을1길 5 ☎ 031-775-1838
- 늘푸른식당(육개장, 김밥, 라면) ⌾ 양평군 양동면 학둔지아래길 90 ☎ 031-772-2408
- 공주식당(찌개백반, 닭볶음탕) ⌾ 양평군 양동면 학둔지아래길 106 ☎ 031-773-1458
- 편안하개펜션 ⌾ 양평군 양동면 양서북로 593-20 ☎ 010-6323-0196

31 양평 31코스
course
양동역 입구~장수폭포 입구 14.2km

조금 돌아가지만 길은 여전히 남쪽으로 향한다. 양동역 입구의 정류장 앞 다리를 건너 석곡천을 따라가며 31코스가 시작된다. 이곳부터 경기 옛길 평해길의 양동 구간과 일부 겹친다. 코스 중반에 강원도 접경인 당산 기슭을 넘으면 여주시로 들어서게 된다. 31코스는 양평군에서 시작해 여주시에서 끝을 맺는다. 난도는 B, 비교적 쉬운 코스이다.

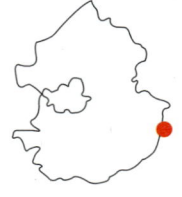

코스 정보

시작점 양평군 양동면 쌍학리 185-8(양동역 입구)
도착점 여주시 강천면 도전리 1266-28(장수폭포 입구) **코스 길이** 14.2km
트레킹 시간 4시간 30분 **코스 특징** 양평군의 남단인 양동면 시골길을 지나 여주시로 들어선다.
난이도 B **상세경로** 양동역 입구 - 상산2리 마을회관 - 곰지기고개 - 도전3리 마을회관 - 장수폭포 입구
시작점 대중교통 여주 종합버스터미널에서 988-3 버스 승차 하루 2회 운행 → 약 1시간 14분 이동 → 양동역 정류장 하차 **포토존과 추천 경관** 택풍당, 삼산리 은행나무, 석곡천, 경기옛길 평해길
유의사항 종반인 여주시 강천견 도전리 마을부터 종착점인 장수폭포 앞까지 완만한 내리막이다. 하지만 자동차가 많이 다니는 2차선 도로 구간이 2.5km 정도 이어진다. 자동차에 특히 유의하며 걸어야 한다.

양평군은 군청이 있는 양평읍을 11개 면이 둘러싸고 있는 모양새다. 두물머리로 유명한 양서면楊西面이 가장 서쪽에서 남양주와 광주에 인접하고, 동쪽으로는 양동면楊東面이 강원도와 마주한다. 양동면사무소는 석곡리에 있지만, 중앙선 양동역이 있는 쌍학리가 더 면소재지 분위기가 난다. 역 주변으로 마트와 식당이 많다.

경기둘레길과 경기옛길 평해길이 만나는 양동역은 도보 여행자들에겐 요긴한 교통 거점이다. 청량리역에서 무궁화호를 타면 40분 걸리고, 수도권 전철 경의중앙선 용문역과도 가깝다. 강원도 원주역과도 3구간 거리다. 양동역 앞 양동쌍학시장은 전통 오일장이다. 기존 양동시장에서 2020년 7월부터 양동쌍학시장으로 이름을 바꿔 새단장했다. 30코스를 마친 후 또는 31코스를 시작하기 전에 잠시 구경하기에 안성맞춤인 곳이다. 북적거리진 않지만 정겨운 시골 전통시장의 향취를 느낄 수 있다.

30코스와 31코스의 기점은 정확하게는 양동농협 버스정류장 옆이다. 양동역과는 400m 떨어진 위치다. 경기둘레길 31코스와 경기옛길 평해길 제10길 코스가 하나의 지도에 소개되어 있다. 정류장 앞 다리를 건너 석곡천을 따라가며 31코스가 시작된다. 코스 중반에 강원도 접경인 당산해발 545m 기슭을 넘으면 여주시로 들어서게 된다. 양평군의 마지막 코스이다.

코스 초입에 양평군 향토 유적인 택풍당이 있다. 코스를 벗어나 왕복 2km 거리다. 조선 인조 때 대제학과 예조판서를 지낸 이식 선생이 낙향해 후학 양성을 위해 지은 학당이다. 조선 시대 말까지 수십 명의 인재를 길러낸 분위기를 느껴볼 수 있다.

천변길을 따라 중앙선 철길과 나란히 가다가 철로 아래를 지나면서 석곡천과 헤어진다. 이어서 광주-원주 간 50번 고속도로 아래를 지나 400m쯤 나아가면 이 일대의 보배인 삼산리 은행나무 노거수와 만난다. 삼산2리 마을회관을 200m 남겨둔, 소위 윗배내마을로 불리는 곳에 있다. 높이 25m에 둘레 4.4m, 수령 500년인 양평군 지정 보호수답게 풍채가 거대하다. 견고한 철제 울타리가 나무를 보호하고 있다.

윗배내마을이 끝나고 아랫배내마을이 시작되는 사거리에서 오른쪽으로 중앙선 철길 아래를 지나며 산간지대로

향한다. 경기옛길 평해길의 마지막 구간인 제10길 스탬프 함이 서 있다. 구리 딸기원에서 출발하여 남동 방향으로 125km를 이어온 평해길이 마지막 10번 길을 경기둘레길과 함께 한 후 이곳 삼산2리에서 종지부를 찍는다. '당산 등산로 입구 800m'란 이정표를 따라 88번 도로를 건너면 잠시 후 완만한 오르막이 시작된다. 깊은 골짜기로 들어서는 느낌이 온다. 일명 곰지기골 구간이다. 오르막은 해발 330m에서 끝난다. 곰지기는 양평군과 여주시의 경계를 이루는 숲속 고개이다. 왼쪽 등산로로 오르면 당산 정상까지 1km 거리이고, 곰지기 고개를 내려오면 여주시 강천면 도전리 마을이 시작된다. 종착점인 장수폭포 앞까지는 한 시간 반을 더 가야 한다. 완만한 내리막 시골길 2.5km와 도보 위험 구간인 평지 도로 3km를 남겨두고 있다.

ONE MORE 주변 맛집과 숙소

- 춤추는부추오리구이(오리로스, 양갈비) ◎ 양평군 양동면 양동로 1883 ☏ 031-771-5229
- 솔치장어탕(장어탕, 우거지탕) ◎ 양평군 양동면 원양2로 533 ☏ 031-773-8890
- 도전리식당(오리백숙, 오리주물럭) ◎ 여주시 강천면 원양1로 687 ☏ 031-886-7593
- 동가(능이백숙, 민물매운탕) ◎ 여주시 강천면 원양1로 593 ☏ 031-886-3558
- 샵모텔 ◎ 양평군 양동면 삼산역길 134-17 ☏ 031-775-7287
- 산수골펜션 ◎ 여주시 강천면 원양1로 669 ☏ 031-771-8911

PART 3

물길 권역 32~43코스

대한민국 수도권을 살아 숨 쉬게 하는 물길은 한강이다. 한반도 등뼈인 백두대간 자락에서 발원하여 북한강과 남한강으로 흐르다, 양수리 두물머리에서 비로소 하나가 된다. 남한강은 강원도 태백 일원에서 출발하여, 강원도, 충청북도, 경기 남동부를 관통한다. 경기둘레길 '물길' 권역은 여주, 이천, 안성 구간인 32~43코스에 해당한다. 남한강과 수많은 남한강의 지천을 만나고 헤어지는 과정의 연속이다. 그렇다고 처음부터 끝까지 물길만 걷는 건 아니다. 여주 신륵사와 안성 죽산성지, 칠장사와 그 옛날 남사당패의 여장부 바우덕이의 자취까지, 경기 동남부에 스며있는 문화와 역사의 흔적을 더듬어가는 여정이기도 하다.

물길 32~43코스 (여주, 이천, 안성)
총 157km
수변 공간 다수 경유
(남한강, 청미천, 석원천, 금산천, 안성천, 용설지, 금광지 등)

32 course 여주 32코스
장수폭포 입구~강천면사무소 11.4km

여주시 강천면의 장수폭포 입구에서 강천면사무소까지 남쪽으로 걷는 코스이다. 물길을 본격적으로 걷기 전에 주로 여주의 산길을 걷는다. 해발 2~300m로 높지는 않지만 그래도 꽤 힘든 코스이다. 난이도는 D, 경사가 가파른 구간이 많다.

코스 정보

시작점 여주시 강천면 도전리 1266-28(장수폭포 입구) **도착점** 여주시 강천면 간매리 309-3(강천면사무소)
코스 길이 11.4km **트레킹 시간** 4시간 20분 **코스 특징** 본격적인 물길 권역을 만나기 전, 여주를 내려다보는 산속 숲길을 걷는다. **난이도** D **상세경로** 장수폭포입구 - 도전삼거리 - 해인사 백화사 삼거리 - 마감산 - 성주봉 - 뚜갈봉 - 여주실내테니스장 입구 - 강천삼거리 - 강천면 행정복지센터
시작점 대중교통 ❶ 여주종합터미널에서 130번 버스 승차 하루 5회 운행 → 약 60분 이동 → 도전2리 정류장 하차 ❷ 981, 981-4번 버스 승차 하루 2회 운행 → 약 60분 이동 → 도전2리 정류장 하차
포토존과 추천 경관 장수폭포 여주시 강천면 원양1로 577-19, 금마교, 마감산, 여주온천 **유의사항** 도전삼거리에서 백화사 지나 금마교까지는 오르막 차도이다. 이어지는 산길은 오르막 차도보다 훨씬 길고 더 험하다. 마감산, 성주봉, 뚜갈봉으로 이어지는 등산 코스이다. 기본 등반 장비를 갖추고 걷기 시작하는 게 좋다.

장수폭포는 도로에서 200m 안쪽에 있다. 폭포는 봄 가뭄에도 마르는 일이 없다고 한다. 계곡 앞으로 넓은 주차장이 있다. 가족 단위 물놀이 장소로 안성맞춤인 곳이다.

32코스는 도전2리 버스정류장에서 시작한다. 잠시 후 캐슬파인CC 이정표를 따라 방향을 틀면서 349번 지방도로와 헤어진다. 불교 기도 도량 백화사를 지나 금마교까지 긴 오르막 구간을 지나야 한다. 도보 위험 구간 표지가 있지만, 차량 통행은 별로 없어서 별다른 위험은 느끼지 못한다. 그러나 고도 차 170m를 30분 동안 올라야 하니, 꽤 힘들고 지루하게 느껴진다. 그러나 아직 갈 길은 멀다.

보금산과 마감산을 잇는 금마교에서 산길로 들어서면 다시 가파른 오르막이 기다린다. 해발 388m 마감산 정상에 오르고 나서야 겨우 한숨 돌릴 수 있다. 정상에 이르는 구간은 짧은 계단 길이지만 경사가 45도에 이른다. 발을 헛디디거나 미끄러지지 않기 위해 주의를 기울여야 한다. 마감산 정상은 나무숲 때문에 시야가 막히는 편이다. 조금만 힘을 내어 우람한 누각 전망대에 오르면 여주 일대 주변을 시원하게 조망할 수 있다. 어린이와 노약자는 위험하다는 안내판 옆 마귀할멈바위에 오르면 맞은편 보금산이 손에 닿을 듯 가까워 보인다.

두 번째 봉우리인 성주봉해발 344m을 내려오면 태극바위와 만난다. 누군가가 예리한 칼로 커다란 바위를 두 동강 내고 그 단면에 수려한 태극 문양 곡선을 그려 넣은 것 같다. 그 옛날 호랑이 담배 피우던 시절의 천지조화가 빚어낸 자연의 힘일 것이다. 나머지 반 토막의 바위덩이는 어디로 갔는지 궁금하다.

숲이 울창한 능선길을 수차례 오르내리며 지쳐갈 즈음 행치고개 지나 마지막 봉우리 뚜갈봉에 이른다. 행치고개는 '강천면 간매리와 부평리를 사이에 두고 여주와 원주를 넘나들던 고개로, 단종 임금이 유배 당시 넘었다' 해서 임금의 행차를 연상하는 '행치'란 이름이 붙었다고 한다. 산 아래서 볼 때는 고개지만 능선 위에서는 골짜기로 내려서는 셈이다.

해발 219m 뚜갈봉을 편안하게 내려오면 도로 건너 우람한 건물과 마주한다. 산속 이정표에는 삿갓봉온천으로 표기되어 있던 여주온천이다. 세월의 흔적이 역력한 낡은 외관이지만 산속 해발 200m 고지에 위치한다

는 것만으로도 좋은 수질을 짐작할 수 있다. 가는 길 멈추고 하룻밤 쉬어가기에 가성비도 좋다. 종착지까지는 지그재그가 반복되는 내리막 도로가 3km 이어진다. 역시 도보 위험 구간 표지판이 서 있다. 오가는 차량에 유의하며 40여 분 내려오다 보면 학교와 식당 건물들이 나타난다. 이윽고 강천면사무소 앞에 이른다.

ONE MORE 주변 맛집과 숙소

- 🍴 조선옥(쌀밥정식) 📍경기 여주시 강천면 강문로 582 📞031-883-3938
- 🍴 산골짜기(닭백숙, 삼겹살) 📍여주시 강천면 부평로 830-19 📞010-5410-0450
- 🍴 걸구쟁이네(사찰정식, 나물밥☆) 📍여주시 강천면 강문로 707 📞031-885-7635
- 🍴 자연아래버섯요리전문점(버섯전골, 버섯떡갈비) 📍여주시 강천면 강문로 926 📞010-3673-6083
- 🛏 여주온천 📍여주시 강천면 강문로 864 📞031-885-4800
- 🛏 Arden산새랑 게스트하우스 📍여주시 강천면 강문로 652-2 🔗blog.naver.com/shakeslee1

33 course 여주 33코스
강천면사무소~신륵사 11.2km

33코스는 강천면사무소에서 신륵사까지 이어지는 구간이다. 남한강 물길과 처음 대면하는 구간이지만, 출발점부터 한동안은 물길이 보이지 않는 도로를 걷는다. 오감도토리마을을 지나며 처음으로 남한강과 조우한다. 이후부터는 남한강과 멀어졌다 가까워지기를 반복한다. 난이도는 A, 포천부터 임도를 주로 걸은 것에 비교하면 쉬운 코스이다.

코스 정보

시작점 여주시 강천면 간매리 309-3(강천면사무소) **도착점** 여주시 천송동 288-55 (신륵사)
코스 길이 11.2km **트레킹 시간** 3시간 45분
코스 특징 본격적인 물길 권역, 남한강을 만나면서 신륵사에 이르는 길 **난이도** A
상세경로 강천면 행정복지센터 - 가야1리 마을회관 - 대순진리회 - 간매교 - 목아박물관 - 여주그린수상레저 앞 - 금당교 - 능골고래골 - 신륵사
시작점 대중교통 ❶ 여주종합터미널에서 991, 130번 버스 승차 하루 3~5회 운행 → 약 31분 이동 → 간매리 정류장 하차 ❷ 여주역버스정류장에서 991번 버스 승차 하루 3~5회 운행 → 약 48분 이동 → 간매리 정류장 하차
포토존과 추천 경관 남한강 강변길(여주시 강천면 강천로 777), 목아박물관, 여강길 **유의사항** 포천부터의 숲길 권역 산길과 임도를 지나온 이래 가장 편안하고 쉬운 구간이다. 특별히 유의할 점이 없다.

33코스는 남한강 물길과 처음 대면하는 구간이다. 길은 신륵사까지 이어진다. 출발점은 강천면 사무소이다. 한동안은 물길이 보이지 않는 도로를 지난다. 자동차가 많이 다니지 않아 한적하다. 가야1리 마을회관을 지나면 도로변에 큼직한 '가야리' 표지석이 서 있다. '오감 청년회'가 세운 것으로 표기돼 있다. 고려 때 다섯 명 대감이 살았다 해서 오감이라고 한다. 가야1리에서는 도토리묵 만들기나 미나리 캐기 등 다채로운 농촌체험이 가능하다고 한다. 이런 까닭에 가야1리보다는 오감도토리마을로 더 많이 불린다.

둑길 아래 오감 체험농장을 지나며 남한강과 조우한다. 강천보에 닿기 전 강변을 벗어나면 도로를 따라 웅장한 건물들이 서 있다. 증산교 계통의 민족종단 중 하나인 대순진리회의 여주본부도장 구간이다. 5만 평 대지에 40여 동의 건물들이 도로 양편 숲속을 채우고 있다. 종단 내에서는 가장 큰 규모라고 한다. 간매교 직전까지 이 구간 1km는 종교시설이라기보다는 근대의 왕궁 또는 재벌가의 고급 정원을 지나는 듯한 느낌을 들게 한다.

간매교에 이르러 간매천을 만난다. 간매천은 32코스에서 만난 성주봉과 뚜갈봉 일대에서 발원한 물줄기이다. 간매교까지 4km를 내려와 남한강에 합류하는 작은 하천이다. 간매천 너머 만나는 목아박물관은 사립으로 운영되는 불교미술 전문 박물관이다. 우리네 전통 목공예와 불교미술을 계승 발전시키기 위해 1993년에 개관했다. 진시황을 보좌하는 병마용처럼 각양각색 다른 표정을 지닌 불자와 다양한 인간군상 조각 등 6천여 점의 유물과 미술작품들을 만날 수 있다.

다시 남한강이 가까워진 까닭일까? 물 색깔이 바다처럼 짙푸르다. 이호대교를 등지고 편안한 둑길을 걷다가 잠시 금당천을 거슬러 금당교를 건넌다. 신륵사 정문까지 2.5km 남았다. 신륵사까지 천변과 숲길 등 한적한 시골길이 편안하게 이어진다.

TRAVEL TIP 주변 명소

📷 강천보

이명박 정부 시절 4대강 정비사업으로 약 2,700억 원을 들여 신륵사 상류 남한강에 건설했었다. 조선 시대 한강의 물류를 책임진 황포돛배를 본 떠 만들었다. 보의 길이는 440m, 높이는 8m이다. 강천보의 야간조명이 아름답다. 시간대와 계절별로 빛과 모양을 달리 연출해 언제나 보는 이를 감동시킨다. 강천보 주변에 한강문화관과 금은모래강변공원, 연양지구공원이 있다. 강천보 서쪽에 있는 한강문화관은 갤러리, 상설전시실, 전망 타워 등을 갖추고 있다. 금은모래강변공원과 연양지구공원은 강천보 바로 아래, 신륵사 맞은편 둔치에 조성한 생태 수변공원이다. 수상레포츠 선착장, 황포돛배 나루터, 자전거도로, 수생 야생화 생태단지, 느티나무숲, 캠핑장 등을 갖추고 있다. 📍 경기 여주시 신단1길 137

📷 목아박물관

한국의 불교미술과 전통 목공예를 더불어 감상할 수 있는 박물관이다. 1993년에 개관하였으니까 이제 30년이 넘었다. 목아박물관에서는 여러 가지 불상과 석탑, 경전, 승려들의 종교용품과 생활용품 등 다양한 불교 예술품과 유물을 전시하고 있다. 박물관은 3층짜리 실내 박물관, 야외 조각공원, 그 밖의 부대시설로 이루어져 있다. 국립민속박물관을 비롯해 다른 박물관과 더불어 공동으로 기획한 전시도 종종 열고 있다. 남한강을 내려다보는 벽돌탑이 인상적인 신륵사, 세종대왕이 잠들어 있는 영릉과 같이 둘러보기 좋다. 📍 여주시 강천면 이문안길 21 📞 031-885-9952

ONE MORE 주변 맛집과 숙소

- 🍴 **한양관(한우갈비, 냉면)** 📍 경기 여주시 신륵로 163 📞 031-885-6778
- 🍴 **육일한우거지장국밥(우거지국밥)** 📍 여주시 강천면 강문로 222 📞 031-885-9959
- 🍴 **대박촌손두부(해물두부전골, 황태해장국)** 📍 여주시 강천면 이문안길 22 📞 031-885-0171
- 🍴 **남한강매운탕(메기매운탕, 민물새우탕)** 📍 여주시 강천면 강문로 254 📞 031-885-1889
- 🏠 **여강재** 📍 여주시 강천면 강문로 250 📞 031-883-8881

34 여주 34코스

(course) **신륵사~한강문화관 6.6km**

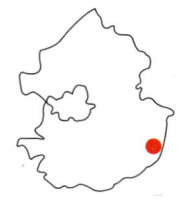

34코스는 신륵사를 출발해 여강 맞은편 한강문화관까지 간다. 여주대교를 건너고, 남단 둔치에 이르면 멋진 영월루가 여행자를 맞이해준다. 영월루, 달을 맞이하는 누각. 멋진 이름이다. 선밸리호텔과 황포돛배 선착장, 금은모래강변을 지나면 이윽고 종점이다. 34코스 난이도는 A, 경기둘레길 60개 코스 중 가장 짧고 가장 걷기 편하다.

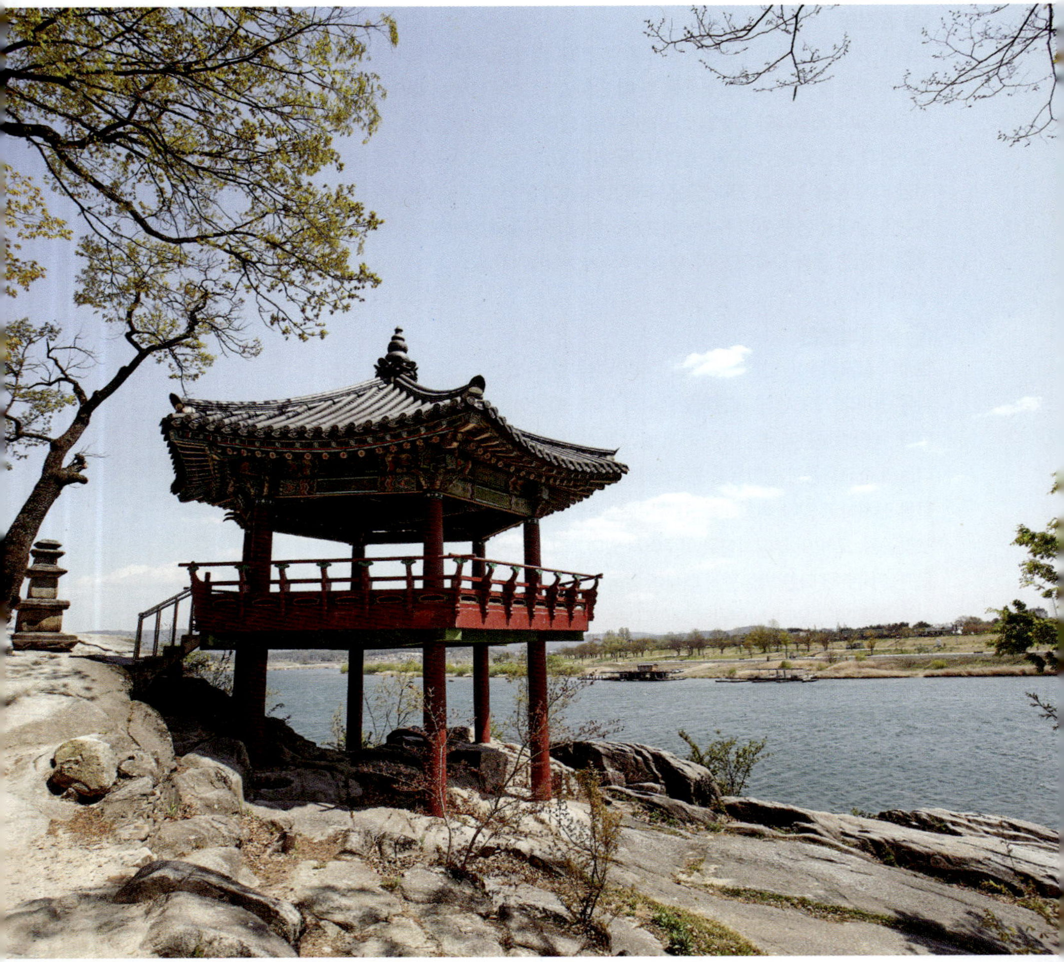

코스 정보

시작점 여주시 천송동 288-5E (신륵사) **도착점** 여주시 단현동 18-1 (한강문화관)
코스 길이 6.6km **트레킹 시간** 2시간 15분
코스 특징 경기둘레길 60개 코스 중 가장 짧으면서 편안하고 호젓한 구간과 만난다. **난이도** A
상세경로 신륵사 - 여주대교 - 영월근린공원 - 강변유원지 - 금은모래강변공원 - 코스모스공원 - 한강문화관
시작점 대중교통 ❶ 여주종합터미널에서 987-3, 130, 995, 991, 981-3, 992, 989-5, 988-3, 981-5번 버스 승차 3~5회 운행 → 약 8분 이동 → 신륵사 정류장 하차 ❷ 여주역버스정류장에서 987-3, 130, 995, 991, 981-3, 992, 989-5, 988-3, 981-5번 버스 승차 하루 3~5회 운행 → 약 25분 이동 → 신륵사 정류장 하차
포토존과 추천 경관 신륵사, 영월루
유의사항 특별히 유의할 점이 없다. 남한강을 최대한 즐기며 걸으면 된다.

신륵모종神勒暮鐘, 신륵사에 울려 퍼지는 저녁 종소리는 여주팔경 중 으뜸으로 친다. 여주의 대표 이미지로 천년고찰 신륵사를 떠올리는 건 자연스러운 일이다. 남한강의 여주 구간을 일컫는 '여강驪江' 또한 여주를 대표한다. 강원도 태백에서 발원해 내달리다 충주호에서 숨을 고른다. 남한강은 양평 두물머리에서 북한강과 결합하여 서울로 향한다. 예부터 여주 사람들은 남한강 물줄기가 양평에 들어서기 직전, 여주를 관통하는 40km 구간을 여강이라 불렀다.

여주에 가면 여강길 ≡ http://rivertrail.net/을 걸어봐야 한다. 제주에 가면 제주올레 한두 코스쯤은 걸어봐야 하는 것과 마찬가지다. 남한강을 중심으로 여주 일대를 두루 누비는 여강길은 여주역을 출발하는 1코스부터 싸리산을 넘는 10-1코스까지 총 거리 124km에 12개 코스로 구성되어 있다. 경기둘레길과는 4개 코스에서 부분적으로 겹치는데 신륵사 입구는 여강길 3, 4코스와 경기둘레길 33, 34코스가 만나는 분기점이다. 경기둘레길 34코스는 신륵사를 출발해 여강 맞은편 한강문화관까지 간다. 경기둘레길 60개 코스 중 가장 짧으면서 쉬운 구간에 해당한다.

'봉미산 신륵사' 현판이 우람한 일주문을 뒤로하고 신륵사를 벗어난다. 여주는 600여 개 도자기 공장이 있는 곳으로, 이천과 함께 한국 도자 문화의 중심지이다. 신륵사 주변 일대는 여주도자세상과 경기생활도자미술관 등 도자 관련 각종 전시와 쇼핑과 체험 공간이 몰려 있다.
잠시 강변으로 내려가 걷다가 여주대교로 올라서면 600m를 지나는 내내 자주 뒤를 돌아보게 된다. 다리 북단 여주도서관 뒤로 주상복합 건물과 초고층 아파트가 웅장하게 솟아 있어 인상적이다. 다리를 다 건널 때까지 여전히 그 위용에 흐트러짐이 없다.

대교 남단 둔치의 영월루는 여주에서 전망이 가장 멋진 곳으로 꼽힌다. 대교 북단 고층 빌딩과 강 건너 신륵사 전경이 빼어나게 펼쳐진다. '달을 맞이하는 누각' 영월루를 중심으로 영월근린공원을 만들어 놓았다. 3층 석탑과 공적비, 현충탑 등 다양한 구조물을 둘러보며 호젓한 산책을 즐길 수 있는 구간이다.
공원을 내려서면 팔당대교를 67km 지났고 충주댐까지 69km 남았음을 알려주는 이정표가 보인다. 이 길이 남한강 자전거길임을 일깨워준다. 선밸리호텔이 있는 강변유원지에선 조선 시대 황포돛배를 재현한 유람선에 올라보는 것도 좋겠다. 하루 일곱 차례 운행하는 유람선 위에서 남한강 일대 신륵사와 여주대교 구간을 한 시간가량 둘러볼 수 있다.
이후 금은모래캠핑장과 금은모래강변공원을 지나 한강문화관까지 이어지는 2.5km는 연양천과 남한강 사이 둑방 길을 걷는 구간이다. '금은모래'라는 지명은 예전 제방을 쌓기 전에는 이 일대 모래가 은은한 은빛을 띠었기에 붙여진 이름이다. 42번 국도의 일부인 이호대교 아래를 지나 강천보 직전에서 34코스가 끝난다.

TRAVEL TIP 주변 명소

📷 여주도자세상

여주도자세상은 한국도자재단이 운영한다. 생활도자 전문미술관인 경기생활도자미술관과 국내 최대 도자 쇼핑몰로 구성돼 있다. 경기생활도자미술관은 경기세계도자비엔날레가 열린 도자 전문미술관이다. 4개 전시홀에서 생활도자의 실용적 가치와 예술미를 경험할 수 있다. 쇼핑몰은 아트 숍, 리빙 숍, 갤러리 숍 등 3개 매장으로 구성돼 있다. 생활도자, 도자 작품, 기념품 등 도자 관련 상품 약 2만여 점을 판매하고 있다. 대형 한옥 건축물로 조성한 여주도자세상은 여주를 대표하는 랜드마크 중 하나이다.

📍 여주시 신륵사길 7 📞 031-887-8250

📷 여강과 금은모래강변공원

경기도 여주시를 관통하는 남한강을 일컫는다. 조선 시대 많은 문인과 학자들이 여강을 거슬러 신륵사에 이르렀다. 목은 이색, 율곡 이이도 한양에서 배를 타고 한강과 여강을 지나 신륵사에 이르렀다. 구한말에는 영국의 작가이자 지리학자인 이사벨라 버드 비숍 여사가 배를 타고 여강을 여행하며 신륵사에 관한 소중한 기록을 남겼다. 금은모래강변공원은 강천보 아래 여강의 둔치와 늪에 만든 생태공원이다. 우리나라 최대 생태공원이다. 수생 야생화 생태 단지, 캠핑장, 산책로 등을 갖추고 있다. 📍 여주시 강변유원지길 164

📷 신륵사

경기도 여주시 봉미산 기슭에서 여강을 내려보고 있다. 벽돌로 쌓은 전탑이 있어서 고려 때부터 '벽절'이라고 불렀다. 신라 진평왕 때 승려 원효가 첫-음 지었다고 하나 정확한 기록이 존재하지 않아 알 길이 없다. 신륵사는 고려 말의 고승 나옹선사 혜근과 고려 말의 학자 이색의 절이라고 해도 과언이 아니다. 곳곳에 나옹선사의 흔적이 있으며, 나옹과 신륵사에 얽힌 글을 수십 편이나 쓴 이색도 이 절과 인연이 깊다. 신륵사는 1376년 나옹이 이곳에서 입적한 뒤 전성기를 맞았다. 1382년에는 목은 이색의 발원으로 2층으로 된 대장각을 짓고 대장경을 보관했다. 고려 말의 장수 최영, 조민수, 최무선도 대장각을 짓는 데 힘을 보탰다. 지금은 건물도 대장경도 사라지고 7층 전탑 위쪽에 그때의 일을 기록한 대장각기비보물 제230호만 남아 있다. 신륵사는 1463년 세종대왕의 능을 강남구 대모산에서 여주로 이장하면서 영릉의 원찰이 되었다. 1472년 절 이름도 왕실에서 보은사로 바꾸었으나, 훗날 옛 이름을 되찾았다. 나옹의 사리탑과 사리비, 석등도 신륵사에 있다. 모두 보물로 지정되었다. 📍 경기 여주시 신륵사길 73

ONE MORE 주변 맛집과 숙소

- 🍴 산너머남촌(쌀밥정식, 곤드레정식) 📍 여주시 신륵사길 6-29 📞 031-886-1425
- 🍴 명성회관(장어구이, 민물매운탕) 📍 경기 여주시 신륵사길 6-33 📞 0507-1400-3234
- 🍴 어희(생선구이, 물회) 📍 여주시 주내로 45 📞 031-886-9977
- 🍴 여주막국수(막국수, 돼지수육) 📍 여주시 강변유원지길 13 📞 031-886-1148
- 🛏 남강모텔 📍 여주시 강변북로 7 📞 031-886-0132
- 🛏 오월호텔AVE 📍 여주시 강변북로 14 📞 031-885-5585
- 🛏 J모텔 📍 여주시 주내로 39 📞 031-881-5200
- 🛏 허브모텔 📍 여주시 강변유원지길 25 📞 031-886-0330
- 🛏 고아웃게스트하우스 📍 여주시 강변유원지길 60 📞 010-4494-8942
- 🛏 썬밸리호텔 📍 여주시 강변유원지길 45 📞 031-880-3889

35 course 여주 35코스
한강문화관~도리마을회관 10.2km

35코스는 본격적으로 남한강을 거슬러 걷는 길이다. 강천보를 지나고 얼마 후 길은 잠시 강변을 벗어나 여행자를 한적한 시골 마을로 안내한다. 아담한 정자와 놀이터가 정겨운 단현1동 마을회관을 지나면 길은 어느새 다시 강변으로 내려서 있다. 부라우나루터, 우만리나루터, 남한강교, 소무산를 차례로 지나면 길은 막바지에 이른다. 난이도는 C, 후반부에 만나는 산길이 제법 벅차다.

코스 정보

시작점 여주시 단현동 18-1(한강문화관) **도착점** 여주시 점동면 도리 60-2(도리마을회관) **코스 길이** 10.2km
트레킹 시간 5시간 15분 **코스 특징** 남한강을 거슬러 올라가며 부라우, 우만리 등 옛 나룻터를 만난다.
난이도 C **상세경로** 한강문화관 - 부라우나루터 - 남한강교 - 여주카라반캠핑장 - 여주푸른달 - 도리마을회관
시작점 대중교통 ❶ 여주종합터미널에서 913번 버스 승차 120~240분 간격 운행 → 약 15분 이동 → 신진동 정류장 하차 ❷ 여주역버스정류장에서 913번 버스 승차 120~240분 간격 운행 → 약 32분 이동 → 신진동 정류장 하차
포토존과 추천 경관 강천보, 강천섬유원지, 부라우나루터, 우만리나루터
유의사항 33코스부터는 여강 길과 함께하는 구간이다. 여강 길 여러 코스에 대한 기본 정보를 숙지하고 걸으면 경기둘레길을 걸으며 여강 길까지 동시에 즐길 수 있다.. 여주 푸른달부터 이어지는 소무산 산행 구간은 살짝 힘에 부칠 수 있다.

35코스 출발점은 한강문화관이다. 4대강 정비사업을 홍보하려고 만든 일종의 박물관이다. 저 앞으로 강천보가 보인다. 웅장한 강천보가 남한강 물길을 막아서고 있다. 이명박 정부는 4대강 정비사업을 하면서 모두 16개의 보洑를 건설했다. 강천보는 여주보, 이포보와 함께 남한강 여주 구간에 속한 보이다. 사업 당시 이명박 정부는 남한강 일대 여덟 군데에 한강8경이라는 이름을 붙여 수변생태공간을 조성했다. 1경은 양평 두물머리이고, 8경은 충주 탄금대이다. 여주 여강 구간의 이포보, 여주보, 강천보는 각각 3경, 4경, 5경에 해당한다.

강천보를 뒤로하면 길은 잠시 강변을 벗어나 한적한 시골 마을로 여행자를 안내한다. 아담한 정자와 놀이터가 정겨운 단현1동 마을회관을 지나면 길은 어느새 다시 강변으로 내려선다. 부라우나루터이다. 강 맞은편에 사는 강천면 사람들이 여주 장을 보려고 부라우나루터를 이용했다. 나루 주변의 붉은 색조를 띤 바위를 '붉은바위'로 부르던 것이 편하게 '붉바우'가 되고 다시 '부라우'로 불리게 되었다 한다. 수백 년은 되었음직한 고목들이 숲을 이루는 사이로 큼직한 바위 하나가 평평한 쉼터를 제공해준다. 여주에서 장을 보고 먼 길을 걸어온 사람들이 이 바위에 앉아 나룻배를 기다리는 정경이 그려진다.

잠시 후 만나는 우만리나루터 역시 옛사람들에겐 뱃길 정류장이었던 곳이다. 수령 3백 년이 되었다는 커다란 느티나무 한 그루가 터줏대감처럼 서 있다. 오늘날 등대가 먼바다에서 항구의 위치를 알려주듯 옛날엔 큼직한 나무 한 그루가 나루터임을 알려주었다. 키 큰 나무는 일종의 이정표였다.

영동고속도로가 지나는 남한강교 아래를 지나고부터는 야트막한 산속 숲길과 마을 길이 번갈아 이어진다. 청동기시대의 집터 등 선사 유적이 다수 발굴된 흔암리가 '여주 푸른달'을 지나며 끝나고, 소무산 정상으로 가볍게 올라서면 도리마을 영역으로 들어선다. 종착점인 도리마을회관까지는 나무 사이로 남한강 정경이 간간이 내려다보이는 숲길을 따라 완만한 오르막과 내리막을 편안하게 걷는다.

TRAVEL TIP 주변 명소

📷 한강문화관

한강문화관은 한강 관련 역사 자료를 한데 모아 놓은 박물관이다. 금강, 영산강, 낙동강과 함께 4대강 정비사업 과정에 건설된 4개 문화관 중 하나다. 4대강 정비사업의 타당성과 효과를 강조하기 위한 홍보관 성격이 강하지만, 편의시설이나 경관 측면에서 아이들과 함께 가족 나들이로 두어 시간 즐기기엔 안성맞춤인 곳이다. 전망대에 오르면 여강과 금은모래강변공원 등을 한눈에 내려다볼 수 있다. 문화관 앞에 경기둘레길 이정표와 지도 판이 서 있다. 신륵사부터 시작하는 34코스와 강변 여러 나루터를 거쳐 도리마을회관까지 이어지는 35코스가 입체적인 위성 지도로 그려져 있다. 📍 여주시 신단1길 83 📞 031-880-6242

📷 강천섬 유원지

여주시 강천면 남한강에 있는 섬이다. 섬 바위 위쪽의 섬강과 청미천에서 흘러내린 흙과 모래가 강바닥에 오랜 기간 쌓여 만들어졌다. 섬의 넓이는 무려 20만 평에 이른다. 예전에는 영월, 정선, 평창에서 목재를 싣고 내려오던 뗏목이 이 섬에 이르러 정박하며 쉬어갔다고 한다. 지금은 산책과 힐링을 즐기려는 사람들이 주로 찾는다. 봄에는 목련꽃이, 가을에는 노란 은행나무 단풍이 절경을 연출한다. 강천섬은 또한 단양쑥부쟁이의 자생지이다. 단양쑥부쟁이는 8~9월에 연보랏빛 꽃을 피워낸다. 꽃말은 '기다림'과 '인내'이다. 한때 멸종위기 꽃으로 오르내렸으나 다행히 강천섬에서 잘 자라고 있다. 섬 안에 화장실, 잔디광장, 은행나무길, 야생화 군락지, 관찰 데크 등이 있다. 📍 여주시 강천면 강천리 627

ONE MORE 주변 맛집과 숙소

🍴 아름횟집(송어회, 낙지전골) 📍 여주시 주내로 524 📞 031-881-4898

🍴 삼돌네 산장(오리생갈비, 돼지생갈비) 📍 여주시 점동면 선사길 311-9 📞 1899-9236

*코스 주변에는 마땅한 숙소가 없다. 콜택시를 불러 여주 시내로 나가야 한다.

36 course 여주 36코스
도리마을회관~현수1리 버스정류장 10.6km

36코스는 여주시 점동면의 민씨 가문 집성촌 도리마을에서 시작된다. 초반의 '세물머리 백조길'과 종군이봉을 지나면 길은 이천 쪽으로 방향을 튼다, 이때부터는 청미천을 거슬러 둑방을 따라 남쪽으로 내려간다. 중간에 잠깐, 짧은 숲길을 지나면 길은 종반부에 이른다. 길은 한결 포근하고 정겨워진다. 난이도는 C, 초반에 산길을 통과한다.

코스 정보

시작점 여주시 점동면 도리 60-2(도리마을회관) **도착점** 여주시 점동면 현수리 760-8(현수1리 버스정류장)
코스 길이 10.6km **트레킹 시간** 5시간
코스 특징 세 개의 물줄기가 만나는 세물머리를 지나 청미천을 따라 걷는다. **난이도** C
상세경로 도리마을회관 - 세물머리소원탑 - 신선바위 - 장안4리마을회관 - 삼합교 - 행이고개 - 현사교 - 현수1리 버스정류장 **시작점 대중교통** ❶ 여주종합터미널에서 120번 버스 승차 하루 6회 운행 → 약 46분 이동 → 도리 정류장 하차 ❷ 세종초등학교.예일아파트버스정류장 경강선여주역에서 120번 버스 승차 → 약 42분 이동 하루 6회 운행 → 도리 정류장 하차 **포토존과 추천 경관** 삼합리, 삼합저수지, 청미천
유의사항 초반에 종군이봉 능선을 걷는 숲 구간이 산행길이라 다소 힘에 부칠 수 있지만, 장안4리 마을회관으로 내려오고부터는 청미천을 따라가는 편안한 시골길이 이어진다. 부담없는 길이지만 다소 지루할 수 있다.

 36코스 출발점인 도리마을회관 앞은 여강길 1, 2코스의 연결점이기도 하다. 풍채 좋은 느티나무 두 그루가 포근한 분위기를 자아내며 광장에 서 있다. 나무 주변에 보호석처럼 정성스레 돌의자를 배치했다. 돌의자로 보아 마을 사람들이 느티나무를 얼마나 소중히 여기는지 짐작이 간다.

도리마을은 '늘 고향 같은 마을'이란 의미를 담아 늘향골마을로 불리기도 한다. 여주는 명성왕후 가문의 여흥민씨 본관으로 유명하다. 이곳 점동면 도리마을은 여흥민씨 집성촌이다. 조선 초기 태종 이방원의 박해를 피해 숨어들어와선 지금까지 16대 이상을 대 이어 살아왔다. 뒤에는 소무산 아홉사리고개가 호위무사처럼 서 있고, 앞으로는 남한강이 도도하게 흐른다. 처음 발을 디딘 민씨 가문의 누군가도 이곳이 배산임수의 명당임을 첫눈에 알아봤던 모양이다.

비닐하우스와 농가들이 정겹게 이어지는 골목길을 벗어나면 시원한 남한강 자전거길과 만난다. 섬인지 육지인지 분간이 안 되는 강천섬유원지에도 최근 여강길 코스 1개가 추가되었다. 2022년 2월 3-1코스 강천섬길 5.5km가 열리면서 여강길은 이제 총 12개 코스가 되었다. 경기둘레길 36코스는 중반에 이천 쪽으로 방향을 틀면서 여강길 2코스와 헤어진다.

남한강을 거슬러 걷는 둑길에서 이 길이 '세물머리 백조길'임을 알려주는 정겨운 이정표를 지난다. 양평 양수리에 북한강과 남한강이 만나는 두물머리가 있다면, 경기둘레길 36코스에는 세 개의 물줄기가 만나는 세물머리가 있다. 강원 횡성과 평창의 산악지대에서 발원한 섬강은 70여 킬로미터를 달려온 후 강원-경기의 접경인 이곳 도리섬 앞에서 남한강에 합쳐진다. 여기에 경기도 용인에서 시작된 청미천이 남한강으로 흘러들기에 세 개의 물길이 하나가 되는 곳이다.

'자연의 풍요롭고 넉넉한 마음이 우리의 마음이 되길 기원'한다는 세물머리 소원 탑을 지나고 나면 이제 여강과 작별하며 숲길로 들어선다. 종군이봉의 동쪽 능선을 따라가는 산길이다. 능선 오르막 절벽 바위로 올라서면 소나무 위에 '마고바위'라는 팻말이 붙어 있다. 평평한 바위 위에 공룡 발자국만한 웅덩이 두 개가 있다. 아무리 가뭄이 들어도 이 웅덩이 물이 마르지 않아서, 사람들은 옛날부터 천지를 창조한 마고할멈의 오줌통으

로 여겼다고 한다. 가끔 하늘나라 신선들이 내려와 바둑을 두었다고 여겨 '신선바위'라고도 부른다.
숲길을 내려와 장안4리 마을회관을 지나면서 처음으로 청미천과 만난다. 청미천 건너편 마을의 이름은 세 개 물줄기가 만난다 하여 삼합리이다. 충북 충주와 강원도 원주, 경기도 여주, 경기-강원-충북 3개 도가 만나는 접경이기도 하다.
장안2리, 장안3리, 현수2리, 현수1리 순으로 이어지는 다음 구간은 청미천을 거슬러 올라가는 시원한 둑방길이다. 중간에 푹신한 멍석을 깔아 놓은 듯한 짧은 숲길이 나온다. 36코스 종반부가 한결 포근하고 정겨워진다.

ONE MORE 주변 맛집과 숙소

- 토담집(닭백숙, 삼계탕) ◎ 여주시 점동면 수롱길 56 031-883-3345
- 소나무집(오리백숙, 오리로스, 된장찌개) ◎ 여주시 점동면 점동로 369 031-883-5293
- 늘푸른가든(쌀밥정식, 오리백숙) ◎ 여주시 점동면 성주로 830 031-884-1546
- DIA(커피, 레몬에이드, 디저트) ◎ 여주시 점동면 점동로 574-83 031-885-2136

*코스 인근에는 숙소가 없다. 콜택시를 불러 인근 장호원 등지로 나가야 한다.

37 course 여주 37코스
현수1리 버스정류장~장호원 버스터미널 12km

37코스는 처음부터 종반부까지 청미천 물길을 거슬러 걷는다. 코스는 천변 자전거길과 대부분 겹친다. 중부내륙고속도로 육교 아래를 지나면서 여주 구간과 헤어진다. 코스 종반부에 청미천과는 잠시 헤어져 장호원 읍내로 들어선다. 종착점인 장호원 버스터미널이 코 앞이다. 난이도는 A, 천변길과 둑방길을 걷는 쉬운 코스이다.

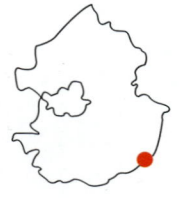

코스 정보

시작점 여주시 점동면 현수리 760-8(현수1리 버스정류장)
도착점 이천시 장호원읍 장호원리 169(장호원 버스터미널) **코스 길이** 12km **트레킹 시간** 3시간 30분
코스 특징 청미천 물줄기를 거슬러 걷는다. 여주와 헤어지고 이천 장호원으로 들어선다. **난이도** A
상세경로 현수1리버스정류장 - 뇌곡교 - 관한천 - 모노레일돌다리 - 기산아파트 - 장호원버스터미널
시작점 대중교통 감곡시외버스터미널에서 929, 929-2번 버스 승차 하루 2~4회 운행 → 약 40분 이동 → 현수리정류장 하차 **포토존과 추천 경관** 원부저수지, 청미천 주변 풍경
유의사항 37코스는 처음부터 끝까지 청미천 물길을 따라 걷는다. 천변 자전거길과 겹친다. 지나는 자전거에 유의해야 한다. 스페인 산티아고 순례길의 메세타고원처럼 걷는 이에 따라선 몹시 단조롭고 지루하게 느낄 수 있는 구간이다.

 청미천은 용인의 문수봉 일대 산악지대에서 발원하여 원삼면 용담저수지에 모였다가 동남쪽으로 흘러내리는 물줄기이다. 안성 일죽면을 거친 후 이천 장호원읍을 지나면서는 충북 음성군과 잠시 경계를 이룬다. 여주로 흘러든 후에는 경기-강원-충북 3도가 만나는 점동면 도리섬 주변에서 남한강과 합류한다.

37코스는 처음부터 끝까지 청미천 물길을 따라 천변 자전거길을 걷는다. 스페인 산티아고 순례길의 메세타 고원처럼 단조롭고 지루하게 느낄 수도 있지만, 시야에 들어오는 풍광이 시시각각 다르다. 걷는 이의 마음가짐에 따라선 사색의 길이 될 수도 있다.

출발점은 현수1리 버스정류장 앞이다. 정류장 표지석에는 '가마섬'이란 마을 이름도 함께 표기돼 있다. 청미천이 마을의 북쪽을 빙 둘러싸며 흐르는데, 마을 모습이 물길에 갇힌 섬 같은 형국이라 옛날엔 그리 불렀다. '현수玄水'라는 지금 이름은 마을 주변에 '검은' 바위가 많아 하천 '물'이 검게 보여 붙여진 이름이라고 한다.

시작부터 곧게 뻗은 둑방길을 따라 걷는다. 물길 주변으로 무성한 갈대들이 살랑거리고, 논밭 주변으론 나무숲이 간간이 얼굴을 내민다. '청미천 자전거길' 안내 지도도 가끔 모습을 드러낸다. 곧게 이어지던 길 앞을 작은 하천이 나타나 막아선다. 인근 관한리에서 발원하여 원부저수지에 잠시 모였다가 흘러온 관한천이다. 지류를 거슬러 300m를 올라가 작은 다리 황새들교를 건너서 U턴해 돌아온다.

경남 창원에서 경기 양평을 직선으로 잇는 중부내륙고속도로 육교 아래를 지나면서 여주 구간과 헤어진다. 여주 구간은 31코스 중반에 만나 37코스 종반까지 함께했다. 새로 만나는 이천 구간은 다음 38코스까지만이고 곧바로 안성으로 이어진다.

청미천 물살이 더 세고, 물의 양도 더 많아진 듯하다. 듬직하게 열 지어 선 돌다리가 건너는 이의 마음을 한결 편안하고 들뜨게 해준다. 바이크족들이 자전거를 안전하게 끌고 갈 수 있도록 배려한 돌다리 위 모노레일도 믿음직스럽다.

청미천은 드넓고 푸르른 호수 같다. 물가 주변으로 갈대밭이 무성하고, 물 한가운데에선 백로들이 푸드덕, 깃을 치며 날아오른다. 바로 인근 감곡장호원역으로 이어지는 중부내륙선 철로 아래를 지나고 나면 방향을 바꿔 도로 위로 올라선다. 37코스 내내 천변길과 나란히 따라오던 37번 국도이다. 청미천과는 잠시 헤어져 장호원 읍내로 들어선다. 종착점인 장호원 버스터미널까지는 한적한 도로를 따라 700m를 더 걸으면 된다.

ONE MORE 주변 맛집과 숙소

- 한추어탕(추어탕, 추어튀김) ⌂ 여주시 점동면 장여로 680-6 ☎ 031-883-7006
- 아담(돈가스, 생선가스) ⌂ 이천시 장호원읍 장여로55번길 40-5 ☎ 031-642-0508
- 수정파크 ⌂ 이천시 장호원읍 샘재로145번길 9-6 ☎ 031-642-1909
- 세종파크 ⌂ 이천시 장호원읍 샘재로147번길 10
- 중앙장여관 ⌂ 이천시 장호원읍 샘재로145번길 6 ☎ 031-641-0438

38 course 이천 38코스
장호원 버스터미널~광천마을 버스정류장 21.3km

38코스는 장호원에서 안성 일죽면의 광천마을정류장까지 이어진다. 청미천과 두 개 지류의 하천을 따라가는 수변 길이 70% 정도다. 나머지 30%는 농로와 도로와 마을 길이다. 난이도는 B, 길은 비교적 평이하다. 다만 코스 길이가 약 21km로 좀 긴 편이다.

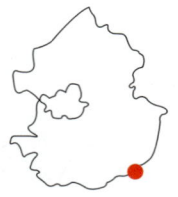

코스 정보

시작점 이천시 장호원읍 장호원리 169(장호원 버스터미널)
도착점 안성시 일죽면 화봉리 575-9(광천마을 정류장)
코스 길이 21.3km **트레킹 시간** 6시간 40분
코스 특징 충북 음성군과 경계를 이루는 청미천을 따라 이천 구간을 지나 안성 구간으로 들어선다. **난이도** B
상세경로 장호원버스터미널 - 오남사거리 - 청미천교 - 월포2교 - 신추교 - 북두교 - 안성금산산업단지 - 광천마을버스정류장 **시작점 대중교통** 이천버스터미널에서 28-1번 버스 승차하루 4회 운행 → 약 60분 이동 → 장호원 버스터미널 하차
포토존과 추천 경관 청미천 수련길, 장호원전통시장, 경기옛길 영남길
유의사항 천변과 농촌 마을들을 이어가는 호젓한 평지길이다. 특별히 유의할 일이 없다.

장호원은 이태원, 인덕원, 조치원 등과 더불어 옛 관리나 상인 등 공무 여행자들에게 숙식과 편의를 제공하던 조선 시대의 원院이 있던 곳이다. 모두 한양과 지방을 연결하는 간선도로의 주요 길목에 위치한다는 공통점이 있다. 이천시에 속한 장호원 역시 예나 지금이나 수도권 남동부의 교통 요지로 기능해왔다.

중부내륙지방을 남북으로 잇는 3번 국도와 경기-충북-강원을 동서로 횡단하는 38번 국도가 교차하는 곳이 바로 장호원이다. 지리적 위상에 비교하면 장호원 버스터미널은 다소 초라하다. 제대로 된 건물이 없는 탓에 일반 버스정류장과 비슷하다. 안성 일죽면의 광천마을정류장까지 이어지는 38코스는 청미천과 두 개 지류 하천을 따라가는 수변 길이 70% 정도이다. 나머지 30%는 농로와 도로와 마을 길이다.

장호원 버스터미널에서 출발하여 읍내 중심가를 가로지르는 '장감로'를 따라간다. 장호원과 인근 감곡을 연결하는 큰길이다. 잠시 후 정겨운 전통시장으로 들어선다. 청미천을 사이에 두고 충북 음성군에 인접한 장호원재래시장이다. 남북과 동서로 교차하는 교통의 요지에 있는 덕에 오랜 세월 이 지역 사람들의 생필품 조달 터전으로 자리매김해왔다.

시장을 나오면 거친 속도로 달리는 자동차들이 길을 막아선다. 동서를 횡단하는 38번 국도다. 단아하게 연두색 지붕을 씌운 육교를 건너 읍내 외곽의 시골길을 잠시 걷다 청미천 제방 위로 올라선다. 둑방길이 일직선으로 뻗어 있다. 오남2리 마을회관 앞에 고목 한 그루가 서 있다. 여름이면 울창하게 하늘을 가리며 시원한 쉼터 구실을 할 듯하다.

남북을 종단하는 3번 국도 앞에도 잘 조성된 광장과 편안한 쉼터가 있다. 쉼터가 잠시 발길을 붙잡는다. '청미천 고향의 강' 안내 지도가 있는 전망대 겸 쉼터를 만나면 이제 청미천과 헤어질 차례다. 잠시 함께했던 '율면 청미천 꽃길'과도 헤어진다. 장호원읍은 이미 벗어났고 이천 마지막 구간인 율면으로 들어선 것이다.

서쪽으로 향하던 발길을 남쪽으로 튼다. 이제부터는 청미천을 뒤로하고 석원천을 따라 걷는다. 충북 음성군

의 산악지대에서 발원해 북쪽 저지대로 흘러온 물줄기이다. 다시 서쪽으로 바뀐 물줄기를 따라 30분 걷다 보면 금산천 상류 지점에서 안성시 일죽면 금산리로 들어선다. 쌀의 고장 이천과는 짧게 만나고 이별이다. 차량 통행이 많은 도로로 올라서 조금 걸으면 식품 가공공장과 축산물 공판장이 있는 금산산업단지에 이른다. 장호원재래시장을 떠난 이래 처음 만나는 식당 간판들이 반갑다. 종착지인 광천마을 정류장까지 30분 정도 한적한 시골길이 이어진다.

ONE MORE 주변 맛집과 숙소

- 태흥칡냉면(냉면, 갈비탕) ◎ 이천시 장호원읍 장터로67번길 7 ☎ 031-642-5004
- 이가촌낙지쭈꾸미(낙지덮밥, 주꾸미덮밥) ◎ 이천시 장호원읍 장터로61번길 26 ☎ 031-642-6875
- 일향정(버섯전골, 능이백숙, 우거지해장국) ◎ 이천시 율면 고당로 170 ☎ 031-643-1012
- 뷰티모텔 ◎ 이천시 장호원읍 서동대로8975번길 26
- 안성엠호텔 ◎ 안성시 일죽면 금일로 156-6 ☎ 031-671-1357

39 course 안성 39코스
광천마을 버스정류장~칠장사 18km

39코스는 안성시 일죽면 화봉리에서 죽산면의 칠장사까지 이어진다. 39코스 초중반은 '경기옛길 영남길' 9코스와 겹친다. 영남길 9코스는 다른 이름으로 죽산성지순례길인데, 죽산성지까지 이어진다. 용설천과 용설저수지, 당목천을 차례로 지나면 길은 종반부에 이른다. 난이도는 B, 18km로 제법 긴 코스이지만 크게 힘든 코스는 아니다.

코스 정보

시작점 안성시 일죽면 화봉리 575-9(광천마을 정류장)
도착점 안성시 죽산면 칠장리 787(칠장사) **코스 길이** 18km **트레킹 시간** 6시간
코스 특징 39코스는 경기옛길 중 영남길 9코스, 즉 죽산성지순례길과 일부 겹친다. **난이도** B
상세경로 광천마을버스정류장 - 중부고속도로 굴다리 - 죽산순교성지 - 죽산용설공연장 - 17번국도 굴다리 - 당목보건진료소 - 한겨레중고교 - 칠장사
시작점 대중교통 일죽시외버스터미널에서 3번 버스 승차60~70분 간격 운행 → 약 6분 이동 → 광천마을 하차
포토존과 추천 경관 죽산성지, 용설저수지
유의사항 칠장사 입구까지 종반 4km는 2차선 도로를 걷는다. 오가는 차량에 신경을 쓰며 걷자.

한양과 부산을 잇던 영남대로는 조선시대 6대 간선도로 중 하나였다. 고산자 김정호의 '대동지지'에는 '동남지동래사대로'東南至東萊四大路로 표기되어 있다. 한양에서 '동남쪽 부산 동래로 향하는 4번 큰 길' 정도의 의미겠다. 영남대로는 개발시대에 대부분 사라졌다. 다행히 경기도권에서는 영남대로가 되살아났다. 경기도가 2013년부터 관내의 여섯 갈래 옛길을 최대한 원형에 가깝게 복원한 까닭이다. 그중 하나가 영남대로 구간을 10개 코스로 이어 복원한 '경기옛길 영남길'이다. 이 중에서 9코스가 경기둘레길과 안성 구간에서 부분적으로 겹친다. 영남길 이정표는 경기둘레길 38코스 종반부터 보이기 시작해 39코스 초중반인 죽산성지까지 이어진다.

영남길 제9길의 다른 이름은 죽산성지순례길이다. 39코스 시작점 지도에 경기둘레길과 함께 소개해 놓았다. 광천마을 정류장을 출발하면 잠시 후 마을 입구에서 충효각이 발길을 잡는다. 일죽면 화봉리와 장암리 일대에서 15세기 중반부터 집성촌을 이루고 살았던 현풍 곽씨 집안에서 3대를 이어 효자와 효부가 나왔다는 이야기를 전하고 있다.

화봉리를 벗어나 '풍요로운 내고향' 표지석이 정겨운 장암리로 들어서면 잠시 후 다시 옛날이야기를 만난다. 매일 손님 맞는 일이 힘들어 '손에 물이 마르게 해달라'는 부잣집 며느리의 소원을 들어주었다는 갓바위 전설이다. 갓바위가 아예 집안을 가난하게 해버려서 손님이 들지 않게 하였다는 것이다. 바위의 생김새로 보아 '장암리'長岩里라는 지명이 바로 이 갓바위에서 비롯됐음을 짐작할 수 있겠다.

중부고속도로와 장암천을 지나 도로와 시골길을 걷고 나면 천주교 죽산성지에 이른다. 1866년은 대원군의

천주교 탄압이 극에 달했던 해이다. 병인년에 이뤄진 이 박해로 프랑스 신부 9명과 신자 8천여 명이 학살되었다. 병인박해 때 처형당한 신자 25명의 묘역을 중심으로 성지를 조성했다.

죽산성지를 뒤로하고 일죽면을 벗어나 죽산면으로 들어선 뒤 잠시 용설천을 따라가다 용설저수지와 만난다. 여느 호수와 다름없이 멋진 펜션과 캠핑장 그리고 낚시터가 운치 있게 주변을 감싸고 있다. 길이가 5km인 수변길 동쪽 절반을 지나온다. 저수지 동쪽으로는 해발 350m의 죽림산과 산박골산을 오르내리는 용설호 올레길이 이어진다. 호숫가에서 출발해 다시 호수가로 돌아오는 3개 코스로 구성돼 있다.
전남 여수에서 용인 양지IC까지 이어지는 17번 국도 굴다리를 지나면 죽산면 당목천과 이어지고 한동안은 당목리 마을의 전원 풍경을 눈과 귀와 코로 즐기며 걷는다. 한적했던 시골길을 내려서며 2차선 도로와 만난

다. 칠장사 입구 버스정류장이 바로 옆이지만 39코스 종착점인 실제 칠장사 영내까지는 4km를 더 가야 한다. 주변이 골프장과 산으로 둘러싸여 고즈넉하긴 해도 엄연한 2차선 도로다. 종착점까지 한 시간 즈음은 다소 지루하게 느껴진다. 그래도 오가는 자동차에 신경 쓰며 걸어야 한다.

TRAVEL TIP 주변 명소

📷 서일농원

안성시 일죽면 화봉리 3만여 평에 펼쳐진 농원이다. 배 과수원, 매실원, 원두막 등을 갖추고 있으며, 된장·고추장·간장 등 전통 장류를 담은 2천여 개의 옹기가 들어선 장독대 전경이 장관이다. 된장을 비롯한 간장, 고추장, 쌈장, 청국장, 깻잎장아찌 등 20여 가지 장류를 판매하고 있다. 농원 안에는 '솔리'라는 전통음식 전문점도 있다. 농원에서 직접 만든 장류와 김치, 나물, 두부 음식 등이 올라오는 한식을 즐길 수 있다. 보리굴비정식, 돌게장정식, 수육, 손두부, 김치녹두전 등도 맛볼 수 있다. 📍 안성시 일죽면 금일로 332-17 📞 0507-1310-3171

📷 죽주산성

안성시 죽산면 매산리 비봉산 동쪽에 있는 삼국시대의 성이다. 신라가 북진정책을 추진하면서 전략적인 요충지인 죽산에 성을 처음 쌓았다. 고려 때도 죽주산성은 전략적 요충지였다. 몽골군이 침략했을 때인 1236년에는 죽주방호별감 송문주가 병사들을 이끌고 15일 동안 필사적으로 전투를 벌여 마침내 승리를 거두었다. 죽주산성은 임진왜란 때에도 격전지였다. 산성의 길이는 1.7km이다. 산성을 따라 산책하는 맛이 아주 좋다. 산성에 올라서면 이천, 여주, 음성까지 한눈에 잡힌다. 왜 죽산이 교통의 요지이자 군사 전략적인 요충지였는지 실감이 난다. 📍 안성시 죽산면 죽양대로 111-71

죽산순교성지 이진터성지

1866년 병인박해 때 처형당한 천주교 신자 25명의 순교를 기리는 성지이다. 죽산은 조선 시대의 영남대로가 지나는 것으로 짐작할 수 있듯이 충청, 전라, 경상도로 가는 길목이었다. 이러한 지리적 조건 덕에 조선 시대에 도호부를 설치했다. 지금의 죽산면사무소가 있는 자리이다. 1866년 병인박해 때 인근의 천주교 신자들이 이곳으로 끌려와 고문과 처형을 당했다. 죽산성지의 옛 지명은 '이진夷陣터'였다. '오랑캐가 진을 쳤던 자리'라는 의미다. 고려 때 몽골군이 쳐들어와 인근 죽주산성을 공략하기 위해 주둔했던 곳이라 이와 같은 이름으로 불렸다. 하지만 병인박해 이후에는 '이진터' 대신 '잊은 터'로 불렀다고 한다. 이곳에 끌려오면 죽은 사람이나 마찬가지이니 잊어야 한다는 의미로 그렇게 불렀다고 전해진다. 오랫동안 황무지로 방치되었다가 1995년부터 천주교 순교성지로 조성되었다. ⓒ 안성시 일죽면 종배길 115 ☎ 031-676-6701

ONE MORE 주변 맛집과 숙소

- 🍴 용설송어횟집(송어회, 새우탕, 메기탕) ⓒ 안성시 죽산면 용설호수길 253 ☎ 031-675-6477
- 🍴 어울림(김치찌개, 된장찌개, 버섯전골) ⓒ 안성시 죽산면 걸미로 478 ☎ 031-671-4541
- 🍴 동해생선구이(모듬생선구이, 갈치조림) ⓒ 안성시 죽산면 걸미로 476 ☎ 031-676-3492
- 🍴 도토리(묵밥, 쟁반국수) ⓒ 안성시 죽산면 칠장로 16 ☎ 031-671-0511
- 🛏 다온누리펜션 ⓒ 안성시 죽산면 용설호수길 66 ☎ 031-675-0733
- 🛏 프로방스모텔 ⓒ 안성시 죽산면 용설호수길 126 ☎ 031-676-9904
- 🛏 레이크펜션 ⓒ 안성시 죽산면 용설호수길 150 ☎ 031-676-7799
- 🛏 프로방스펜션 ⓒ 안성시 죽산면 용설호수길 134 ☎ 031-676-9904
- 🛏 솔밭모텔 ⓒ 안성시 죽산면 용설호수길 221 ☎ 031-676-7271
- 🛏 송지원펜션 ⓒ 안성시 죽산면 용설호수길 245-13 ☎ 010-5311-4096
- 🛏 아비숑모텔 ⓒ 안성시 죽산면 칠장로 10-3 ☎ 031-674-8415

40 안성 40코스
course 칠장사~금광호수 수석정 14km

40코스는 죽산면 칠장사에서 시작해 금광면 금광호수에서 막을 내린다. 한남금북정맥은 안성 죽산의 칠장산에서 두 갈래로 나뉜다. 하나는 김포 문수산까지 뻗어가는 한남정맥이요, 또 하나는 태안반도까지 뻗어가는 금북정맥이다. 칠장산에서 남쪽 칠현산과 덕성산까지 이어지는 금북정맥 초기 구간 4km가 경기둘레길 40코스의 초반 3.5km와 정확히 일치한다.

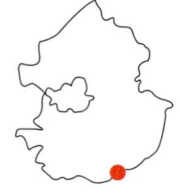

코스 정보

시작점 안성시 죽산면 칠장리 787(칠장사) **도착점** 안성시 금광면 현곡리 40(금광호수)
코스 길이 14km **트레킹 시간** 6시간
코스 특징 한남금북정맥 산줄기를 타고 넘어 드넓은 안성평야로 내려선다. **난이도** C
상세경로 칠장사 철당간 - 칠현산 - 사흥천 시작점 - 사간마을 삼거리 - 금광초교 - 수변무대 - 금광저수지 수석정
시작점 대중교통 ❶ 죽산시외버스터미널에서 3-2번 버스 승차180~330분 간격 운행 → 약 20분 이동 → 산직.칠장사정류장 하차 ❷ 일죽시외버스터미널에서 37, 37-1, 370, 380번 버스 승차 약 10~12분 이동평일 20~25분 간격, 주말 30~35분 간격 운행 → 죽산시외버스터미널에서 3-2번 버스 승차180~330분 간격 운행 → 약 20분 이동 → 산직.칠장사정류장 하차 **포토존과 추천 경관** 칠장사 철당간, 금광호수
유의사항 컨디션 난조 시 탈출로가 애매하다. 오전 중 출발길 권한다. 도중에 매점, 식당 등이 없다. 식수나 간식을 미리 준비해야 한다.

한반도의 산줄기는 1대간, 1정간, 13정맥으로 구분된다. 조선 후기에 여암 신경준이 작성한 ≪산경표≫의 기준이다. 한반도의 등뼈에 해당하는 백두대간을 중심으로 목뼈에 해당하는 장백정간, 그 아래로 13개 정맥이 여러 팔다리처럼 가지를 치며 뻗은 형국이다. 경기둘레길을 걷는 동안에는 13개 정맥 중 4개를 만난다. 한강 이북의 한북정맥과 한강 이남의 한남정맥, 그리고 금강 이북의 금북정맥과 한남금북정맥, 이렇게 4개 산줄기이다.

한강 남쪽, 금강 북쪽에 있는 한남금북정맥은 백두대간 노선인 속리산 천왕봉에서 시작해 서북 방향으로 충북을 거쳐 경기도 안성 죽산의 칠장산까지 이어진다. 여기서 정맥은 두 갈래로 나뉜다. 하나는 서북 방향으로 용인 구봉산을 거쳐 김포 문수산까지 뻗어가는 한남정맥이요, 또 하나는 서남 방향으로 가지를 쳐서 태안반도의 지령산까지 뻗어가는 금북정맥이다. 칠장산에서 남쪽 칠현산과 덕성산까지 이어지는 금북정맥 초기 구간 4km가 경기둘레길 40코스의 초반 3.5km와 정확히 일치한다.

칠장사는 안성 죽산면의 칠장산과 칠현산 사이에 있는 천년고찰이다. 신라 때 창건됐고, 고려 때의 고승 정현이 말년에 머물다 입적한 이후 유명해졌다. 고려 문종의 왕사였다가 국사로 봉해진 정현은 1054년 입적 후 혜소국사란 시호를 얻었고, 그가 머물 때 일곱 명의 도적을 제자로 삼아 일곱 나한의 경지로 교화시켰다는 설화에서 절 이름 칠장사七長寺가 유래했다. 절 뒤에 호위무사처럼 버텨선 칠현산七賢山과 칠장산七長山의 이름도 마찬가지다. 40코스는 칠장사 일주문 앞에서 출발한다. 등산로 입구의 '어사 박문수 합격 다리'에는 수능과 취업 등 시험 합격의 기원을 담은 리본들이 주렁주렁 매달려 있다. 칠현산 정상을 향해 오른다. 초기 조릿대 숲을 지나는 구간이 상대적으로 가파른 편이고, 이후 정상까지는 완만하다. 낙엽이 쌓인 폭신한 흙길이 이어진다.

'어사 박문수길'의 일부임을 알려주는 지도가 군데군데 눈에 띄고, 박문수의 '몽중등과시'夢中登科詩 또한 걷는 이의 발길을 붙잡는다. 1723년 낙방을 거듭하던 박문수가 32세 나이에 과거시험을 보러 가는 길에 칠장사에

들었다. 박문수는 그만 나한전에서 잠깐 잠이 들었다. 꿈속에 부처님이 나타났다. 그는 부처가 가르쳐 준 대로 시험을 본 덕에 8년 만에 장원급제하였다. 그는 암행어사와 병조판서까지 지냈다. 이 일대 칠현산은 임꺽정이 활동했던 공간으로도 유명하다.

해발 516m의 칠현산 정상에서 내려오면 잠시 후 다시 오르막 따라 덕성산으로 향한다. 해발 519m의 덕성산 정상은 충북 진천군 영역이라 경기둘레길 코스에선 살짝 벗어나 있다. 정상에서 경기와 충청권 산하를 시원하게 조망할 수 있다.

하산하는 사이 죽산면을 벗어나 금광면으로 접어든다. 포장 임도를 따라 산에서 내려올 즈음 사흥천 상류와 만난다. 지금은 옹기터나 가마 등이 모두 사라졌지만, 옛날에는 사기막이라 불렸다는 사간마을을 만난다. 한동안 사간마을의 고즈넉한 분위기에 젖었다 벗어나면 잠시 후 금광저수지에 이른다.

넓은 주차장 한편의 나무벤치에 초로의 중년 남자가 앉아 있다. 안성 출신 박두진 시인의 좌상이다. 누구든 앉아서 사진 찍을 수 있도록 옆자리를 비워뒀다. 호숫가를 따라가는 숲속 오솔길과 수변 데크길이 더할 나위 없이 편안하고 고즈넉하다. 시인의 '검법' 같은 시 몇 편과 '언어는 이슬방울, 사상은 계절풍' 같은 시 구절들이 지나는 이들의 발길을 잡는다.

ONE MORE	주변 맛집과 숙소

- 동성한우촌(소고기구이) ⌖ 안성시 금광면 금광오산로 146-31 ☏ 031-674-1929
- 옛집(육개장, 닭백숙, 오리백숙) ⌖ 안성시 금광면 한운길 4-1 ☏ 031-674-1677
- 고택(냉면, 물만두) ⌖ 안성시 금광면 가협길 23-5 ☏ 031-671-5335
- 황토코뚜레(소고기구이, 김치찌개, 소머리국밥) ⌖ 안성시 금광면 진안로 722 ☏ 031-674-8692
- 헐리우드모텔 ⌖ 안성시 금광면 가협길 41 ☏ 031-674-0810

41 course 안성 41코스
금광호수수석정~**청룡사** 14.6km

경기둘레길 스탬프 함 옆에 서서 박두진 시인의 시 '하늘'을 잠깐 음미하고 길을 나선다. 쑥고개와 마둔저수지를 지나 석남사에 이른다. 드라마 <도깨비>를 촬영한 뒤 유명해진 작지만 운치가 있는 절이다. 길은 서운산과 은적암으로 나간 뒤 청룡사에서 막을 내린다. 난이도는 D, 서운산 하산길 경사가 꽤 급하다. 미끄러지지 않도록 조심하자.

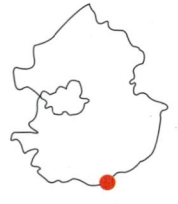

코스 정보

시작점 안성시 금광면 현곡리 40(금광호수) **도착점** 안성시 서운면 청용리 69-5(청룡사)
코스 길이 14.6km **트레킹 시간** 6시간 30분
코스 특징 안성8경 중 세 곳, 금광호수와 석남사 그리고 서운산을 만나는 길 **난이도** D
상세경로 금광저수지수석정 - 쑥고개 - 마둔저수지 - 금광휴게소 - 석남사 - 서운산 - 은적암 - 삼거리 - 청룡사
시작점 대중교통 ❶ 안성시내 인삼농협앞 정류장에서 2번 버스 승차평일 80~140분 간격 운행→ 약 20분 이동 → 하록동 정류장 하차 → 도보 6분384m ❷ 안성 시내 인삼농협앞 정류장에서 2-5, 2-6번 버스 승차평일 80~140분 간격 운행→약 40분 이동 → 하록동 정류장 하차 → 도보 6분384m
포토존과 추천 경관 마둔호수, 석남사, 서운산 자연휴양림
유의사항 석남사에서 서운산 오르는 등반로는 완만한 산길이라 그다지 힘들진 않다. 다만, 서운산 정상에서 은적암까지 하산 구간이 몹시 가파르기에 미끄러짐 등에 주의할 필요가 있다.

박두진은 조지훈, 박목월과 함께 우리에겐 청록파 시인으로 친숙한 이름이지만, 금광호수에서 만나는 시인의 시들은 꽤 낯선 편이다. 그래도 한두 번씩 반복해 읊조려보면 시인의 생각이 조금은 전달돼 온다. 40코스의 마지막 구간 2.5km는 '박두진 문학길'과 겹친다. 혜산 박두진 시인의 생전 집필실을 연계하여 금광저수지 동남쪽에 조성한 수변 길이다.

안성연수원 앞 '수석정' 표지목 앞이 40코스 종착지이자 41코스 출발점이다. 경기둘레길 스탬프 함 옆에 서 있는 시인의 시 '하늘'을 잠깐 음미해보며 길을 나선다. 동쪽 산악지대에서 이곳까지 흘러온 옥정천을 건너 금광저수지 인접 도로로 들어선다. 인도 구분이 없는 2차선 도로를 1.5km 지난다. 오가는 차량에 특히 신경을 써야 한다. 야트막한 쑥고개를 오르고 내리다 보면 마둔저수지 북단에 이른다. 저수지 서쪽으로 난 좁은 길을 다 지나는 데는 30분 정도 걸린다. 금광저수지보다 인적이 드물고 경관은 더 수려하지만, 숲길이나 데크 길은 아니다. 가끔 지나는 자동차에 살짝 신경이 쓰인다.

마둔저수지 남단에서 물가와 헤어지고 나면 한동안 차가 많이 다니는 도로를 걷는다. 경기 광주의 퇴촌과 충북 진천의 백곡을 잇는 325번 지방도와 만나고 헤어지길 반복하며 남쪽으로 향한다. 상촌마을 금광휴게소를 지나며 서운산 자락으로 들어선다.

충북 진천군 경계에 인접한 서운산 자연휴양림을 통과하면 등산로 입구에 자리를 잡은 아담한 사찰 석남사와 만난다. 절 앞에 서 있는 '도깨비 촬영지' 안내판이 그냥 지나치려는 이들의 발길을 잡아끈다. 판타지 드라마를 보지 않은 이들도 절 입구에서 대웅전으로 향하는 돌계단 위에 올라서면 누구나 감탄할 만한 정경이 펼쳐진다.

멧돼지 만나면 '침착하게 움직이라'는 행동요령 안내판에 잠시 친근한 눈길을 주고 서운산 등산로로 들어선다. 한동안 편안하고 넓은 임도가 계속된다. 산 중턱부터는 산길다운 산길이 이어지지만 편안하긴 마찬가지다. 바위가 별로 없는 흙산이다. 산세도 부드럽고 완만하다.

석남사에서 해발 547m 서운산 정상까지는 한 시간이 조금 넘게 걸린다. 정상 전망대에 올라서면 39코스에서 지나온 안성의 여러 지역과 이웃인 평택 일원 풍광이 시원하게 펼쳐진다. 남동쪽은 진천군 일원이다. 경기도와 충북의 경계 선상에 서 있음을 실감하게 된다.

이 서운산 또한 금강 이북의 한반도 산줄기인 금북정맥에 속한다. 하산길은 매우 가파른 편이다. 왕건이 고려 태조가 되기 전 3일간 은거하며 기도했다는 은적암隱寂庵까지 내려오면 이후 길은 완만해진다. 해발 350m

지점부터다. 은적암의 일주문 격인 두 개의 우람한 돌무덤이 인상적이다. 농가가 보이는 포장길을 따라 1km 내려가면 종착지인 청룡사에 이른다.

TRAVEL TIP 주변 명소

📷 금광호수

1960년대에 농업용수로 사용하려고 칠현산과 금강산 사이 계곡을 막아 만든 호수이다. 농사용 물을 저장하려고 만들었기에 '금광저수지'라고 부르기도 한다. 저수 댐의 길이는 약 225m이고, 높이는 21m이다. 강태공들에겐 낚시터로 인기가 많다. 봄부터 가을까지는 물 낚시를 하고, 겨울엔 얼음낚시를 즐긴다. 겨울철 빙어낚시가 유명하다. 시간 여유가 있다면 호수 옆으로 난 산책로 박두진 문학길을 걸어도 좋겠다. 호숫가에 놓인 데크 길이라 물 위를 걷는 기분이 든다. 조각공원, 드라이브 코스, 소문난 맛집과 숙박시설도 있다.

📍 안성시 금광면 금광리

📷 안성맞춤랜드

보개면에 있는 안성을 대표하는 시민공원이다. 면적은 10만 평이 조금 넘는다. 2012년 안성세계민속축전이 이곳에 열렸다. 안성맞춤랜드는 단순히 공원이라기보다는 지방자치단체에서는 보기 드문 복합 문화 공간이다. 공원 안에는 남사당공연장, 박두진문학관, 안성맞춤천문과학관, 안성맞춤캠핑장, 안성시사계절썰매장, 안성맞춤공예문화센터 등이 들어서 있다. 특히, 남사당공연장에서는 3월부터 11월까지 안성시의 전통 풍물패인 남사당놀이 공연이 열린다. 또 안성맞춤공예문화센터엔 도자, 금속, 목공, 섬유, 한지 등 다양한 공방이 입주해있다. 공예체험을 할 수 있고, 아트숍에서 공예품도 구매할 수 있다.

📍 안성시 보개면 남사당로 198 📞 031-678-2672

📷 석남사

서운산 동북쪽 기슭에 있는 사찰이다. 안성 시내에서 자동차를 타고 마둔저수지 지나 서운산자연휴양림 방향으로 계곡을 10여 분 달리면 절이 나타난다. 대한불교조계종 제2교구 본사인 용주사의 말사이다. 680년에 담화 또는 석선이라는 승려가 창건하였다고 하나 확실한 기록은 없다. 규모가 크지 않은 덕에 절이 아늑하고 편안하다. 겹처마 맞배지붕을 한 대웅전이 아름답다. 팔작지붕 영산전도 제법 운치가 있다. 원래는 안성 사람들만 아는 지방 사찰이었으나 드라마<도깨비>에 나오면서 유명해졌다. 탤런트 공유가 동생 김선과 왕여의 이름을 적은 풍등을 날린 사찰이 바로 이 절이다.

📍 안성시 배티로 193-218

ONE MORE — 주변 맛집과 숙소

- 🍴 독쟁이추어탕(추어탕, 추어튀김) 📍 안성시 금광면 배티로 729 📞 031-671-7101
- 🍴 산마루식당(토종닭백숙, 김치지개) 📍 안성시 금광면 배티로 211 📞 031-677-5618
- 🍴 광생청국장 📍 안성시 금광면 배티로 590-10 📞 031-675-3280
- 🛏 에스호텔 📍 안성시 금광면 진안로 685 📞 070-7500-3303
- 🛏 소피텔모텔 📍 안성시 금광면 진안로 703-9
- 🛏 경진상회민박 📍 안성시 금광면 진안로 705 📞 031-673-6444
- 🛏 모텔뮤 📍 안성시 금광면 배티로 410-25 📞 070-8857-4686
- 🛏 소나무펜션 📍 안성시 금광면 금촌새말길 3-39 📞 031-675-9184

42 course 안성 42코스

청룡사~서운면사무소 6.4km

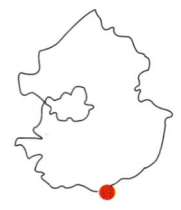

42코스 초반은 41코스 마지막 구간과 겹친다. 온 길을 700m 되돌아 올라가다 은적암 이정표 삼거리에서 왼편 좌성산 등산로를 택한다. 해발 150m 지점에서 좌성산 정상 515m까지 올랐다가 북서쪽으로 하산한다. 포도박물관과 한적한 시골길을 지나면 종점인 서운면사무소에 이른다. 난이도는 C, 41코스와 비슷하게 힘들다.

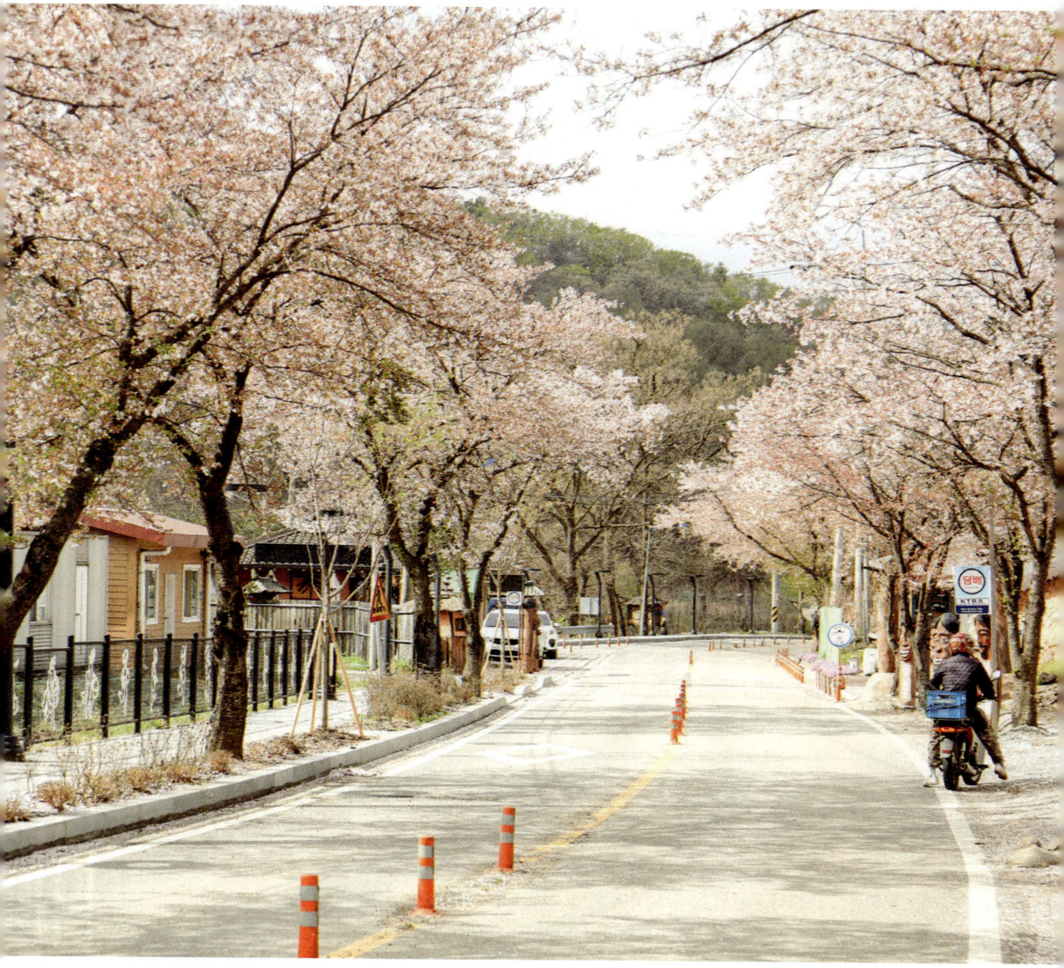

코스 정보

시작점 안성시 서운면 청용리 69-5(청룡사) **도착점** 안성시 서운면 인리 107-4(서운면사무소)
코스 길이 6.4km **트레킹 시간** 2시간
코스 특징 안성 남사당패 전설의 여성, 바우덕이를 만나고 좌성산을 넘는다. **난이도** C
상세경로 청룡사 - 삼거리 - 좌성산 - 포도박물관 - 서운면사무소
시작점 대중교통 안성종합버스터미널에서 20번 버스 승차평일 40~100분 간격 운행 → 약 34분 이동 → 청룡사 정류장 하차 **포토존과 추천 경관** 청룡사, 안성 남사당 바우덕이 사당, 바우덕이묘
유의사항 41코스에 이어서 42코스를 걷는다면 청룡사에서 충분한 휴식을 취한 후 시작하는 게 좋다. 좌성산에 오르는 구간이 선운사 등반로보다 더 험하지 않다. 다만 단조롭고 부분적으로 가팔라서 더 힘겹게 느껴질 수 있다.

 청룡사는 1265년 창건됐다가 백 년 후 공민왕 때 나옹화상이 헐어내고 다시 지었다고 한다. 돌계단을 올라 넓은 마당 앞 대웅전으로 들어서는 입구에는 '서운산 청룡사' 현판이 큼직하게 걸려 있다. 나옹스님이 절터를 찾아다닐 당시 여기서 서운瑞雲 즉 '상서로운 구름'을 타고 한 마리 푸른 용이 오르내리는 걸 보았다 해서 서운산이요, 청룡사라는 것이다.

청룡사는 안성 남사당패 사람들을 보듬고 돌봐줬던 곳이기도 하다. 당시 남사당패는 멸시와 천대를 받던 계층이긴 했으나 엄연한 예술인이었다. 청룡사에서 조금 내려와 청룡마을회관 앞으로 난 계곡을 따라 300m만 올라가면 불당골 바우덕이 사당을 만난다. 남사당 역사에 유일무이한 여성 꼭두쇠가 바우덕이었다. 안성 남사당패를 이끌며 전국에 이름을 날리다 23세 젊은 나이에 요절한 여장부의 삶을 잠시 돌아볼 수 있다.

서운면 청용리는 경기도의 최남단 마을이다. 동쪽으로는 충북 진천군에, 서쪽으론 충남 천안시에 면해 있다. 김포 대명항에서 출발해 북서쪽으로 오르다 연천군 신탄리역에서 꼭짓점을 찍고 남하한 길은 청룡사에서 남단 꼭짓점을 찍고 이제는 원점을 향해 북상한다.

청룡사에서 출발하는 42코스 초반은 41코스 마지막 구간과 겹친다. 온 길을 700m 되돌아 올라가다 은적암 이정표가 있는 삼거리에서 왼편 좌성산 등산로를 택한다. 해발 150m 지점에서 좌성산 정상 515m에 오르는데, 난이도가 41코스 서운산 등반과 비슷한 수준이다.

해발 400m 지점에서 다시 삼거리를 만난다. 왼쪽으로 방향을 잡는다. 오른쪽은 선운산 정상을 향하는 등산로다. 두 개의 산은 산길로 연결이 되어 있기에 형제나 다름없다. 해발 450m에 위치한 좌성사까지는 몹시 가파르다. 다만, 잘 정비된 임도가 이어지기에 산행의 느낌은 덜 난다. 청룡사에서 한 시간 넘게 오른 후 좌성사에 도착하면 비로소 시야가 확 트이며 안성 일대가 한눈에 들어온다.

좌성사 위쪽으로 난 오솔길을 오르면 높이 2m에 가까운 불상과 만난다. 불상은 숲속의 쉼터 서운정 옆에 있다. 은은하게 미소 띤 표정이 정겨운 석조여래입상이다. "이 산성은 경기도와 충북, 충남 3개 도의 분수령을 이루는 차령산맥의 주봉인 서운산에서 서쪽으로 지봉支峰을 이룬다"라는 서운산성 안내 글을 읽고 나서야 이곳에 산성이 있었음을 알게 된다. 흙으로 쌓았던 토성이라 흔적은 남아 있지 않다.

좌성산 서쪽 봉우리 탕흉대는 서운산까지 통틀어 이 일대의 최고 전망대로 꼽힌다. 안성, 평택뿐만 아니라 천안까지 한눈에 들어온다. 정상의 큼직한 바위 바닥에 써놓은 '탕흉대' 한자 글씨는 자칫 못 보고 지나칠 수 있다. 정상 아래에 '가슴 속 모든 희로애락이 바람과 함께 시원하게 사라지는 기분'이라는 탕흉대 설명문이 있다. 정상에 서면 실제로 '탕흉'의 기분을 한껏 맛볼 수 있다.

탕흉대부터 시작하는 하산길은 꽤 가파르다. 산 아래 포도박물관부터 종착점인 서운면사무소 앞까지는 약 30분이 걸린다. 서운면 인리와 신촌리의 한적한 시골길을 걸으면 이윽고 종점이다.

TRAVEL TIP 주변 명소

📷 바우덕이 묘와 사당

조선 시대 말기에 이름을 날린 남사당놀이패의 대표적인 인물이다. 바우덕이는 요즘 말로 하면 예명, 또는 별명이고 본명은 김암덕이다. 남사당놀이는 풍물, 탈춤, 줄타기, 대접 돌리기 같은 기예 등이 어우러진 우리나라의 전통 종합공연예술이다. 이규보의 남사당놀이를 구경하고 지은 시가 있는 것으로 보아 고려 때부터 이미 유행했던 것으로 보인다. 바우덕이는 남사당 역사에서 유일하게 여성 꼭두쇠남

사당패의 우두머리였다. 그는 1848년 안성 소작농의 딸로 태어났다. 어려서 서운면 청룡리 불당골의 남사당패에 들어가 풍물, 줄타기, 탈춤 등을 익혔다. 그의 나이 열다섯 살 때 그는 만장일치로 꼭두쇠가 되었다. 경복궁 중건 때 빼어난 공연을 펼쳐 흥선대원군이 정3품에게 주는 옥관자망건에 다는 옥으로 만든 장식용 소품를 내렸다고 전해진

다. 안타깝게도 그의 나이 스물세 살 때 폐병으로 그만 사망하고 만다. 청룡사 아래 불당골에 그의 묘와 사당이 있다. ◉ 안성시 서운면 청용리 산1-36

📷 청룡사

안성시 서운면 청용리에 있는 사찰이다. 고려 때인 1265년에 지은 절로, 원래 이름은 대장암이었으나 나옹화상이 구름을 타고 내려오는 용을 보았다고 해서 청룡사로 바꾸어 부르기 시작했다. 대한불교조계종 2교구 본사 용주사의 말사이지만, 절의 가치는 본사에 뒤지지 않는다. 보물로 지정된 대웅전은 2023년에 문화재청이 보물로 지정 예고한 금동관음보살좌상을 품고 있다. 특히나 청룡사는 안성이 남사당놀이의 고향으로 튼튼히 자리 잡는 데 큰 도움을 주었다. 이 절에서 안성 남사당패 사람들을 보듬고 후원해주었기에 우리가 지금까지 남사당놀이를 구경하고 즐길 수 있게 되었다. 절 근처 바우덕이 묘와 사당에서 청룡사의 남사당놀이에 대한 기여를 확인할 수 있다. ◉ 안성시 서운면 청룡길 140 ☎ 031-672-9103

ONE MORE **주변 맛집과 숙소**

🍴 **호반가든(산채비빔밥, 새우매운탕, 닭백숙)** ◉ 안성시 서운면 청룡길 90-8 ☎ 031-672-9090

🍴 **참좋은신촌돼지국밥(돼지국밥, 곱창전골)** ◉ 안성시 서운면 서운중앙길 34 ☎ 031-675-3358

🍴 **서운관(자장면, 짬뽕)** ◉ 안성시 서운면 서운중앙길 4 ☎ 031-673-8801

*코스 인근에 마땅한 숙소가 없다. 콜택시나 대중교통을 이용해 안성 시내로 나가야 한다.

43 course 안성 43코스
서운면사무소~군문교삼거리 20.7km

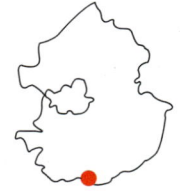

43코스 출발점은 서운면사무소이다. 앞선 안성 구간, 곧 39~42코스에서는 칠현산과 서운산 등 금북정맥 산줄기를 오르고 내렸다. 반면, 43코스에서는 양촌천, 청용천, 안성천을 옆에 두고 광활한 안성 들판을 걷고 또 걷는다. 길은 안성과 헤어지고 평택에 이른다. 난이도는 A, 전 구간이 평지라서 걷기 편하다.

코스 정보

시작점 안성시 서운면 인리 107-4(서운면사무소)
도착점 평택시 평택동 215-21(근문교삼거리) **코스 길이** 20.7km **트레킹 시간** 7시간
코스 특징 안성과 충남 천안시의 경계를 따라가며 안성을 벗어나 평택으로 들어선다.
난이도 A **상세경로** 서운면사무소 - 청용천 강산교 - 상고지마을회관 - 안성천교 - 항정마을회관 - 평택장례문화원 - 군문교삼거리 **시작점 대중교통** 안성종합버스터미널에서 20번 버스 승차평일 40~100분 간격 운행 → 약 20분 이동 → 서운면사무소 하차 **포토존과 추천 경관** 군문포, 안성천
유의사항 청용천과 안성천을 따라가는 호젓한 천변길을 걷는다. 주변 한우 축사 등에서 흘러나오는 냄새가 다소 불편하게 느껴질 수 있다.

 43코스 출발점은 서운면사무소이다. 한동안 멀어지는 서운산을 자주 돌아보게 된다. 금북정맥과 차령산맥의 일원답게 반듯하고 위엄이 있어 보인다. 외모가 제주 한라산과 많이 닮았다. "숲이 우거지고 산의 형세가 빼어나게 아름답다"라고 소개되는 서운산은 안성팔경의 하나이다.

안성시는 칠장사, 미리내성지, 석남사, 안성맞춤랜드, 서운산, 금광호수, 고삼호수, 안성팜랜드, 이렇게 여덟 군데를 안성팔경, 그러니까 안성의 대표 명소로 소개하고 있다. 경기둘레길 39코스에서 43코스까지 이어지는 안성 구간에서 안성팔경 중 1경 칠장사, 3경 석남사, 5경 서운산, 6경 금광호수, 이렇게 네 군데를 만난 셈이다. 43코스에서도 8경인 안성팜랜드를 만날 수 있으나 경로에서 3km를 벗어나야 한다.

39~42코스에서는 칠현산과 서운산 등 금북정맥 산줄기를 오르고 내렸다. 안성과 헤어지는 43코스에서는 굽이치는 물줄기를 따라 광활한 안성 들판을 오롯이 걷고 또 걷는다. 서운산 자락 양촌리에서 흘러내린 양촌천을 따라 조금 걷다가, 큰 물줄기인 청용천을 만나 한참을 함께 간다. 역시 서운산 자락 청룡저수지에서 흘러온 물이라 수량이 풍부하다. 서운면을 벗어나 미양면에 이른 청용천은 고지리 상고지마을을 거쳐 진촌리에서 안성의 중심 물길인 안성천과 합류한다. 이후의 경기둘레길은 평택 구간이 끝나는 46코스 아산만까지 내내 안성천과 함께한다.

천변길을 가로지르는 고가도로 위로 수많은 자동차가 질주한다. 경부고속도로이다. 고속도로 아래를 통과해 안성천을 건넌다. 공도읍 중복리는 안성의 마지막 마을이다. '시냇물 흐르고 들 넓은 고장 원중복마을'이라는 초대형 표지석이 유독 눈길을 끈다.

멀리 1번 국도가 눈에 들어온다. 전남 목포에서 평안북도 신의주까지 1000km 넘게 이어지는 길이다. 1번 국도가 나타나면 안성 땅 막바지이고 평택이 코앞이다. 43코스 중간 안내 지도를 만나고 잠시 후 평택시를 소개하는 두 개의 안내판에 이르면 비로소 평택시 영내로 들어선 셈이다.

이 두 개의 안내판은 경기옛길 6개 노선 곳곳에 세운 수백 개 안내판 중 두 개다. 지역의 역사와 문화를 소개하는 내용이 담겨 있다. 두 개 안내판이 세워진 이유는 이곳이 경기옛길 삼남길의 종점이기 때문이다. 1번 국

도의 안성천교 북단이 남태령고개에서 남쪽으로 뻗어온 삼남길 10개 구간의 종착지이다. 옛 삼남길은 한양에서 충청도를 거쳐 전라도 땅끝 해남까지 이어졌던 길이다. 지금의 1번 국도와 노선이 꽤 비슷하다. 1번 국도 아래를 지나 안성천교 북단으로 올라선다. 잠시 후 수도권과 천안, 아산을 잇는 전철 1호선 철로와 한동안 나란히 간다. 평택장례문화원 앞에서 군문교삼거리까지 막바지 구간은 다시 안성천과 함께한다.

TRAVEL TIP 주변 명소

📷 안성천

경기도 용인시 이동면에 있는 시궁산해발 514m 남동쪽 계곡에서 발원하여 서해로 흘러든다. 용인, 안성, 평택을 지나며 하천은 점점 넓어지다가 아산시 인주면의 아산만에서 잦아든다. 길이는 약 72km로, 남한의 강과 하천 중에서 만경강 다음으로 일곱 번째로 길다. 이름이 강이 아니라 '하천'으로 끝나는 물길 중에서는 가장 길다. 안성천 상류에는 고삼저수지와 금광저수지가 있다. 안성천 본류와 지류가 만나는 곳을 중심으로 넓은 안성평야가 형성되어 있다. 강이 범람하고 모래와 흙이 쌓이면서 오랜 세월이 흘러 자연스럽게 생긴 퇴적평야이다. 이 평야 덕에 안성은 여주, 김포와 더불어 경기미의 주산지 가운데 하나가 되었다. 평택 사람들이 평택 지역을 흐르는 물길 이름을 '평택강'으로 하려고 하였으나 안성의 반대로 이루지 못했다.

📷 안성팜랜드

안성시 공도읍에 있는 체험형 농장이다. 정식이름은 농협안성팜랜드이다. 안성팜랜드엔 소, 돼지, 토끼, 당나귀, 면양, 거위 등 다양한 가축이 자라고 있다. 관람객은 이들을 직접 보고, 만지고, 먹이를 주고, 더 나아가 초원에서 귀여운 가축과 함께 뛰놀며 즐거운 한때를 보낼 수 있다. 또 넓은 초지에는 계절별로 바꾸어가며 호밀, 유채, 코스모스, 핑크뮬리가 피어난다. 매년 봄에 호밀밭축제가, 가을에는 코스모스 축

제가 열린다. 승마체험을 할 수 있으며, 또 겨울에는 눈썰매를 즐길 수 있다. 다양한 음식과 음료, 커피, 디저트를 즐길 수 있는 식당과 카페도 운영한다. 안성팜랜드 안에는 파라다이스독이라는 가족형 애견파크가 있다. 반려동물과 함께 즐길 수 있는 놀이공간으로, 대·중·소형 개를 분리한 운동장, 목욕 및 드라이 시설, 애견 수영장 같은 시설을 갖추고 있다. 📍 안성시 공도읍 대신두길 28 📞 031-8053-7979

ONE MORE 주변 맛집과 숙소

🍴 꼬마네식당(도토리묵밥, 제육볶음) 📍 안성시 미양로 203 📞 031-673-8172
🍴 평택쌍둥이네(다슬기어죽, 새우매운탕) 📍 평택시 유천3길 109 📞 031-618-5977
🍴 경짬뽕(자장면, 짬뽕) 📍 평택시 유천3길 105-1 📞 031-657-3359
🍴 장수촌(닭백숙, 오리백숙) 📍 평택시 유천1길 38-7 📞 031-652-2231
🛏 로그인모텔 📍 평택시 평택로39번길 17-5
🛏 벨르호텔 📍 평택시 평택로28번길 6 📞 031-658-4161
🛏 세종파크 📍 평택시 평택로32번길 5-6 📞 031-655-6965

PART 4
갯길 권역 44~60코스

'갯길'은 경기둘레길 4개 권역 중 마지막 구간이다. 평택에서 화성, 안산, 시흥, 부천 거쳐 원점인 김포 대명항까지 이어진다. 44~60코스가 여기에 해당한다. 서해와 처음 만나는 평택 45코스에서 인천 소래포구 직전 시흥 53코스까지 150km 구간은 서해안 서해랑길 85~93코스와 온전히 겹친다. 서해랑길은 평화누리길 권역과 마찬가지로 우리 국토를 한 바퀴 도는 코리아 둘레길의 일부이다. 갯길 권역에선 남양방조제, 화성방조제, 시화방조제를 온전히 걸어서 지난다. 바다와 호수를 양옆에 거느리고 걷는 여정은 흔치 않은 특별한 경험이다. 대부도를 종단하며 광활한 갯벌과 갯벌 위에 떠 있는 고깃배들을 바라보며 바다 생태와 우리 삶을 더불어 생각한다. 경인아라뱃길을 지나면 원점 회귀, 처음 출발했던 그 자리, 김포 대명항이다.

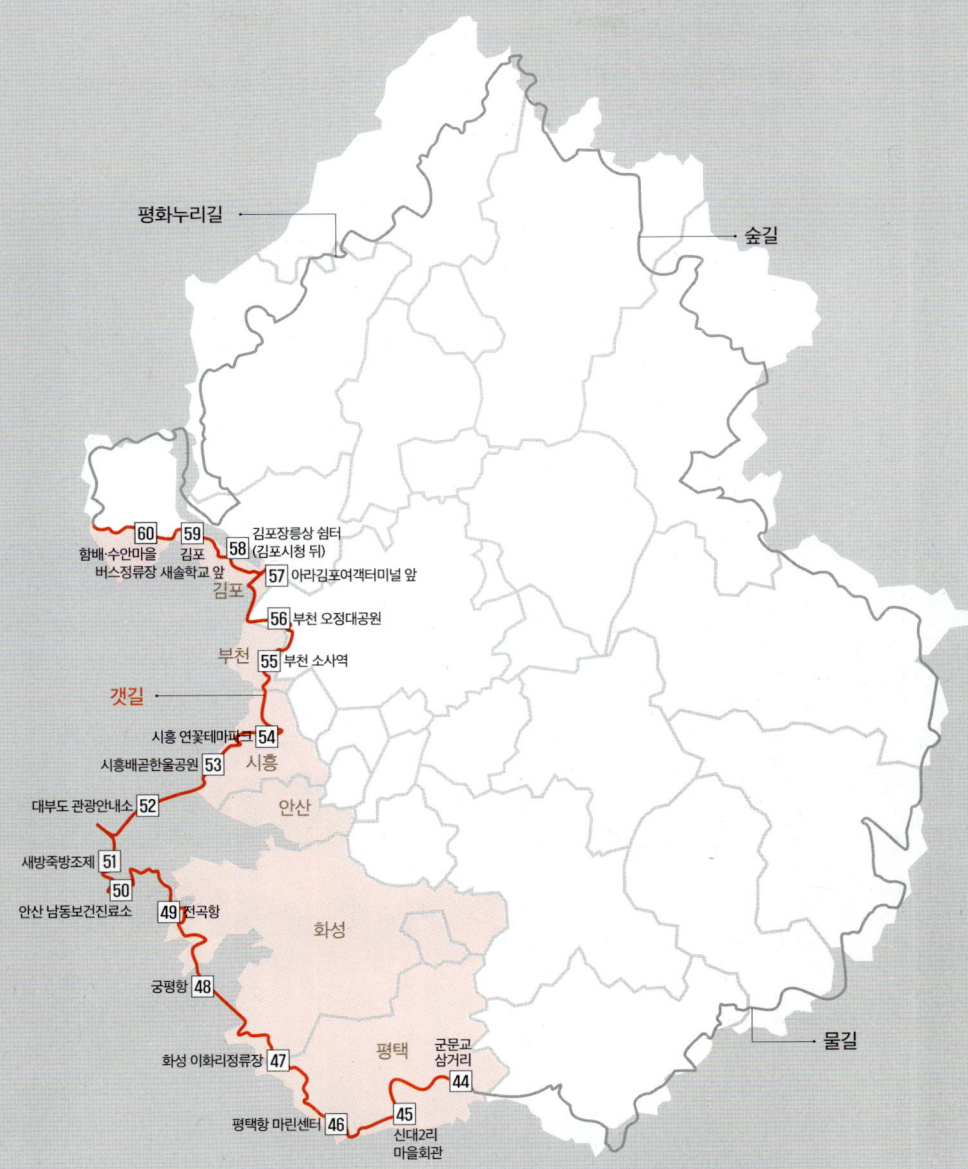

44 평택 44코스
course
군문교삼거리~신대2리 마을회관 21.9km

44코스의 출발점은 군문교삼거리이다. 1호선 전철 평택역에서 700m 떨어져 있다. 안성천을 건넌 후 오래된 토성 농성과 미군기지 캠프 험프리스를 지난다. 내리문화공원부터는 코스 초기에 헤어졌던 안성천과 다시 만난다. 물길을 오른쪽에 두고 10km 남짓 걸으면 이윽고 종점이다. 난이도는 A, 거리는 좀 긴 편이나, 평지를 걷는 쉬운 코스이다.

코스 정보

시작점 평택시 평택동 215-21(군문교삼거리)
도착점 평택시 팽성읍 신대리 산 7-7(신대2리마을회관 버스정류장)
코스 길이 21.9km **트레킹 시간** 6시간 20분 **코스 특징** 평택 미군 부대 앞과 로데오거리를 지나고 바다 같은 안성천과 오래 함께한다. **난이도** A **상세경로** 군문교삼거리 - 팽성 레포츠공원 남산공원 - 안정리 로데오거리 - 농성 - 내리문화공원 - 평택대교 아래 - 신대2리 마을회관
시작점 대중교통 평택역과 평택공용버스터미널에서 도보 20분 이동약 1.2km → 군문교삼거리
포토존과 추천 경관 농성, 내리문화공원, 원평나루 억새 갈대밭, 팽성읍 객사, 평택호
유의사항 코스의 후반 절반이 안성천 자전거도로이다. 시원하고 쾌적하지만, 사람에 따라선 너무 단조롭게 느껴질 수 있다. 오가는 자전거에 유의하며 걸어야 한다.

 김포 대명항에서 출발한 경기둘레길은 연천까지의 평화누리길과 양평까지의 숲길 그리고 안성까지의 물길을 거쳐 마지막 '갯길' 권역을 남겨두고 있다. 평택, 화성, 안산, 시흥, 부천, 김포로 이어지는 노선은 대부분 서해와 인접해 있다. 그래서 '바닷물이 드나드는 물가의 길'을 뜻하는 '갯길'이다.

44코스 출발점 군문교삼거리는 1호선 전철 평택역에서 700m 떨어져 있다. 경기둘레길 노선 중에선 접근성이 가장 좋다. 군문교 아래 원평나루 일대는 옛날엔 바닷물이 밀려드는 뱃길 교통의 요충지였다. 원래 이름은 군문포였다. 경기와 충청을 연결하는 뱃길로 황포돛배가 들락거리던 유통 중심이었다. 하지만 안타깝게도 그 옛날 영화의 흔적은 남아 있지 않다. 드넓게 펼쳐진 억새와 갈대, 하천 습지가 소곤소곤 옛이야기를 들려준다.

안성천 위에 놓인 군문교를 건너면 일직선으로 뻗은 농로를 한동안 걷는다. '평택'이란 지명에서 풍기듯, 평야가 잘 발달한 지역임을 실감할 수 있다. 이어서 만나는 객사리는 팽성읍의 읍내마을이다. 그 옛날 팽성현의 객사가 있었던 곳이라 붙여진 이름이다. 팽성읍 행정복지센터 옆에 복원한 객사가 있다. 객사는 지방 관청인 동시에 관료들이 출장 오가며 머무는 숙소 역할도 했다.

객사리와 이어지는 남산리 일대는 한적한 전원마을 분위기가 난다. 상가와 식당

간판, 이정표 모두가 영어다. 이 지역이 미군 주거지역임을 단박에 알 수 있겠다. 오래된 사찰 용화사를 잠깐 들르고 길쭉한 남산공원 숲속을 산책한 후 어딘가 을씨년스러운 도로를 따라가다 보면 평택의 이태원인 안정리 로데오거리에 이른다. 주한미군 평택 기지인 캠프 험프리스가 바로 코앞이고, 영문 일색인 각종 상가와 환전소 외양이 무척 화려하다.

로데오거리를 뒤로하고 만나는 농성은 둘레 300m인 자그마한 타원형 토성이다. 축조 연대를 알 수 있는 자료가 남아 있지 않기에 삼국시대나 고려 또는 임진왜란 때 지어졌을 것으로 추정만 되고 있다. 옛날엔 뱃길이 자유자재로 드나들었을 안성천이 바로 인근 1.5km 지점이다. 외적들의 상륙을 저지하기 위한 방어시설이었을 것임도 쉽게 짐작할 수 있다. 높이 4m의 야트막한 토성이다. 성에 오르면 시야가 확 트인다. 성곽을 한 바

퀴 돌며 그윽한 운치에 젖어 들 수 있다.

팽성대교로 향하는 팽성대교길을 걷다가 내리문화공원에 이르러 안성천과 재회한다. 이후 평택대교 너머 평택국제대교 인근까지 가는 10여 킬로미터는 안성천 자전거겸용도로를 따라가는 구간이다. 단조롭긴 하지만 편안하고 호젓하다. 왼편으로는 평택미군기지 캠프 험프리스가 넓게 포진해 있고, 오른편으론 안성천 넓은 물길이 시원하게 흐른다. 천변이라기보다는 해안가의 느낌이 난다. 안성천 하류는 바다처럼 넓고 시원하다.

TRAVEL TIP 주변 명소

📷 농성

평택시 팽성읍 안정리 북쪽에 있는 아담한 토성이다. 농토 가운데에 성을 쌓은 점이 이색적이다. 타원 형태의 성으로, 성곽 둘레는 약 300m이고, 높이는 4m 남짓이다. 주변이 넓고 평평해서 성에 오르면 사방이 다 보인다. 옛날엔 이곳이 뱃길 교통의 요충지였고, 안성천 옆으로 넓은 평야까지 갖추고 있으니, 이로 미루어 농성의 기능을 짐작할 수 있겠다. 서해와 안성천으로 들어오는 외적과 왜구의 침입을 막고, 평택에 있었을 세관 창고나 곡식 창고를 지키기 위해 성을 쌓았을 터이다. 또는 성이 토성인 것으로 보아 삼국시대 초기나 그 이전에, 이 지역을 다스린 토착 세력이 쌓은 것일 수도 있겠다. 하지만 성에서 나온 뚜렷한 유물과 기록으로 전하는 내용이 없어서 언제, 누가 성을 축조했는지는 알 수 없다. 1981년 경기도 기념물 제74호로 지정되었다.

📍 평택시 팽성읍 신흥북로49번길 50

📷 캠프 험프리스

평택시 팽성읍 안정리 농성 서쪽 일대에 있는 주한 미군 기지이다. 마을 이름은 정자가 있는 편안한 동네지만, 근대 이후 안정리는 편안한 날이 없었다. 1919년 일본군은 오랜 시간 안성천이 범람하면서 만들어진 안정리의 넓은 평야에 군사비행장을 만들었다. 한국전쟁 때는 미군이 비행장을 이어받아 사용하였다. 한국전쟁 이후에는 군사 시설을 더 지었다. 1960년대 초 군사 작전 중 사망한 미군 기술 장교 벤저민 험프리스의 이름을 따 군부대 이름을 '캠프 험프리스'라고 하였다.

내리문화공원

평택시 팽성읍 내리의 안성천변에 있는 시민 공원이다. 경기둘레길 44코스 중간 지점에 있으며, 44코스가 공원을 관통한다. 산책로, 잔디 마당, 솟대 마당, 캠핑장, 자전거길, 핑크뮬리 정원, 전통놀이마당, 전망 누각 등을 갖추고 있다. 전망 누각에 오르면 내리문화공원 전경과 천천히 서해로 흘러가는 호수처럼 잔잔한 안성천을 한눈에 감상할 수 있다. 특히 전망 누각에서 바라보는 안성천 일몰 풍경이 환상적이다. 가을에는 분홍빛으로 물드는 핑크뮬리 정원이 몽환적이다.

평택시 팽성읍 내리길 64-23　031-8024-4241

ONE MORE 주변 맛집과 숙소

- 조가네소머리탕(설렁탕, 소머리탕) 평택시 팽성읍 안정순환로 198　031-692-3179
- 장모님육개장보쌈(보쌈, 육개장, 칼국수) 평택시 팽성읍 송화택지로 90　031-658-9959
- 화화돼지왕갈비 평택안정점(삼겹살, 소갈비) 평택시 팽성읍 안정로 39　031-618-8592
- 대가축산 정육식당(육회비빔밥, 한우등심, 삼겹살) 평택시 팽성읍 두리길 1-6　031-656-0037
- 궁상황버섯삼계탕(삼계탕, 누룽지백숙) 평택시 팽성읍 팽성대교길 72-5　031-691-500
- 국제모텔 평택시 팽성읍 안정순환로164번길 39-11　031-691-9997
- 제우스호텔 평택시 팽성읍 안정순환로164번길 55　031-691-0234
- 동원장모텔 평택시 팽성읍 안정순환로120번길 38　031-691-8178
- 목련장 평택시 팽성읍 안정순환로120번길 44　031-692-1245

45 평택 45코스

course

신대2리 마을회관~평택항마린센터 22.2km

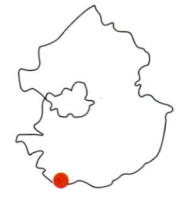

경기둘레길 45코스는 평택섶길 3코스와 서해랑길 85코스와 사이좋게 겹친다. 평택국제대교, 마안산, 평택호예술공원, 아산만 방조제를 지나 소박한 시골 정취를 만끽하며 두 시간 남짓 꼬불꼬불 길을 걸으면 이윽고 서해대교가 나타난다. 종착지가 멀지 않았다. 난이도는 B, 긴 코스이지만 비교적 쉬운 구간이다.

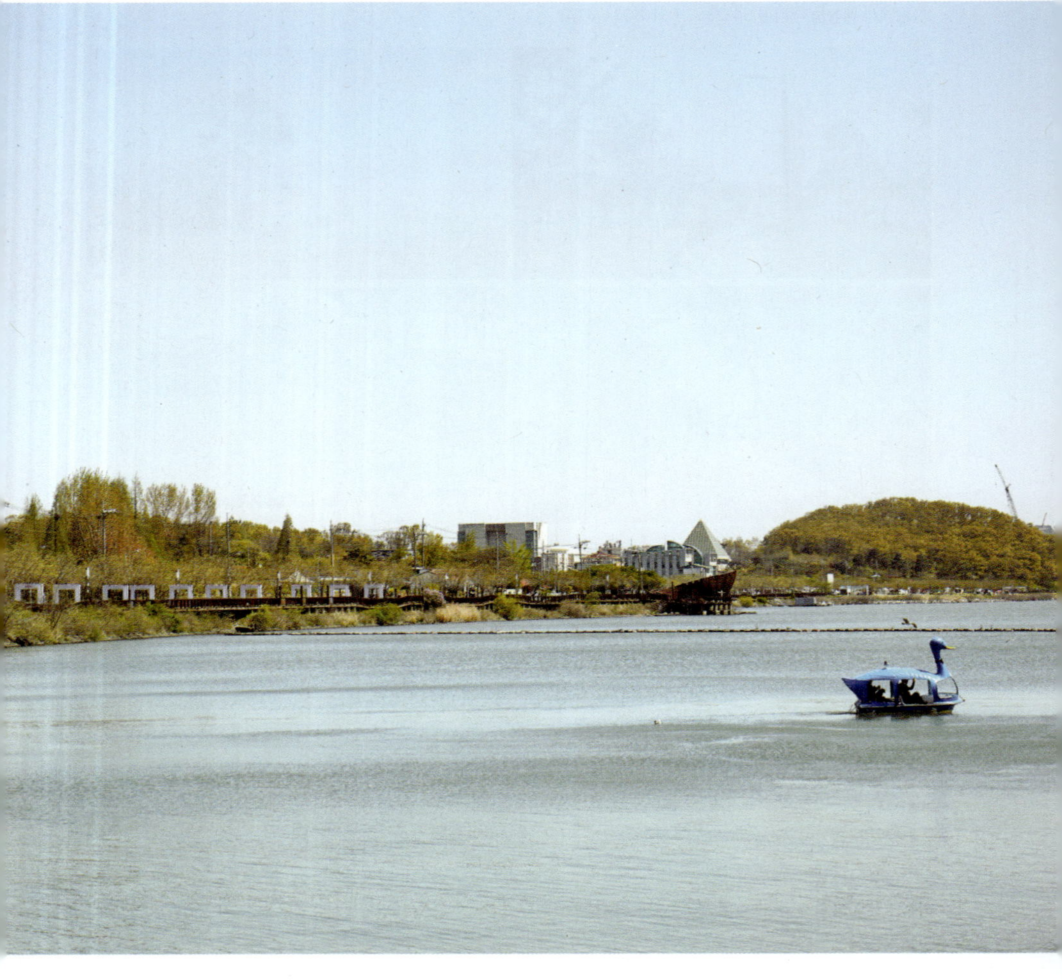

코스 정보

시작점 평택시 팽성읍 신대리 산 7-7(신대2리 마을회관 버스정류장)
도착점 평택시 포승읍 만호리 570-1(평택항마린센터) **코스 길이** 22.2km **트레킹 시간** 7시간
코스 특징 평택이 서해안 시대의 주역임을 실감하며 안성천 건너 평택항과 아산만을 만나는 길
난이도 B **상세경로** 신대2리마을회관 - 평택국제대교 서단 - 마안산 - 평택호예술공원 - 장수보건진료소 - 평택BIX경기행복주택아파트 - 평택항마린센터 **시작점 대중교통** ❶ 평택역에서 15번 버스 승차 95~100분 간격 운행 → 약 41분 이동 → 신대2리 하차 ❷ 평택역에서 15-2, 15-3번 버스 승차 하루 2~3회 운행 → 약 45분 이동 → 신대2리 하차 **포토존과 추천 경관** 평택호예술관, 평택호관광단지, 평택항마린센터, 한국 소리터
유의사항 편하고 쉽지만 단조롭지 않은 구간이다. 45코스부터는 평택 섶길과 서해안 서해랑길과 함께한다. 섶길과 서해랑길에 대한 기본 정보를 숙지하고 걸으면 세 개의 길을 동시에 걷는 즐거움을 느낄 수 있다.

 용인의 한남금북정맥 산자락에서 발원하여 남서쪽으로 70여 킬로미터를 달려온 안성천은 아산만을 경유하여 서해로 흘러든다. 1974년에 2.5km의 아산만 방조제를 쌓은 이후 안성천 하류는 인공호수가 되었다. 아산호 또는 평택호로 불리는데, 호수의 남쪽은 아산시에, 북쪽은 평택시에 속하기 때문이다. 호수 영역은 아산만방조제에서 8km 들어간 평택국제대교까지다. 평택시는 2021년 이 호수 영역을 포함해 안성천 하류 20km의 평택 구간을 평택강으로 고쳐 부르겠다는 선포식을 열었다. 경기둘레길 45코스 중반에 이르면 여러 지명이 혼용되고 있음을 발견한다. 인터넷 지도상에는 아산호로 되어 있지만, 현지 이정표에는 안성천, 평택호, 평택강이 섞여 표기되고 있다. 45코스 출발점인 신대2리 정류장 앞에는

자그마한 바위 하나가 누워있다. '비단길' 표지석이다. 이 일대가 통일신라 때부터 당나라와의 교역로였음을 알리는 바위다.

여주의 여강길처럼 평택에는 '섶길'이 조성되어 있다. 200km에 걸친 타원형으로, 모두 16개 코스로 이뤄져 있다. 이 중 남서쪽 2~5번 구간이 경기둘레길 44~46코스와 겹친다. '비단길'은 평택섶길 3코스의 별칭이다. 신대2리 정류장은 경기둘레길 45코스 출발점이자 평택섶길 3코스의 출발점이기도 하다.

영창 부락 또는 새터로도 불린다는 신대2리 마을을 내려오면 또 다른 길 이정표와 만난다. 한반도 남단인 해남 땅끝마을을 출발해 서해안을 따라 올라온 서해랑길이다. 경기둘레길 45코스는 평택섶길 3코스와 서해랑길 85코스와 사이좋게 겹친다.

평택국제대교1.3km는 평택 주한미군기지와 평택항을 최단거리로 연결하는 다리이다. 안성천 하류평택호 시작 지점을 가로지른다. 대교 양편으로 안전한 보행로가 있다. 주변 경관을 내려다보며 고즈넉하게 건널 수 있다. 대교에서 내려 잠시 호숫가 자전거겸용도로를 따라 걷다 농로를 지나 마안산 등산로 입구에 진입한다. 마안산 높이는 113m, 야트막한 호숫가 언덕이나 다름없다. 숲길이 2km 남짓 이어진다. 40여 분 정도 걸으면 다시 넓은 들판이 나타난다.

긴 농로 막바지에 평택호예술공원이 나타난다. 다양한 조형물과 문화공간을 갖추고 있다. 나무숲 너머로 삼각 지붕이 인상적인 평택호예술관이 시야에 잡

힌다. 평택농악의 신명 나는 가락을 표현한 조형물 '휘모리'가 인상적이다. 평택 출신 지영희 해금 연주가의 좌상과 한국소리터 건물이 문화예술의 향취를 자아낸다.

호수가 끝나는 방조제 앞에서 길은 다시 북쪽, 내륙으로 향한다. 현덕면 장수리와 포승읍 신영리를 지나는데 두 시간 정도 소요된다. 꼬불꼬불 이어지는 길을 따라 논밭과 농가 골목을 걸으며 소박한 시골 정취에 흠뻑 취할 수 있다. 서해안고속도로 교각 아래를 따라 걷다가 38번 국도 서동대로에 올라서면 종착지까지는 잠깐이다.

TRAVEL TIP 주변 명소

📷 평택호예술관

평택시 현덕면 평택호예술공원 안에 있다. 피라미드처럼 생긴 외관이 멀리서부터 눈길을 끈다. 평택호예술관은 2001년에 개관한 전시관이다. 예술 작품을 전시할 수 있는 전시실과 다목적홀 등을 갖추고 있다. 주로 평택시에서 활동하는 문화예술인들의 회화와 공예 작품전시회가 열린다. 종종 국제교류전도 열린다. 다목적홀에서는 작은 공연도 열린다. 예술관 주변으로 잔디밭과 야외 조형물이 있어서 산책을 즐기기 좋다. 고개를 들면 바로 앞의 넓은 평택호가 시야 가득 잡힌다. 📍 평택시 현덕면 평택호길 167 📞 031-8024-8685

📷 마안산

평야 지대인 평택엔 높은 산이 없다. 해발 100~200m 안팎인 산이 대부분이다. 포천, 양평, 연천, 안성 등지에선 동네 뒷산 정도로 취급받지만, 산이 귀한 평택에선 이런 산도 제법 대접을 받는다. 평택호 옆에 있는 마안산도 마찬가지다. 정상 높이가 해발 113m에 지나지 않지만, 등산로가 잘 갖추어져 있다. 평택 사람들은 마안산을 등산 삼아 자주 오른다. 등산로 길이는 3km 남짓으로 1시간 안팎 오르내리기 좋다. 벤치가 중간중간 있어서 잠시 쉬어갈 수 있다. 정상에 오르면 남쪽 발아래로 평택호가 푸르게 펼쳐진다.

📍 평택시 현덕면 대안리

ONE MORE 　주변 맛집과 숙소

🍴 **몬테비안코(스테이크, 파스타, 랍스터)** 📍평택시 포승읍 평택항만길 73 마린센터 15층 📞031-8053-7777

🍴 **등대횟집(생선회, 매운탕)** 📍평택시 현덕면 서해로 158 📞031-681-9999

🍴 **장모사랑(한방백숙, 능이백숙)** 📍평택시 현덕면 신왕2길 22-29 📞031-684-3335

🍴 **여선재(연잎백숙)** 📍평택시 현덕면 현덕로 736 📞031-681-9630

🍴 **아산만영숙이네(바지락칼국수, 물회)** 📍평택시 현덕면 서동대로 239 📞031-683-3959

🏨 **대영모텔** 📍평택시 현덕면 평택호길 75-7 📞031-682-5733

🏨 **그랜드호텔** 📍평택시 현덕면 평택호길 39-15

🏨 **레몬모텔** 📍평택시 포승읍 직산동길 21-4 📞031-683-4619

🏨 **칸무인텔** 📍평택시 포승읍 직산동길 14

🏨 **석양의추억펜션** 📍평택시 포승읍 직산동길 21-9 📞031-684-0229

46 course 평택 46코스

평택항 마린센터~화성 이화리종점 정류장 13.9km

46코스는 평택시 포승읍에서 시작해 화성시 우정읍 이화리에서 끝난다. 전반부에서는 평택섶길 4코스인 원효길과 겹치고, 후반부에서는 5코스인 소금뱃길과 겹친다. 경기둘레길을 걷고 나서 처음으로 확 트인 서해를 바로 옆에서 만날 수 있다. 코스 난이도는 B, 비교적 쉬운 코스이다.

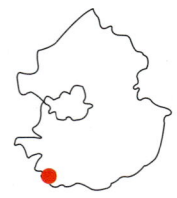

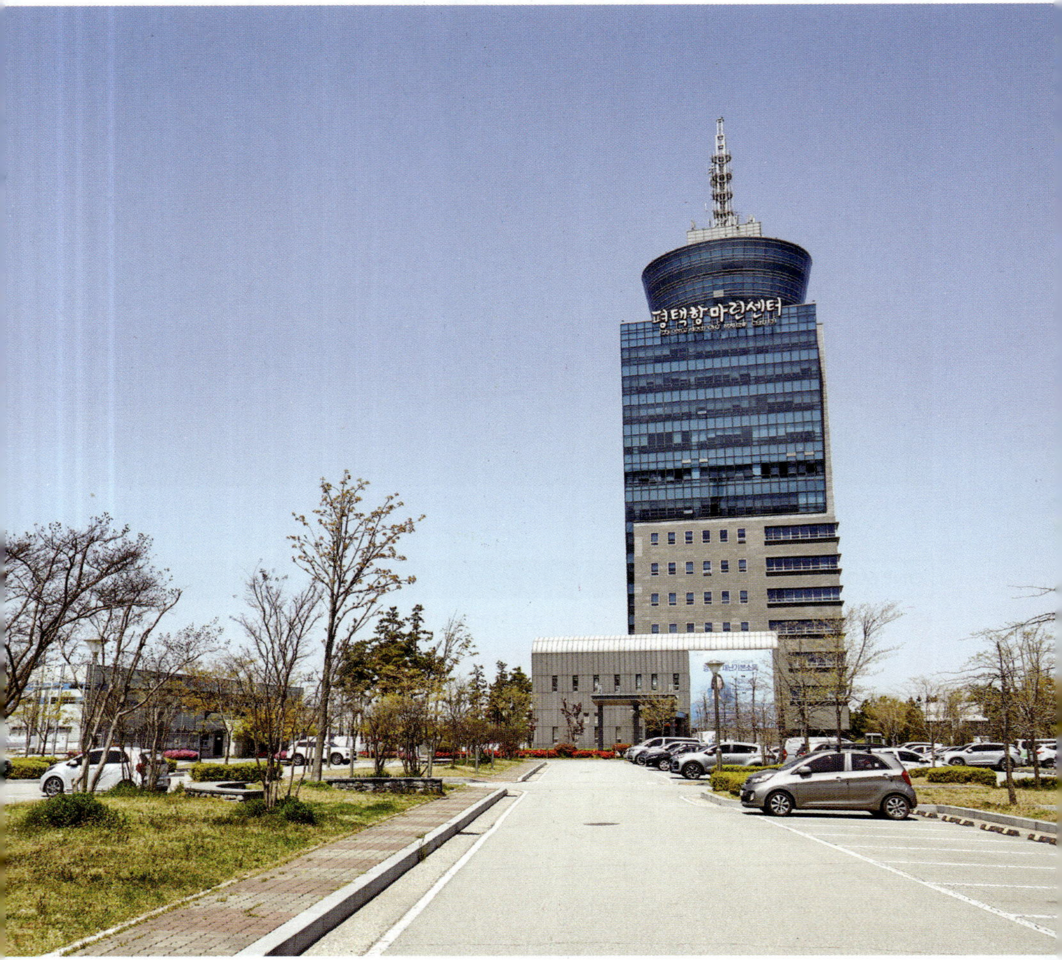

코스 정보

시작점 평택시 포승읍 만호리 570-1(평택항 마린센터)
도착점 화성시 우정읍 이화리 1714-4(화성 이화리정류장) **코스 길이** 13.9km **트레킹 시간** 4시간 50분
코스 특징 옛날 원효대사의 하룻밤 깨달음을 체험해보며 평택을 떠나 화성시로 간다. **난이도** B
상세경로 평택항마린센터 - 평택항홍보관 - 도곡초교 - 원정초교 - 수도사 - 남양방조제 - 이화리정류장
시작점 대중교통 안중공용버스터미널에서 81-1, 810, 8C번 버스 승차 35~70분 간격 운행 → 약 30분 소요 → 평택항, 국제여객터미널 하차
포토존과 추천 경관 남양호, 평택항 홍보관, 수도사 원효대사 깨달음 체험관
유의사항 코스 자체는 어렵지 않다. 다만, 평택항을 지나 아산국가산업단지 경기포승지구와 원정초교까지는 오가는 산업용 차량이 많아서 불편을 꽤 느낄 수 있다.

우리 말 '섶'은 '두루마기나 저고리의 깃 아래쪽 여밈 부위의 길쭉한 헝겊'을 말한다. 평택섶길은 이처럼 '사람들이 잘 인지하지 못하지만, 핵심 위치에서 중요 역할을 해주는 길'이란 의미를 담아 작명한 듯하다. 평택 구간을 걷는 동안 섶길 이정표를 유독 많이 만난다. 지난 45코스 출발점에서처럼 바위 위에 글씨를 써넣은 곳도 있지만, 나무를 얇게 잘라낸 표면에 '비단길'이나 '명상길' 등 각 코스의 별칭을 불로 새겨 놓은 경우도 많다. 하나같이 친근함과 정겨움을 느끼게 해준다. 평택시를 벗어나 화성시로 들어서는 46코스에선 섶길 4코스 원효길과 5코스 소금뱃길 이정표를 자주 만나게 된다. 원효길은 45코스 중반 평택호에서 이미 시작되어 46코스 후반 수도사까지이고, 수도사에서 남양방조제까지는 소금뱃길과 겹친다.

평택항 마린센터엔 항만 관련 공공기관과 기업들이 입주해 있다. 일반인들은 14층 전망대나 15층 레스토랑에서 평택항과 서해대교 주변 풍광을 시원하게 조망할 수 있다. 서해안 시대의 물류거점답게 서해안고속도로와 국도 38번과 39번 등이 사방으로 향한다.

아산국가산업단지 경기포승지구 도로를 걷는 초반은 산업용 차량이 워낙 많이 지나다닌다. 꽤 불편한 구간이다. 만호리 신당근린공원에서 만나는 아담한 숲과 푹신한 흙길이 그나마 쾌적한 기분을 되살려준다. 공원 입구에 있는 평택항홍보관에서는 1986년 개항 이래 평택항 역사를 시각적으로 만날 수 있다.

다시 한동안 번잡한 도로와 상가 지역을 지나다 원정초교 뒷골목으로 들어선 뒤로는 분위기가 한결 호젓해진다. 주택가와 군부대 철조망 옆길, 울창한 숲길을 기분 좋게 오르고 내리다 고찰 수도사에 이른다. 통일신라 문성왕 때인 서기 852년에 창건됐다고 하니 천년이 훌쩍 넘었다. 창건되기 200년 전인 문무왕 때 원효가 당나라로 유학을 떠나다 바로 이 근처 어느 토굴에서 해골물을 마신 설화가 전해온다. 일반인들을 위한 원효대사 깨달음 체험관이 있고, 사찰 뒤쪽 대나무 숲길을 지나면 해골물체험관도 있다. 백제 멸망 이듬해인 661년, 34세의 원효가 도반인 의상과 함께 당나라로 가기 위해 경주를 떠나 이곳으로 왔을 것이다. 중국으로 가는 배를 구하려고 평택섶길 중 원효길을 따라 수도사 근처까지 터벅터벅 걸어왔을 장면을 상상해본다.
비 오고 날 저물어 근처 어느 토굴에 쓰러져 잠이 들었을 것이다. 새벽녘 어둠 속에서 무심코 손에 잡힌 바가지 물을 벌컥벌컥 마셨으리라. 아침에 해골바가지를 보고는 기겁하며 토악질하는 모습도 떠오른다. 일체유심조一切唯心造, '모든 건 마음이 만들어낸다'라는 진리를 수도사 해골물체험관에서 새삼 실감하게 된다.
수도사를 나오면 평택섶길 4코스 원효길이 끝나고 5코스인 소금뱃길이 시작된다. 77번 국도 아래 남양대교 남단에서 인공호수 남양호를 만난다. 호숫가를 따라 걷다가 남양방조제 위에서 바다를 만난다. 경기둘레길에서 확 트인 서해를 바로 옆에서 만나는 건 처음이다. 방조제 끝에서 평택시와 헤어진다. 화성시로 첫발을 내딛는다.

| TRAVEL TIP | 주변 명소 |

📷 서해대교

서해안고속도로 경기도 구간과 충청남도 구간을 연결하는 다리이다. 경기도 평택시 포승읍 내기리에서 충청남도 당진시 송악읍 복운리까지 이어진다. 2000년 11월에 개통되었으며, 다리 길이는 7,310m이다. 사장교 부분 주탑의 높이는 182m이다. 주탑의 외형은 보물 제537호인 아산시 읍내동의 당간지주에서 영감을 얻어 만들었다. 여러 가지 첨단 공법이 동원되었으며, 개통 당시 우리나라에서 가장 긴 다리였으나, 지금은 인천대교에 밀려 두 번째로 긴 다리이다. 다리 중간 행담도에 휴게소가 있다. 📍 평택시 포승읍 신영리

📷 남양호

화성시와 평택시 경계에 있는 인공호수이다. 1974년 화성시 건달산에서 발원한 발안천의 하류를 막아 호수로 만들었다. 방조제 길이는 약 2km이고 높이는 8.5m이다. 인공호수를 만들면서 약 700만 평의 농지가 생겼다. 이 중 대부분을 서울시의 철거민, 국가보훈대상자, 대한반공청년회 회원, 대청댐 수몰민, 공모에 참여한 일반인 등에게 분양해주었다. 📍 평택시 포승읍 원정리

📷 수도사

경기도 평택시 포승읍 원정리 봉화산 자락에 있는 작은 사찰이다. 대한불교조계종 제2교구 본사인 용주사의 말사이다. 852년 신라 문성왕 14년에 염거라는 승려가 창건했다고 한다. 하지만 절에 관한 정확한 기록은 20세기 이후에나 등장한다. 사찰의 건물들도 대체로 1900년대 중후반에 지은 것이다. 다만, 『삼국유사』에 나오는 '해골 물' 일화를 이 근처 동굴에서 겪은 것으로 보인다. 의상과 유학길에 오른 원효가 목이 말라 잠결에 바가지 물을 마셨으나 아침에 일어나 보니 그것은 바가지가 아니라 해골이었다는 이야기다. 심하게 토악질을 한 원효는 이 일을 계기로 세상의 모든 이치는 마음먹기에 따라 다르다는 것일체유심조을 깨닫고 당나라 유학을 포기하였다. 수도사의 원효대사 깨달음 체험관에서 원효대사의 삶과 불교 사상을 엿볼 수 있다. 절 뒤편에 해골물체험관도 있다. 📍 평택시 포승읍 호암길 38 📞 031-682-3169

ONE MORE 주변 맛집과 숙소

- 🍴 싱글벙글복어 서평택점(복매운탕, 복사시미) 📍 경기 평택시 포승읍 여술1길 75 📞 031-681-1165
- 🍴 곽만근갈비탕 서평택점(갈비탕, 갈비찜) 📍 경기 평택시 포승읍 여술로 1 📞 031-681-8525
- 🍴 희곡농원 본점(삼계탕, 능이백숙) 📍 경기 평택시 포승읍 여술1길 94 📞 031-686-6969
- 🍴 홍두깨식당(해물칼국수, 돌솥비빔밥) 📍 평택시 포승읍 연암길 92 📞 031-682-5397
- 🏨 IMT모텔 📍 평택시 포승읍 연암길 70-6 📞 031-683-3068
- 🏨 코업스테이호텔 평택항점 📍 평택시 포승읍 평택항로184번길 3-5 📞 031-323-7666
- 🏨 라마다앙코르 평택호텔 📍 평택시 포승읍 평택항로184번길 3-10 📞 031-229-3601
- 🏨 이끌림클래식호텔 평택점 📍 평택시 포승읍 평택항로184번길 3-13 📞 031-682-3207
- 🏨 웨스턴베이마리나호텔 📍 평택시 포승읍 평택항로184번길 3-21 📞 031-8029-8300
- 🏨 엘리시아호텔 📍 평택시 포승읍 여술1길 31 📞 0507-1396-6767

47 화성 47코스

course

화성 이화리종점 정류장~궁평항 18.2km

이화리종점 정류장에서 47코스를 출발하면 평택과 이어진 남양호방조제를 뒤로하고 화성방조제로 향하는 북쪽 길로 들어선다. 현대사의 아픔을 간직한 매향리 평화생태공원이 끝나면 4차선 도로와 만난다. 궁평항까지 일직선으로 10km나 뻗은 화성방조제이다. 47코스 절반 이상 거리가 방조제에 속한다.

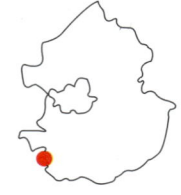

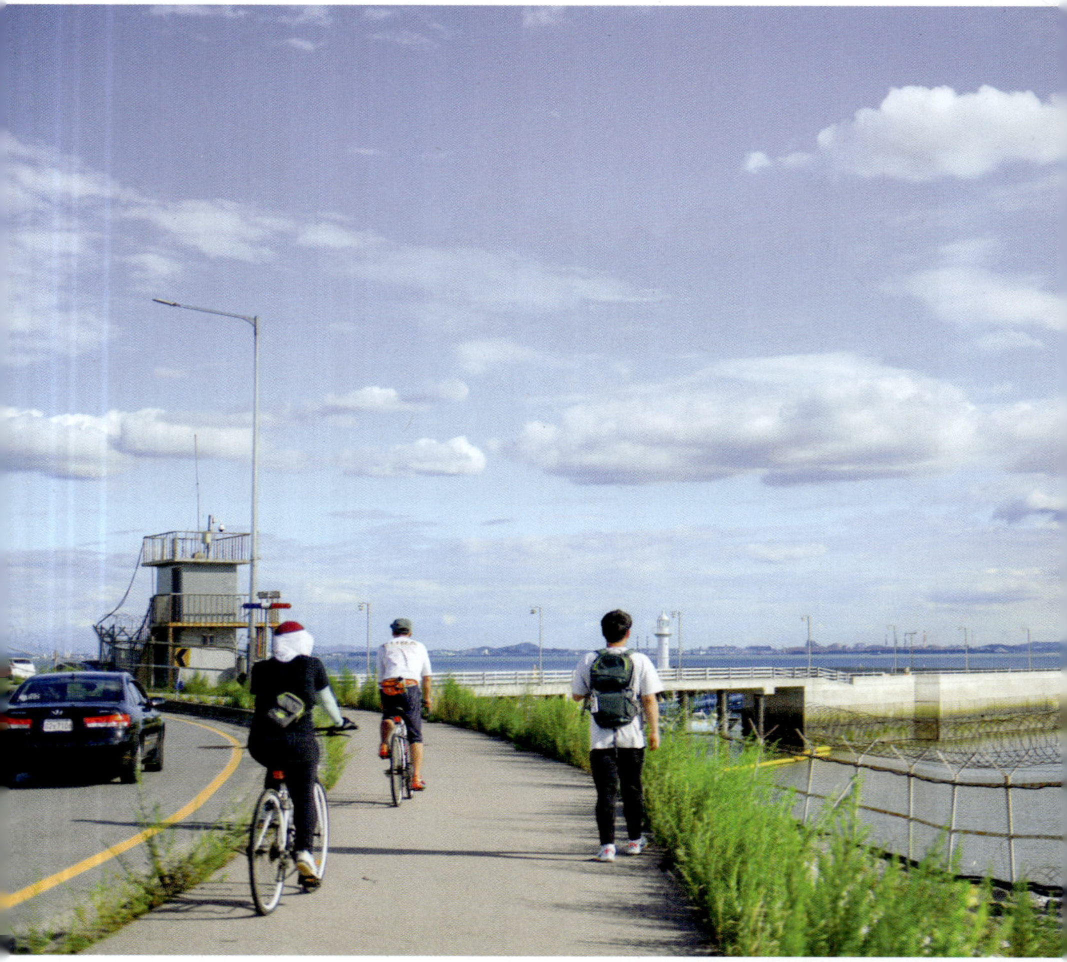

코스 정보

시작점 화성시 우정읍 이화리 1714-4 **도착점** 화성시 서신면 궁평리 666-83
코스 길이 18.2km **트레킹 시간** 5시간 30분
코스 특징 근대사의 아픔을 간직한 매향리 마을을 지나 화성방조제를 온전히 걷는다. **난이도** A
상세경로 이화리정류장 - 매향4리 마을회관 - 매향리 평화생태공원 - 아산만 해변 - 매향AT&T야구장 - 매향2항 - 궁평항 **시작점 대중교통** 조암시외버스터미널에서 20, 4, 4-1번 버스 승차115~240분 간격 운행 → 약 21분 소요 이동 → 이화1리 마을회관 하차 **포토존과 추천 경관** 매향리 사격장, 매향리 철책길, 화성호, 화성드림파크, 매향리 평화생태공원, 화성방조제 준공 기념탑
유의사항 화성방조제로 들어서면 종점인 궁평항까지 비상시 탈출구가 없다.

경기둘레길 47코스는 서해랑길 87코스와 겹친다. 서해안 갯벌과 처음 만나는 구간이다. 출발점은 이화5리 버스정류장이다. 우정읍 이화리 마을의 버스 종점이다. 읍내 조암리까지 오고 가는 버스가 기아자동차사거리 로터리를 한 바퀴 돌아 회차한다. 이화횟집 앞길로 들어서면 잠시 농가 주택들이 즐비한 골목을 지난다. 이어서 논과 밭 사이 적막한 시골길을 걷다가 2차선 도로인 이화석천로를 한동안 따라간다.

매향리 한복판으로 들어선 뒤 화성드림파크를 만난다. 화성드림파크는 국내 최대 리틀야구장이다. 2017년 주한미군 훈련장 부지 중 24만㎡를 활용하여 유소년야구장 7개와 여성야구장 1곳을 건설했다.

매화 향기 그윽한 마을 매향리는 우리 현대사의 아픔을 고스란히 간직한 곳이다. 6·25전쟁 당시 미 공군이 이곳 매향리 앞바다의 농섬籠島을 전용 폭격 연습장으로 지목한 이래 이 마을 일대 수십만 평은 전후 반세기

넘는 세월 동안 주한미군 폭격 훈련장으로 시달리며 황폐화하였다. 마을의 원래 이름 '고온리'를 미군들이 '쿠니'라고 발음하면서, 일반에게는 '쿠니Koon-ni 사격장'으로 불려왔다. 일상적으로 반복되는 폭격과 사격 훈련에 고통받아온 주민들이 오랜 세월 투쟁을 벌인 끝에 2005년 시격장이 폐쇄되면서 매향리는 새로운 희망의 땅으로 거듭나고 있다. 드넓은 지역에 매향리평화생태공원이 조성되고 있다.

드림파크 북동쪽 끝의 매향리평화역사관에 들러보면 이 마을이 오랜 세월 겪었을 고통이 마음에 닿는다. 여기저기 어지러운 총탄 자국이 보이고 수북하게 모아 놓은 불발탄과 크고 작은 폭탄 잔해들이 공포감을 환기시킨다. 다른 한편으론 평화를 상징하는 다양한 미술작품이 안정과 평온을 가져다준다.

다시 아산만 바다와 만나는 지점에서 남쪽으로 코스를 이탈해 1km만 가면 매향항 선착장이다. 바다로 연결된 콘크리트 길이 썰물 때 수면 위로 드러나며 장관을 이룬다. 여행자들이 사진을 찍거나 낚시꾼들이 몇 시간 죽치는 곳이다. 바다 북서쪽으로는 매향리 아픔의 상징인 농섬이 보인다. 수십 년 동안 미 공군의 폭격 연습으로 만신창이가 되었지만, 용케도 살아남았다.

한동안 매향리 서쪽 해안 철책을 따라 올라간다. 평화생태공원이 계속 조성되고 있다. 사격장 안전수칙 팻말이 그대로 남아 있고, 공원 안쪽으로는 평화기념관 전망대 구조물이 높게 솟아 있다.

평화생태공원이 끝나면 4차선 도로와 만난다. 궁평항까지 일직선으로 10km나 뻗은 화성방조제이다. 화성방조제는 47코스를 절반 넘게 차지한다. 52코스의 시화방조제와 더불어 경기둘레길 전 구간 통틀어 최장 일직선 길이다. 자동차가 고속으로 지나가지만 넓게 조성된 인도가 안정감을 준다. 바다 너머는 충남 당진의 산업지대가 신기루처럼 뿌옇게 보인다. 내륙 쪽으로는 습지 초원이 광활하게 펼쳐진다.

매향2항 방파제에서 바라보는 풍경은 낯설지만 정겹다. 갯벌 위에 대여섯 척 고깃배가 좌초된 듯 유령처럼 떠 있다. 화성방조제를 걷고 있으면 바다 한가운데를 도보로 여행하는 느낌이 든다. 화성호는 인공호수이면서 해수 호다. 바닷물이 들고나는 통로가 있기에 양편 모두 바다나 다름없다.

호수 너머로 해운산이 보인다. 해발 143m에 불과하지만, 사방이 바다라 한층 도드라져 보인다. 화성호가 끝나는 지점에 방조제 준공 기념탑이 서 있고, 주변으로 아담한 소공원이 자리를 잡고 있다. 바닷물이 호수로 들고나는 통로인 우정교를 건너면 이윽고 47코스의 종착점 궁평항이다.

TRAVEL TIP 주변 명소

📷 화성호

경기도 화성시 우정읍 매향리와 화성시 서신면 궁평리 사이를 방조제로 연결하여 만든 인공호수이다. 방조제의 길이는 9.81km이다. 원래 이름은 화옹호였으나 2005년 화성호로 이름을 바꾸었다. 바닷가에 만든 우리나라의 인공호수는 대부분 민물호수이지만, 이곳은 독특하게 해수 호수이다. 화성방조제 양편이 다 해수인 셈이다. 배수갑문을 통해 바닷물이 호수 이쪽저쪽으로 오고 간다. 매년 철새가 찾아와 장관을 이룬다. 📍 경기 화성시 서신면 궁평항로 1046

📷 매향리 평화역사관

화성시 우정읍 매향리 화성드림파크 주차장 옆에 있다. 미국 공군의 폭격 연습으로 피폐해진 54년간의 상처와 아픔, 17년 동안 사격장 폐쇄를 위해 싸운 투쟁의 역사를 품고 있다. 여기저기 어지러운 총탄 자국, 주민들이 매향리 앞바다에서 수거해놓은 포탄과 매향리의 아픔을 상징적으로 표현한 조형물 등이 보는 이의 마음을 아프게 찌른다. 예술 작품은 대부분 포탄과 탄피로 만든 것이라 더 가슴에 와 닿는다. 📍 화성시 우정읍 기아자동차로 199 📞 1577-4200

📷 매향항 선착장

서해의 아름다운 일몰을 감상할 수 있는 작은 포구이다. 화성시 우정읍 매향리 기아자동차 화성공장 서쪽 끝에 있다. 바다를 밀고 남서쪽으로 쑥 들어간 긴 콘크리트 길이 눈길을 끈다. 썰물 때 콘크리트 길이 수면 위로 드러나면 그 모습이 퍽 인상적이다. 여행자들은 카메라를 들고 인증 사진을 남기고, 강태공들은 바다를 보며 앉아서 세월을 낚는다. 바다 북서쪽으로 미 공군의 폭격 연습으로 만신창이가 된 농섬이 보인다.
📍 화성시 우정읍 매향리 945

ONE MORE 주변 맛집과 숙소

- 🍴 송림정(삼겹살, 오리주물럭) 📍 화성시 우정읍 매향석천로 172-7 📞 031-351-2442
- 🍴 매향리횟집(생선회, 해물탕) 📍 화성시 우정읍 매향선창길 84 📞 031-358-6300
- 🍴 동민네횟집(생선회, 매운탕) 📍 화성시 우정읍 궁평로 78 📞 031-358-0131
- 🏨 발리호텔 📍 화성시 우정읍 고온리안길102번길 26 📞 031-351-5414
- 🏨 데이파크 📍 화성시 우정읍 궁평항로 81 🌐 www.newdaypark.com
- 🏨 새아침펜션 📍 화성시 우정읍 궁평항로 81-116
- 🏨 궁평항빨강노을펜션 📍 화성시 우정읍 궁평항로 81-94 📞 031-358-7676

48 course 화성 48코스

궁평항~전곡항 19.5km

48코스 출발점은 화성시 서신면의 궁평항이다. 일몰로 유명한 화성의 대표 항구이다. 궁평유원지 해송군락지, 백미리 어촌체험 마을, 유서 깊은 공생염전을 지나 왼쪽으로 제부도를 눈에 넣으며 길을 재촉하면 종점인 전곡항 입구에 이른다. 난이도는 B, 코스가 좀 길지만, 큰 어려움 없이 걸을 수 있다.

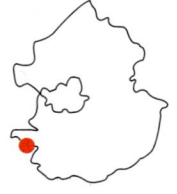

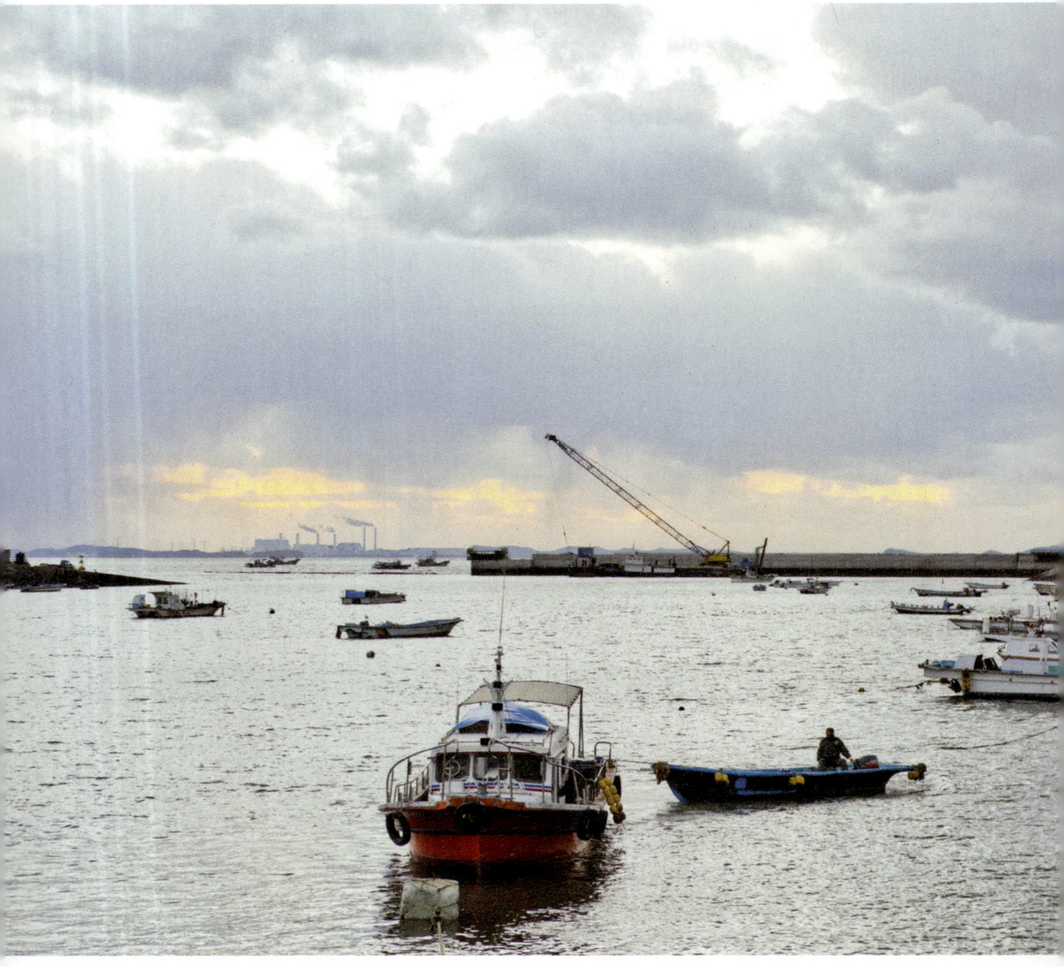

코스 정보

시작점 화성시 서신면 궁평리 666-83 **도착점** 화성시 서신면 전곡리 1066
코스 길이 19.5km **트레킹 시간** 6시간 30분
코스 특징 서해안 갯벌과 궁평, 백미 등으로 이어지는 화성시 6개 어촌마을을 지난다. **난이도** B
상세경로 궁평항 - 궁평유원지 - 백미항 - 공생염전 - 살곶이마을 - 제부교차로 - 전곡공원 - 전곡항
시작점 대중교통 ❶ 조암시외버스터미널에서 18번 버스 승차80~130분 간격 운행 → 약 25분 이동 → 궁평항 하차 ❷ 수원역환승센터 6승강장에서 400번 버스 승차평일 15~20분 간격, 주말 25~40분 간격 운행 → 약 2시간 이동 → 궁평항 하차 **포토존과 추천 경관** 궁평유원지, 궁평항, 제부도, 백미리마을, 궁평해송군락지
유의사항 편하고 쉬운 코스이기에 특별히 유의할 일은 없다. 화성실크로드와 겹치는 구간이므로 기본 정보를 사전에 숙지하고 걸으면 여행이 더 즐거울 것이다.

 경기둘레길은 평택에서, 해남 땅끝부터 올라온 서해랑길과 만나서 사이좋게 한 방향으로 올라온다. 서해랑길은 코리아둘레길의 일부이다. 2016년 동해안 해파랑길을 시작으로 2020년 남해안 남파랑길과 2022년 서해안 서해랑길이 개통했다. 2023년에 DMZ평화의길까지 열리고 나면 장장 4,500km를 넘기는 한반도 최장거리 코리아둘레길이 완성된다.

평택호에서 만난 서해랑길과 경기둘레길은 이후 여덟 구간을 함께 한다. 서해랑길 85~92코스와 경기둘레길 45~52코스는 시작점과 종점은 물론 중간 경유 노선도 똑같다. 경기둘레길 48코스는 서해랑길 88코스이다. 서해 갯벌과 내내 함께한다. 궁평, 백미, 매화, 송교, 장외, 전곡으로 이어지는, 화성시 서신면의 6개 어촌마을을 두루 거친다. 이 구간은 또한 화성실크로드를 따라 걷는 코스이다. 유럽, 중앙아시아, 중국으로 연결된 옛 비단길이 서해를 거쳐 경주까지 이어졌다는 사실에 착안하여 조성된 길이다.

궁평항은 48코스 출발점이다. 일몰로 유명한 화성의 대표 항구이다. 궁평항을 등지면 궁평낙조길이 이어진다. 갯벌 위로 500m 가까운 데크길을 꾸불꾸불 운치 있게 이어 놓았다. 괭이갈매기들이 머리 위에서 난다. '바닷새에게 먹이를 주지 말아달라'는 안내 글이 보인다. 다음에 만나는 궁평유원지는 긴 해송군락지가 일품이다. 방품림으로 조성된 소나무 천여 그루가 해안을 따라 편안한 숲을 이루고 있다. 숲 사이로 놓인 데크 길이 호젓한 걸음을 인도해준다.

철책선 옆으로 이어지는 순찰로를 따라 걷다 백미리 마을로 들어선다. 백미항 바로 앞바다 위로 삐죽하게 솟아나온 감투섬이 도드라지고. 그 바위섬까지 길게 이어 놓은 콘크리트 길도 눈길을 끈다. 외지인들이 즐겨 찾

는 어촌체험 마을이다.

소금 꽃 피는 마을 매화리의 유서 깊은 공생염전을 지나고 드넓은 갯벌이 돋보이는 송교리 살곶이마을을 돌아 나올 즈음 육지 같은 섬 제부도가 눈에 들어오기 시작한다. 철책을 따라가는데 짙은 갈색 명판이 자주 눈에 띈다. 화성실크로드 2코스인 황금해안길을 알려주는 이정표들이다. 화성실크로드는 1코스 당항성길, 2-1코스 제부 제비꼬리길, 3코스 홍랑길까지 모두 4개 코스로 거리는 47km에 이른다. 1코스와 3코스는 내륙으로 향하고, 2-1코스는 제부도 길이다. 해안선을 따라가는 2코스만 경기둘레길과 겹친다.

이집트 앞 홍해에서 일어났던 모세의 기적은 화성 제부도 앞바다에선 하루에 두 번씩 꼬박꼬박 일어나는 평범한 일상이다. 80년대 후반 갯벌 위에 2.5km의 콘크리트 포장길이 생겼다. 그때부터 바닷속 찻길이 '제부도 모세길'이 되었다. 2021년 12월엔 전곡항에서 출발하는 해상케이블카가 생겨, 하늘길로 10분이면 섬에 도달할 수 있다.

제부교차로에서 301번 차도로 들어선다. 4차선 도로이지만 아스콘으로 포장된 인도가 널찍하여 편안한 느낌을 준다. 아담한 전곡공원을 지나면 해안 길을 따라 잠시 후 종점인 전곡항 입구에 이른다.

TRAVEL TIP 주변 명소

📷 궁평항

화성시 서신면에 있는 어항이다. 이 지역에 조선 시대 궁궐에서 관리하는 왕실 땅이 많아 예전부터 '궁들', '궁평'이라 불렀다. 옛 지명이 그대로 어항 이름이 되었다. 포구에 오손도손 정박한 작은 어선들, 종이비행기처럼 곡선을 그리며 나는 갈매기, 갯벌 위로 난 산책로가 근사한 풍경을 만들어준다. 바다 위에 설치한 낚시터 피싱피어Fishing pier도 운치를 더해준다. 수산물직판장을 갖추고 있고 궁평항 주변에 횟집이 많아서 주말뿐 아니라 평일에도 많은 사람이 찾는다. 게다가 이곳은 경기도에서 손꼽히는 낙조 명소이다. 해가 질 무렵, 태양은 마지막 힘을 다해 자신의 존재를 드러낸다. 땅과 바다와 하늘이 온통 빨갛다. 광염소나타 같은 일몰은 어느새 사람들도 붉게 물들인다. 📍 화성시 서신면 궁평항로 1069-17

📷 궁평유원지와 해송군락지

궁평유원지는 궁평항 북쪽 건너편에 있다. 궁평해수욕장과 갯벌체험장, 음식점, 펜션 같은 숙박시설, 해송군락지가 어우러져 있다. 궁평해수욕장은 그리 크지 않은 해변이다. 해변 길이는 약 2㎞이고, 폭은 50m 남짓이다. 물이 빠지면 갯벌이 드러나는데 이곳에서 갯벌 체험을 할 수 있다. 궁평유원지의 백미는 해송군락지이다. 오래전 방품림으로 심은 아름드리 소나무 1천여 그루가 절경을 연출해준다. 해안을 따라 자라는 소나무 사이로 데크 길을 만들어 놓았다. 데크 길을 따라 해송길을 산책하는 기분이 근사하다. 이곳에서 보는 낙조도 일품이다. 📍 화성시 서신면 수문개길 139-7

📷 제부도

화성시 서신면 해안에서 서쪽으로 2km 떨어진 섬이다. 제부도의 넓이는 약 30만 평이다. 섬은 대부분 구릉이거나 평지에 가깝다. 가장 높은 곳이 해발 66m이다. 제부도는 하루에 두 번 '모세의 기적'이 일어나는 섬으로 유명하다. 1980년대 말 썰물 때 드러나는 갯벌 위에 도로를 놓아 육지와 연결했다. 2021년 12월엔 제부도까지 가는 케이블카도 생겼다. 전곡항에서 약 10분이면 제부도에 닿는다. 대표적인 명소는 섬 서쪽에 있는 제부도해수욕장이다. 해변 오른쪽으로 기암절벽이 발달해 경관이 빼어나다. 섬 북쪽 끝 제부항에서 제부해수욕장까지 이어지는 해안 산책로도 인기 절정이다. 아름다운 바다와 해안선, 기암괴석이 아름답다. 이곳에서 바라보는 낙조도 명품이다. 📍 화성시 서신면 제부리

ONE MORE 주변 맛집과 숙소

- 🍴 **어촌계부녀회조합식당**(칼국수, 회덮밥, 해물매운탕)
  📍 화성시 서신면 궁평항로 1069-17 📞 031-357-9285
- 🍴 **궁평항횟집**(조개구이, 생선회) 📍 화성시 서신면 궁평항로 1069-8 📞 031-356-6627
- 🍴 **수성2호왕새우소금구이**(새우소금구이) 📍 화성시 서신면 제부로 351 📞 031-357-2643
- 🍴 **호박돌**(꽃게탕, 꽃게장) 📍 화성시 서신면 제부로 289 📞 0507-1407-6867
- 🛏 **바람의언덕** 📍 화성시 서신면 궁평고잔길 87-11 🔗 blog.naver.com/ykh1265
- 🛏 **궁평아라펜션** 📍 화성시 서신면 궁평고잔길 83 🔗 www.gpara.kr
- 🛏 **궁평솔밭펜션** 📍 화성시 서신면 궁평고잔길 92 📞 031-357-9456
- 🛏 **해마루펜션** 📍 화성시 서신면 궁평고잔길 76 📞 031-357-3250
- 🛏 **궁평바다펜션** 📍 화성시 서신면 수문개길 81-36 📞 031-356-9656
- 🛏 **씨사이드모텔** 📍 화성시 서신면 수문개길 97 📞 031-355-5514
- 🛏 **바다와하늘모텔** 📍 화성시 서신면 제부로 252-19 📞 031-356-9232

49 화성 49코스

course

전곡항~안산 남동보건진료소 19.5㎞

전곡항을 벗어나 49코스 초입 탄도방조제에 오르면 항구 전경이 시야 가득 펼쳐진다. 방조제를 건너고 탄도항에 이르면 화성시를 벗어나 안산으로 접어든다. 불도방조제, 바다향기수목원, 동주염전을 지나 남동보건진료소에서 길이 끝난다. 난이도는 B, 코스가 좀 길지만, 큰 어려움 없이 걸을 수 있다.

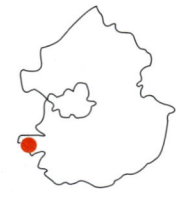

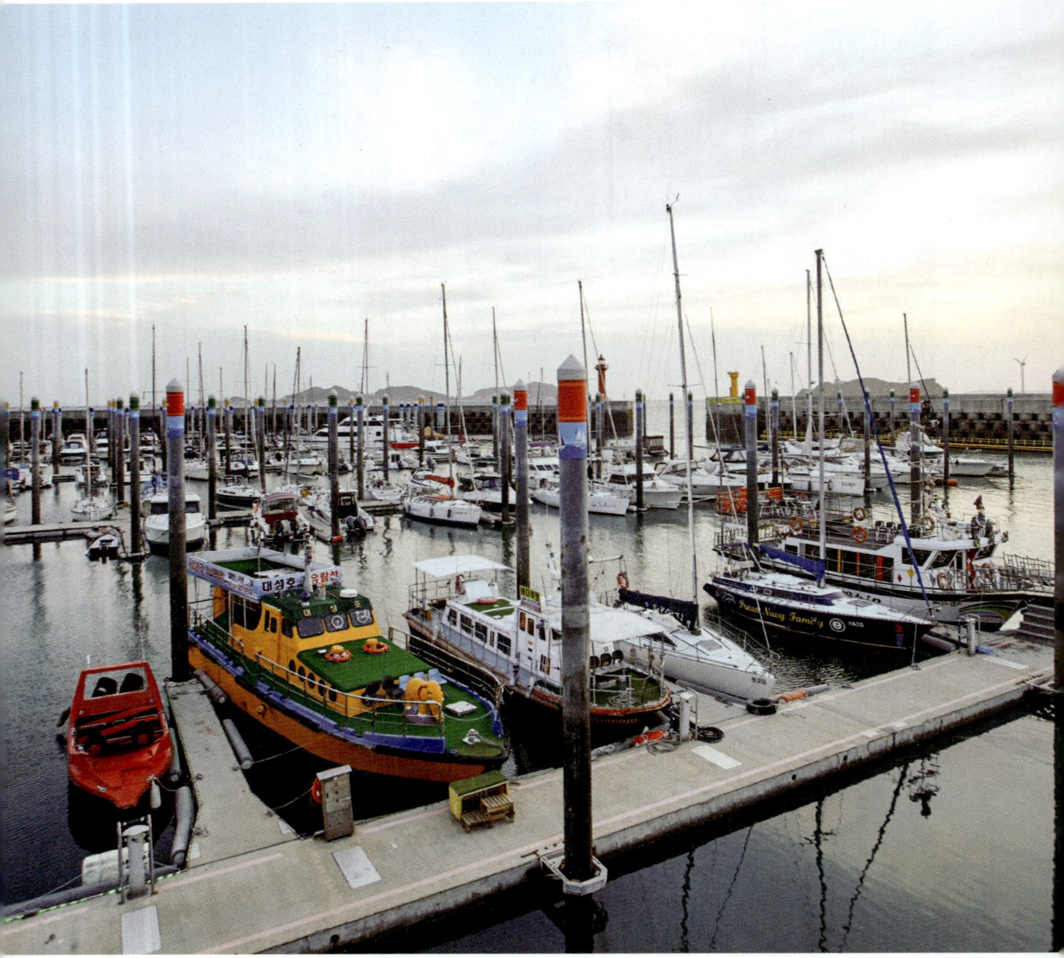

코스 정보

시작점 화성시 서신면 전곡리 1073 **도착점** 안산시 단원구 대부남동 1284-1
코스 길이 19.5km **트레킹 시간** 7시간
코스 특징 화성을 등지고 안산으로 접어든다. 탄도, 불도, 선감도, 대부도를 지나 종점에 이른다. **난이도** B
상세경로 전곡항 - 탄도항 - 불도방조제 - 바다향기수목원 - 대선방조제 - 동주염전 - 대부도펜션시티 - 군자농협76호판매점 – 남동보건진료소 **시작점 대중교통** 수원역, 노보텔수원버스정류장에서 1004-1번 버스 승차평일 140~180분 간격, 주말 180분 간격 운행 → 약 1시간 30분 이동 → 전곡항 하차
포토존과 추천 경관 전곡항, 동주염전, 안산어촌민속박물관, 탄도바닷길
유의사항 편하고 쉬운 코스이기에 유의할 점이 별로 없다. 대부해솔길과 겹치는 구간이므로 해솔길 기본 정보를 사전에 숙지하고 걸으면 여행의 즐거움이 배가된다.

 49코스의 출발점 전곡항은 경기도에서 손꼽히는 요트 정박장이다. 하얀 요트들이 오밀조밀 정박해 있는 모습이 퍽 이국적이다. 49코스 초입의 탄도방조제에 오르면 주변과 어우러진 전곡항 전체 모습이 시야 가득 들어온다. 방조제를 건너고 탄도항에 이르면 화성시를 벗어나 대부도 권역에 들어선 셈이다. 정확히는 안산시 단원구 선감동 탄도항이다.

탄도는 원래 자그마한 섬이었다. 1988년 매립공사로 불도, 선감도와 함께 대부도와 한 몸이 되었다. 이후 탄도방조제를 통해서 화성시와도 일직선으로 연결이 되었다. 1.2km 앞의 누에섬까지 바닷길이 하루 두 번씩 썰물에 맞춰 열린다. 제부도 가는 바닷길처럼 콘크리트 포장은 되었지만, 차량 통행까지는 안 된다.

탄도항을 뒤로하면 길은 야트막한 산속으로 들어간다. 이 일대는 채석장이었다. 암석 채취 작업 중 7천만 년 전후의 공룡 발자국 20여 개가 발견되었다. 숲길 입구부터 군데군데 '대부광산 퇴적암층'이라는 이정표를 만난다. 정상 전망 데크에 오르면 퇴적암층이 만들어낸 거대 암벽 단면이 짙은 녹색 호수와 어우러져 이색적인 풍경을 연출한다. 고개를 들면 탄도방조제 앞바다 경관도 근사하게 펼쳐진다. 전곡항 앞바다에 떠 있는 수많은 요트와 선박들, 제부도까지 길게 이어진 해상케이블카, 그리고 탄도항에서 누에섬 가는 바닷길의 거대 풍력발전기 모습이 한 폭의 그림처럼 펼쳐진다.

산을 내려와 잠시 도로를 따라간다. 작은 숲을 넘고 나면 불도방조제이고, 길은 다시 큰 숲으로 이어진다. 청소년수련원 뒷산이다. 소나무가 울창한 숲길을 오르고 내리기를 반복한다. '대부해솔길'이란 이름에서 풍기듯 섬과 바다와 소나무 향기가 한데 어우러진 해안 숲길이다. 팔효정에 올라 잠시 쉬다 내려오면 바다향기수목원이 기다린다. 잘 조성한 숲이 돋보인다. '돌틈정원'은 고즈넉하고, '상상전망대'도 인상에 남을 만하다.

선감도와 대선방조제를 지나면 대부도로 들어선다. 행정구역상 대부도는 동동, 남동, 북동으로 나뉜다. 동동 해안에는 염전지대가 있다. 동주염전은 75년 역사를 지닌 천일염 산지이다. 청와대에 납품하는 등 오랜 번영을 누렸으나 25년 전 소금 수입 자유화 이후 채산성이 떨어지면서 긴 사양길을 걸어왔다. 지금은 체험 학습이나 관광지로 더 알려졌다. 이어서 만나는 대종염전은 더 드넓어 보인다. 염전을 따라 1km 넘는 길을 유(U)자로 꺾으며 돌아 나가야 한다.

마당이 근사한 한옥 카페와 오토캠핑카가 즐비한 대부도펜션시티를 지나면 대부남동 마을로 들어선다. 종착지인 남동보건진료소까지는 아기자기한 마을 길과 조용한 갯벌 해안 길이 번갈아 나타난다.

| TRAVEL TIP | 주변 명소 |

📷 전곡항

화성시 서신면에 있는 레저 항이다. 전곡항은 요트와 보트가 정박할 마리나 시설을 갖추고 있다. 여의도와 더불어 수도권에서 요트를 즐길 수 있는 최적지로 꼽힌다. 조수간만의 차가 큰 서해에 있지만, 방조제 바깥에 있어서 썰물 때에도 요트가 드나들 수 있다. 세계 유명 요트대회나 보트 쇼, 그 밖의 해양스포츠대회나 축제 등이 자주 열린다. 일반인도 어렵지 않게 요트를 즐길 수 있다. 전곡항 마리나의 여행스테이션을 방문해 원하는 승선 프로그램을 고르면 된다. 항구에서 출발하여 제부도-도리도-입파도-국화도를 돌아오는 2시간 코스의 유람선도 운항한다. 📍화성시 서신면 전곡리

📷 탄도 바닷길

안산시 단원구 선감동의 탄도와 여기에서 서쪽으로 1.2km 떨어진 무인도 누에섬에 이르는 길이다. 탄도에서 누에섬까지는 화성시의 제부도 가는 바닷길처럼 콘크리트로 포장되어 있다. 하루 두 번 밀물 때마다 약 4시간씩 바다가 갈라져 길이 드러난다. 바닷길이 열리면 걸어서 누에섬까지 들어갈 수 있다. 누에섬에는 높이가 100m에 이르는 풍력발전기와 등대전망대가 반겨준다. 탄도 바닷길 중간에 서서 바다 쪽을 바라보면 누에섬과 풍력발전기와 등대전망대, 그리고 길게 뻗은 바닷길이 한 프레임에 들어오는데, 그 모습이 멋진 사진처럼 아름답다. 탄도 바닷길은 안산9경 중 하나이다. 📍안산시 단원구 대부황금로 7

📷 동주염전

안산시 대부도에 있는 오래된 염전이다. 1953년에 처음 소금을 생산했을 정도로 역사가 깊다. 옹기 타일 바닥에서 전통방식을 지키며 소금을 만들었으나, 1999년 소금 수입 자유화 이후 채산성이 맞지 않아 내리막길을 걸었다. 안타깝게도 지금은 소금을 생산하지는 않는다. 대신 천일염을 직접 만드는 방법을 경험할 수 있는 염전체험장을 운영하고 있다. 염전에 가면 오래된 소금 저장 창고를 구경할 수 있다. 탄도 바닷길과 더불어 안산9경 중 하나이다. 📍 안산시 단원구 동주길 18 ☎ 032-887-9921

ONE MORE 주변 맛집과 숙소

- 🍴 진짜원조소나무집(칼국수, 파전) 📍 안산시 단원구 대부황금로 732 ☎ 032-886-2400
- 🍴 서래가든(갈비탕, 영양굴밥) 📍 안산시 단원구 대부황금로 700 ☎ 032-886-4842
- 🍴 두루두루대부도점(김치찌개, 두루치기) 📍 안산시 단원구 대부황금로 764 ☎ 032-888-2672
- 🍴 아산수산 호남9호(생선회, 매운탕) 📍 안산시 단원구 대부황금로 161 ☎ 032-886-4657
- 🏠 바다게스트하우스 📍 화성시 서신면 전곡항로62번길 11-5 ☎ 010-7148-1201
- 🏠 아모르펜션 📍 안산시 단원구 대부황금로 15 ☎ 010-4326-4030
- 🏠 산솔모텔 📍 안산시 단원구 대부황금로 150 ☎ 032-884-5857
- 🏠 낙조펜션 📍 안산시 단원구 대부황금로 153-8 ☎ 032-885-8474
- 🏠 대부도펜션타운 📍 안산시 단원구 참살이2길 12 ☎ 1588-1934
- 🏠 대부도펜션시티 📍 안산시 단원구 공마루길 68-3 ☎ 1577-0616
- 🏠 까르마펜션 📍 안산시 단원구 느릿부리안길 60 ☎ 032-885-3400

50 course 안산 50코스
안산 남동보건진료소~새방죽방조제 16.9km

50코스는 안산시 대부도를 온전히 걷는 구간이다. 섬의 동쪽에서 시작해 남부와 서부 해안을 따라가는 길이다. 서해랑길 90코스와 온전히 겹치고, 대부해솔길과도 대부분 함께한다. 선재도와 영흥도를 대부도와 이어주는 선재대교를 지나 '큰산'에 오르면 아일랜드 골프장 너머로 50코스 종점이 보인다. 난이도는 B, 작은 산을 오르지만 비교적 쉬운 코스이다.

코스 정보

시작점 안산시 단원구 대부남동 1284-1 **도착점** 안산시 단원구 대부북동 642-239
코스 길이 16.9km **트레킹 시간** 5시간 40분
코스 특징 서해안 갯벌의 진수를 실감하는 길. 대부도 전역의 속살을 느끼며 걷는다. **난이도** B
상세경로 남동보건진료소 - 대남초교 - 청춘펜션 - 고래숲관광농원 - 메추리섬 입구 - 젤리캠핑장 - 홍성리선착장 - 큰산 - 어심바다낚시터 - 새방죽방조제
시작점 대중교통 시흥 이마트버스정류장에서 123번 버스 승차 20~40분 간격 운행 → 약 40분 이동 → 대부동행정복지센터 하차 → 상동버스정류장에서 727-1번 버스 환승 60~120분 간격 운행 → 약 6분 이동 → 정혜칼국수 하차 후 도보 1.1km **포토존과 추천 경관** 대부해솔길, 대부도 갯벌, 쪽박섬
유의사항 특별히 유의할 점은 없다. 대부도 갯벌은 람사르 습지 구역이므로 기본 정보를 사전에 숙지하고 걸으면 여행의 즐거움이 배가된다.

50코스는 안산시 대부동의 남부 해안을 따라가는 길이다. 남동보건진료소 앞에서 출발하여 대부동 남동 지역 곳곳을 걷다가 북동 경계 지점에서 51코스에 바통을 넘긴다. 서해랑길 90코스와 온전히 겹치고, 대부해솔길과도 대부분 함께한다.

남동보건진료소 출발 5분 후면 대남초등학교 운동장과 3층 교실 건물을 만난다. 무심히 지나다 길가 잔디밭에서 큼직한 비석을 발견하면 학교 운동장으로 되돌아가게 된다. "열아홉 살 섬 색시가 순정을 바쳐 / 사랑한 그 이름은 총각 선생님 / 서울엘랑 가지를 마오, 가지를 마오." 옛 시절 가수 이미자 씨의 히트곡 '섬마을 선생님' 노래비다. 총각 선생을 남몰래 짝사랑한 섬 처녀의 순박한 마음이 느껴진다.

대부남동의 행낭곡마을은 이정표에 적힌 수식어처럼 '포도 향기와 람사르 습지 갯벌의 생명 소리를 느낄 수 있는' 곳이다. 마을 남쪽 해안의 뾰족하게 튀어나온 모양이 고래 입부리를 닮았다 해서 예나 지금이나 고랫부리마을로도 불린다.

2011년에 인기를 끌었던 KBS TV의 리얼 버라이어티쇼 '청춘불패2'의 세트장이었다는 한 펜션 건물을 지나면 길은 내륙으로 향한다. 농지와 숲과 펜션이 있는 한적한 시골길을 꾸불꾸불 걷다가 길게 늘어진 해안과 다시 마주한다. 메추리섬까지 이어지는 사막 같은 갯벌이 인상적이다. 이곳 지명은 홀곶串마을이다. 섬의 서남단 '끄트머리에 튀어나온' 땅이란 의미다. 홀곶과 이어진 메추리섬은 구릉 3개가 길고 아름답게 곡선을 그리고 있다. 그 모습이 '부리 뾰족한 메추리를 닮았다'고 하여 붙여진 이름이다. 방파제를 따라 자동차로 섬까지 갈 수 있다. 차박이나 캠핑을 좋아하는 이들에겐 일몰이 멋진 곳으로 소문이 나 있다.

기다란 방파제를 지나 쪽박섬 앞에서 잠시 해안을 등진다. 대부남동 서쪽 지역을 걷다 보면 다리 하나를 발견한다. 인천광역시 옹진군에 속하는 선재도와 영흥도를 대부도와 이어주는 선재대교. 선재대교 아래 홍성리 선착장에서 바라보는 고깃배들 풍경이 몹시 정겹다.

선착장 뒤로는 야트막한 산길이 나 있다. 정상의 해발고도가 106m에 불과하지만 그래도 산 이름은 '큰산'이

다. 조금만 오르면 숲 사이로 선재대교와 그 주변이 발아래에 있다. 산을 내려와 아일랜드골프장과 어심바다낚시터를 지나면 50코스 종점에 이른다.

ONE MORE 주변 맛집과 숙소

- 🍴 **예담쌈밥** (고추장불고기, 주꾸미철판볶음) 📍 안산시 단원구 대선로 647 📞 032-886-1096
- 🍴 **와각칼국수** (바지락칼국수, 바지락비빔밥) 📍 안산시 단원구 아랫말길 27 📞 010-7212-0835
- 🍴 **백암농원** (닭백숙, 오리백숙) 📍 안산시 단원구 한사위길 10 📞 032-886-1713
- 🍴 **오늘은굴구이까먹는날** (굴구이, 굴찜) 📍 안산시 단원구 아랫말길 111 📞 010-2862-2336
- 🛏 **바다와소나무펜션** 📍 안산시 단원구 대남로 310 📞 1644-9565
- 🛏 **고래별펜션** 📍 안산시 단원구 아랫동심길 16-8 📞 0507-1317-9621
- 🛏 **바닷가힐링캠프** 📍 안산시 단원구 아랫동심길 46 📞 010-9115-0083
- 🛏 **해바다펜션** 📍 안산시 단원구 아랫동심길 78 📞 010-9027-1310
- 🛏 **청춘펜션** 📍 안산시 단원구 고랫부리길 92 📞 010-5310-5829
- 🛏 **은하수펜션** 📍 안산시 단원구 잘푸리길 97-1 📞 032-886-5751

51 course 안산 51코스
새방죽방조제~대부도 관광안내소 15.4km

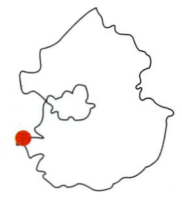

51코스는 대부도의 서쪽 해안을 남쪽에서 북쪽까지 걷는 길이다. 섬의 최북단 대부도 관광안내소가 종착점이다. 어심바다낚시터를 뒤로하고 대부해안로로 들어서면 서해랑길 지도와 경기둘레길 스탬프 함이 서 있다. 51코스의 시작점이다. 구봉도 낙조전망대를 거쳐 방아머리로 향한다. 난이도는 C, 낮지만 산길이 여러 번 이어진다.

코스 정보

시작점 안산시 단원구 대부북동 642-239 **도착점** 안산시 단원구 대부북동 1985(대부도 관광안내소)
코스 길이 15.4km **트레킹 시간** 5시간 10분
코스 특징 구봉도 낙조전망대를 거쳐 대부도 북단 방아머리에 이른다. **난이도** C
상세경로 새방죽방조제 - 바구리방조제 - 방죽천 - 해솔길캠핑장 - 구봉타운길정류장 - 개미허리아치교 - 낙조전망대 - 개미허리아치교 - 구봉타운길정류장 - 솔밭야영장 - 방아머리 - 대부도관광안내소
시작점 대중교통 ❶ 오이도역에서 790번 버스 승차50~60분 간격 운행 → 약 1시간 30분 이동 → 대부중고등학교 하차 후 도보 1.6km ❷ 시흥 이마트에서 123번 버스 승차20~40분 간격 운행 → 약 1시간 23분 이동 → 대부중고등학교 하차 후 도보 1.6km **포토존과 추천 경관** 바다향기테마파크, 구봉도, 구봉이 선돌, 방아머리해변
유의사항 코스 종착지 부근 방아머리에 대부바다향기 테마파크가 있다. 코스에서 살짝 벗어나지만 잠시 들러봐도 좋겠다.

 51코스의 시작점에 서해랑길 지도와 경기둘레길 스탬프 함이 서 있다. 대부해안로를 따라가다 새방죽길로 들어서면 새방죽방조제의 종점이다. '람사르 습지 상동갯벌'이라고 새겨져 있는 높은 전망 데크에 오른다. 발아래부터 맞은편 섬까지 갯벌 위로 포장길이 일직선으로 뻗어 있다. 포장길이 닿는 곳은 광도와 동글섬이다. 작은 섬이지만 그 뒤로 펼쳐진 선재도와 영흥도의 일부처럼 보인다. 상동갯벌 삼각지대는 49코스 종반과 50코스 초반에 지나온 고랫부리갯벌과 더불어 '대부도 람사르 습지'로 등록돼 있다.

해솔길, 구봉도, 푸른섬. 이름이 예쁜 캠핑장들을 지나 야트막한 돈지섬에 오른다. 예전엔 밀물 때 주변 갯고랑에 물이 차 섬처럼 보였나 보다. 돈지섬은 이름만 섬일 뿐 종현마을의 뒷산이다. 울창한 나무숲 사이로 서해 바닷바람이 살랑거린다. 누구나 좋아할 법한 편안한 숲길이 한동안 이어진다. 이어서 만나는 구봉도 역시 이름만 섬일 뿐 간척사업으로 지금은 육지와 연결돼 있다. 해발 100m 가까운 구봉과 야트막한 봉우리 여덟 개가 길쭉하게 늘어서 있다.

종현 어촌체험마을 지나 구봉도 해안선을 따라가다 보면 구봉이 선돌이라 불리는 뾰쪽한 바위 두 개가 눈길을 끈다. 바위 앞에 널찍한 전망 데크를 설치했다. 크고 작은 한 쌍의 바위가 가녀린 할머니와 듬직한 할아버지의 모습으로 비친다. 구봉도의 맨 끝부분은 밀물 때 또 하나의 섬이 된다. 썰물 때 물이 빠져나가 생기는 얇은 길목이 잘록한 개미허리를 닮았다. 그 위에 놓인 다리 이름도 '개미허리아치교'이다. 이 아치교를 건너서 만나는 낙조전망대는 구봉도의 대표 명소이다. 전망대엔 '석양을 가슴에 담다'라는 조형작품을 설치했다. 서해와 제법 어울린다.

구봉도를 들어올 때는 해안선으로 왔지만 나가는 길은 숲길이다. 멀리 인천공항과 인천신항, 두 곳을 잇는 인천대교가 그윽하게 다가온다. 산속 오솔길을 따라 아홉 봉우리 능선을 오르고 내리며 구봉도를 벗어난다. 패러글라이딩 활강장이 있는 북망산에 올라 대부도의 마지막 산길을 지나고 나면 잠시 후 기다란 백사장이 인상 깊은 방아머리해변에 이른다.

TRAVEL TIP 주변 명소

📷 구봉도

안산시 단원구 대부북동에 있는 섬이다. 작은 봉우리 아홉 개로 이루어졌다고 해서 이런 이름을 얻었다. 위에서 보면 섬이 물고기처럼 길게 생겼다. 제일 높은 봉우리는 구봉으로 해발 높이는 100m 남짓이다. 구봉도는 이름은 섬이지만 지금은 간척사업으로 육지와 연결돼 있다. 할머니 할아버지처럼 쌍으로 서 있는 구봉이 선돌과 섬 꼬리 쪽 허리가 잘록한 부분에 만든 '개미허리아치교', 그리고 아치교 건너 섬 끝에 있는 낙조 전망대 등 제법 명소가 많다. 구봉이 선돌 사이로 보이는 석양은 대부도 최고의 절경 중 하나이다. 낙조 전망대에서 보는 석양도 무척 아름답다.

📷 대부바다향기 테마파크

경기도 안산시 방아머리해수욕장 건너편에 있는 해변공원이다. 공원 면적은 약 30만 평으로, 서울 여의도공원보다 네 배나 넓다. 바다를 흙으로 메운 후 생태공원으로 만들었다. 4km가 넘는 산책로와 1.2km의 자연 수로를 갖춘 게 인상적이다. 1천여 그루 메타세쿼이아 길은 벌써 인생 사진 명소로 자리 잡았다. 넓은 꽃밭도 세 곳이나 된다. 봄에는 튤립, 여름에는 해바라기, 가을에는 코스모스가 공원을 화려하게 장식한다. 밀밭엔 봄마다 푸른 기운이 넘쳐 흐르고, 갈대 습지는 여름엔 파래서 좋다. 가을엔 바람 따라 노란 물결이 이는데 그 모습이 운치가 넘친다. 이밖에 염생식물 군락지와 생태연못, 습지 관찰 데크도 갖추고 있다.

📍 안산시 단원구 대부황금로 1480-7

ONE MORE 주변 맛집과 숙소

- 🍴 **동원횟집**(생선회, 조개구이) 📍 안산시 단원구 대부황금로 1497 ☎ 031-881-8811
- 🍴 **윤숙이네우리밀칼국수**(바지락칼국수, 굴밥정식) 📍 안산시 단원구 대부황금로 1425 ☎ 032-882-1947
- 🍴 **바다회집**(생선회, 조개구이) 📍 안산시 단원구 구봉길 102-22 ☎ 032-886-3164
- 🍴 **백합칼국수**(백합칼국수, 백합탕) 📍 안산시 단원구 대부황금로 1337 ☎ 032-886-1002
- 🍴 **신우정**(바지락칼국수, 해물파전) 📍 안산시 단원구 대부황금로 1484 ☎ 032-884-1446
- 🛏 **바다속으로펜션** 📍 안산시 단원구 새방죽길 222 ☎ 010-3110-1268
- 🛏 **뜨리바다펜션** 📍 안산시 단원구 선창길 96 ☎ 010-3312-6137
- 🛏 **아테네펜션** 📍 안산시 단원구 지수물1길 84 ☎ 032-889-2120
- 🛏 **여우야펜션** 📍 안산시 단원구 지수물길 24-112 ☎ 010-4067-8778
- 🛏 **바다여행펜션** 📍 안산시 단원구 구봉길 183-18 ☎ 010-3325-2150
- 🛏 **솔펜션** 📍 안산시 단원구 구봉길 226 ☎ 032-886-5330

52 course 안산 52코스
대부도 관광안내소~시흥 배곧한울공원 15.7km

52코스는 대부분 시화방조제 구간이다. 전체 길이가 15.7km인데, 이 중에서 방조제 구간이 11.2km이다. 세 시간 남짓 동안 오로지 일직선 방조제를 걷는 건 단조롭고 지루하다. 전반은 시화호를 바라보며 걷고, 나머지 후반은 방향을 바꿔 서해를 보며 걸으면 덜 단조롭다. 난이도는 A, 지루하지만 걷기 쉬운 구간이다.

코스 정보

시작점 안산시 단원구 대쿠북동 1985(대부도 관광안내소) **도착점** 시흥시 정왕동 2590(시흥 배곧한울공원)
코스 길이 15.7km **트레킹 시간** 5시간 15분
코스 특징 시화방조제를 두 발로 걸어 안산을 벗어나 시흥으로 들어선다.
난이도 A **상세경로** 대부도관광안내소 - 시화나래휴게소 - 시화방조제 중간 선착장 - 시흥오이도박물관 - 오이도빨강등대 - 시흥배곧한울공원
시작점 대중교통 ❶ 오이도역에서 790번 버스 승차50~60분 간격 운행 → 약 54분 이동 → 방아머리 선착장 하차 ❷ 시흥 이마트에서 123번 버스 승차20~40분 간격 운행 → 약 50분 이동 → 방아머리 선착장 하차
포토존과 추천 경관 시화호조력발전소, 시화방조제, 노을의 노래 전망대, 오이도 빨강등대
유의사항 시화나래조력공원에는 버스정류장이 있다. 방조제 전체를 걷기에 지루하게 느껴지거나 힘에 부치면 나머지 절반은 버스를 이용할 수도 있다.

 52코스의 출발점은 대부도 북단의 방아머리다. 원래는 섬이었다. 70여 년 전 염전을 만들기 위한 간척사업으로 대부도와 연결되었다. 19세기 후반 지도에 '방아 찧을' 용舂 자와 '머리' 두頭 자가 합쳐진 용두포舂頭浦로 표기된 것이 지금의 '방아머리'의 기원이다. 1994년 시화방조제가 준공되면서 대부도로 들어오는 관문이 되었다. 방아머리는 대부도를 통틀어 여행객이 가장 많이 찾는 곳이다. 길게 펼쳐진 모래사장은 장쾌하고, 해변 끄트머리에 우뚝 솟은 풍력발전기는 근사하다. 해변 옆에 바다향기테마파크가 드넓게 조성되어 있고, 도로 양편으로는 먹거리타운이 자리를 잡고 있다. 해변 끄트머리에 200m 즈음 늘어선 해송 숲도 방아머리해변을 돋보이게 해준다. 52코스 출발점에서 400m만 더 나아가면 대부도와 이별이다. 시화방조제가 시작되는 방아머리항 입구까지다.

시화교를 건너며 시화방조제가 시작된다. 지금부터는 세 시간 남짓 일직선의 방조제를 걸어야 한다. 자전거 라이더들이 수시로 지나기 때문에 안전에도 신경 써야 한다. 전반부는 시화호를 바라보며 걷고, 나머지 후반은 방향을 바꿔 서해를 보며 걸으면 덜 지루하다. 조력발전소 공원에서 방향을 바꿀 수 있다. 시화호 조력발전소는 탄도바닷길, 동주염전, 구봉도 낙조, 대부해솔길과 함께 안산 9경에 속한다. 경기둘레길 49~52코스를 걸으며 안산 9경 중 다섯 군데를 거쳐 온 것이다.

조력발전소 공원에는 버스정류장이 있다. 방조제 전체를 걷기에 힘이 부치면 나머지 절반은 버스를 이용할 수도 있다. 걷는 동안의 전망은 시화호보다 서해 쪽이 훨씬 역동적이고 시원하다. 멀리 영종도와 인천공항이 신기루 같고, 인천신항의 컨테이너 설비는 멀리서 봐도 웅장하다.

방조제 끝 지점엔 오이도박물관이 기다리고 있다. 선사시대 이래의 오이도의 변천 과정을 한눈에 살펴볼 수 있다. 오이도烏耳島는 원래는 육지와 10리나 떨어진 외딴 섬이었다. 일제강점기에 갯벌을 염전으로 만들기 위해 간척과 매립으로 육지와 연결되었다. 1990년대 시화방조제가 건설되면서 해양관광단지가 되었다.

박물관 뒤편 야트막한 동산에 오르면 오이도 해안을 좀 더 시원하게 조망할 수 있다. 짧은 숲길이지만, 전망데크도 설치돼 있고, '오이도 살막길'이란 이름도 있다. '살막'이란 '이곳 어부들이 어살을 쳐놓고 물때를 보아가며 물고기가 잡히기를 기다렸던 움막을 뜻한다.

살막길을 내려서면 오이도해양단지 방파제로 이어진다. 형형색색 맛집 간판이 눈길을 끈다. 십여 년 전 수명을 다한 해안경비정 한 대가 함상 전망대 역할을 해주고 있다.

'노을의 노래 전망대'를 지나면 '빨강등대'를 만난다. 오이도항의 주인공이다. 'ㄷ' 자로 이어지는 방파제의 한가운데에 높이 서서 오이도의 랜드마크 역할을 해주고 있다. 밀물과 썰물의 차이에 따라 위아래로 움직이는 부잔교浮棧橋인 황새바위길을 내려갔다 오면 배다리선착장 지나 시흥 배곧한울공원으로 이어진다.

TRAVEL TIP 주변 명소

📷 시화방조제와 시화나래조력공원

시화방조제는 시흥시 정왕동 오이도와 안산시 대부동 방아머리를 잇는 방조제이다. 1994년 11.2 km에 이르는 방조제가 완공되면서 거대한 인공호수 시화호가 생겼다. 시화호는 시흥시의 첫 글자와 화성시의 첫 글자를 따서 지었다. 방조제가 생기기 전 이름은 군자만이었다. 시화방조제가 생기면서 섬이었던 대부도는 육지와 연결되었다. 이 덕에 경기도 서해안의 손꼽히는 관광지가 되었다. 방아머리해변, 구봉도, 대부바다향기테마파크 등이 대표 명소이다.

시화나래조력공원은 시화방조제 중간에 있는 해상공원이다. 하루 두 차례 발생하는 조석의 차를 이용하여 전기를 생산하는 조력발전소, 조력발전을 이해하는 데 도움을 주는 전시관과 달 전망대를 갖춘 시화나래 조력문화관, 음식을 판매하는 휴게소, 산책로, 잔디마당, 물결마당, 여러 가지 조형물, 주차장, 버스정류장 등을 갖추고 있다. 조력발전소에서는 하루 50만 명이 사용할 수 있는 전기를 생산하고 있다.

📍 안산시 단원구 대부황금로 1927

📷 시흥오이도 선사유적공원과 시흥오이도박물관

오이도는 본래 시흥시와 약 4km 떨어진 섬이었다. 하지만 1932년 갯벌을 염전으로 이용하기 시작하고, 1980년대 말 시화공단이 생기면서 육지가 되었다. 오이도에서는 패총을 비롯한 선사시대 유적부터 삼국시대 마을

유적, 조선 시대의 봉수대까지 발견되었다. 선사시대의 유적과 생활문화를 오이도 선사유적공원에서 확인할 수 있다. 낙조를 감상할 수 있는 전망대와 선사시대 사람들의 생활상을 배울 수 있는 패총전시관, 선사체험마당과 야영 마을, 산책로 등을 갖추고 있다. 시흥오이도박물관은 시화방조제 동쪽 끝에 있다. 신석기인들의 생생한 삶의 모습을 전시물로 만날 수 있고, 오이도뿐만 아니라 시흥시 전역에서 출토된 유물을 관람할 수 있다.

시흥오이도 선사유적공원 시흥시 서해안로 113-27 031-488-6909
시흥오이도 박물관 시흥시 오이도로 332 031-310-3052

📷 오이도해양단지

시흥시 정왕동 시흥오이도 선사유적공원 서쪽 해안가에 있다. 시흥9경 중 하나로, 시흥을 대표하는 관광지이다. 정식 명칭은 오이도포구 해양관광단지이다. 오이도 음식문화 거리, 오이도 선착장, 400여 매장을 갖춘 오이도 종합어시장, 멀리서도 눈에 띄는 빨간색 등대전망대 등을 갖추고 있다. 빨강 등대전망대는 오이도의 상징적인 명소로, 많은 사람이 이곳에서 인증 사진을 찍는다. 오이도 선착장과 등대전망대, 주변 산책로에서 서해의 아름다운 낙조를 감상할 수 있다. 시흥시 오이도로 175

ONE MORE 주변 맛집과 숙소

- 🍴 **해상공원회집**(생선회, 조개구이, 바지락칼국수) 시흥시 오이도로 129 031-431-2694
- 🍴 **어루**(가리비구이, 조개구이, 바지락칼국수) 시흥시 오이도로 145-1 031-431-2657
- 🍴 **큰손회조개구이**(생선회, 조개구이, 바지락칼국수) 시흥시 오이도로 109 031-431-2989
- 🍴 **콩이랑두부랑**(순두부, 두부전골) 시흥시 옥터로 67 031-499-3668
- 🛏 **호텔시엘로** 시흥시 거북섬둘레길 5-7 031-433-1000
- 🛏 **브라운도트호텔** 시흥시 거북섬1로 4 031-498-9977
- 🛏 **호텔씨하이** 시흥시 오이도로135번길 72 031-319-0078
- 🛏 **빨간등대관광호텔** 시흥시 오이도로135번길 10 031-319-0020

53 course 시흥 53코스

시흥 배곧한울공원~시흥 연꽃테마파크 17.5km

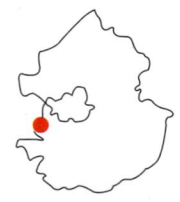

월곶포구는 바로 인근 소래포구와 함께 수도권에선 대표 어시장으로 꼽히는 곳이다. 바다 쪽으로 뻗어난 그 옛날 지형의 모양새가 반달 같아서 월곶月串이란 이름이 붙었다. 밀물 때만 바닷물과 고깃배가 들어오고 썰물이 되면 바닥이 드러난 갯벌 위에 고깃배들만 남겨진다.

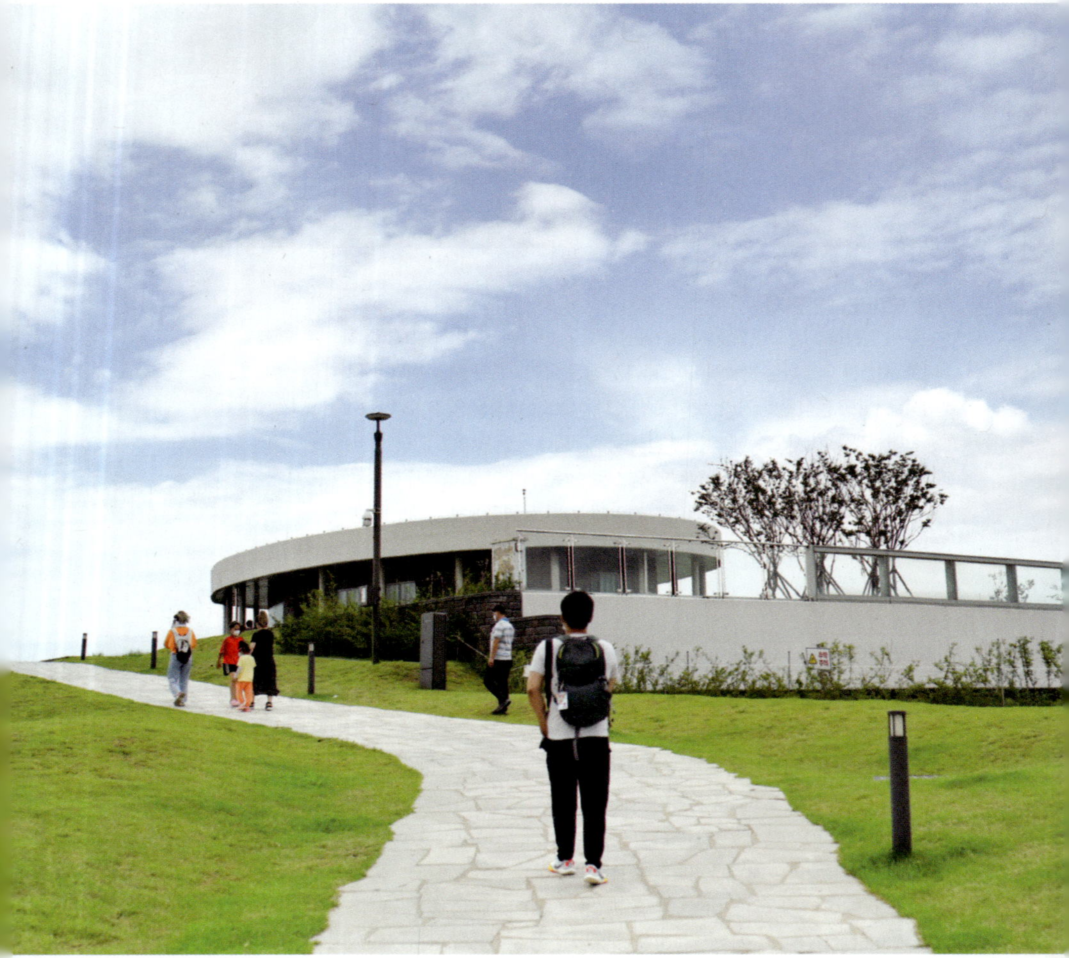

코스 정보

- **시작점** 시흥시 정왕동 2590(시흥 배곧한울공원) **도착점** 시흥시 하중동 76-1 **코스 길이** 17.5km
- **트레킹 시간** 4시간 40분
- **코스 특징** 배곧한울공원에서 갯골생태공원과 연꽃테마파크까지 시흥의 명소들을 지나간다. **난이도** A
- **상세경로** 배곧한울공원 – 배곧생명공원 – 군자대교 – 월곶포구 – 소래대교 – 솔트베이JC – 시흥갯골생태공원 – 시흥연꽃테마파크 **시작점 대중교통** ❶ 오이도역에서 99-3번 버스 승차평일 15~25분 간격 운행, 주말 25~35분 간격 운행 → 약 36분 이동 → 한울공원해수체험장 하차 ❷ 시흥 이마트에서 99번 버스 승차평일 40~50분 간격 운행, 주말 50~60분 간격 운행 → 약 40분 이동 → 한울공원해수체험장 하차
- **포토존과 추천 경관** 갯골생태공원, 자전거다리, 배곧한울공원, 월곶포구
- **유의사항** 시흥갯골생태공원은 그냥 훌쩍 지나가기엔 아까운 곳이다. 염전체험장이나 22m 높이 흔들전망대 등을 여유롭게 들러보길 권한다.

53코스 출발점은 배곧한울공원이다. 시흥시 배곧동 해변에 기다랗게 조성된 다용도 공원이다. 남서쪽 끝에서 북동쪽 끝까지 총 길이가 4km를 훌쩍 넘긴다. 바다를 메워 만든 매립지에 '배곧신도시'를 만들고, 해변에 공원을 조성했다. 이곳에서 바라보는 낙조가 절경이다. 신도시라지만 배곧은 엄밀히 말해 '신시가지' 정도로 규정할 수 있다. '배곧'은 '배우는 곳'이란 뜻의 순수 우리말로, 한글학자 주시경 선생이 한글 학교 조선어강습원을 '한글배곧'이라 개명한 데에서 모티브를 따왔다. '배곧한울'이란 이름은 '배움 터가 있는 한 울타리' 정도의 뜻이다. 서울대학교 시흥캠퍼스가 있으니 뜻은 다행히 마침맞은 듯하다. 바다 건너로는 송도국제도시가 펼쳐진다. 군자대교 아래를 지나면 코앞으로 인천 남동구 논현동의 높이 솟은 아파트 숲이 다가온다. 돌고래 모습을 형상화했다는 남동소래아트에 눈길을 주다 보면 잠시 후 월곶포구가 나타난다. 53코스 시작점에서 한 시간 넘게 배곧한울공원을 지나온 셈이다.

월곶포구는 바로 인근 소래포구와 함께 수도권의 대표 어시장이다. 바다 쪽으로 뻗은 지형이 반달 같아서 월곶月串이란 이름이 붙었다. 밀물 땐 바닷물과 고깃배가 들어오지만, 썰물 때면 갯벌이 고스란히 드러난다. 갯벌에 누운 고깃배 풍경이 운치 있다.

소래포구역과 월곶역을 잇는 수인분당선 철교 아래를 지나면, 45코스 평택에서 서해랑길과는 헤어져야 한다. 서해랑길은 인천광역시로 향한다. 경기둘레길은 서해안과도 헤어지며 내륙으로 방향을 튼다.

소래대교와 나란히 붙은 영동고속도로 아래를 지나면 주변 풍경이 급변한다. 아파트 숲이 아니라 인적 없는 벌판이다. 하천 물줄기를 거슬러 방산대교 굴다리를 지나면 자전거 모양 다리가 시야에 잡힌다. '미생의 다리'다. '미래를 키우는 생명 도시'라는 시흥시 슬로건에서 다리 이름을 따왔다. 일출과 일몰이 아름다워 사진 동호인들이 즐겨 찾는 출사지이다.

곧게 뻗은 들판과 솔트베이골프장을 지나면 시흥갯골생태공원이다. 일제강점기 때부터 소금을 생산하는 염전이 있었다. 1990년대 중반 소금 생산을 중단했는데, 그 덕에 습지가 되살아났다. 지금은 국가가 관리하는 28군데 습지보호 지역 중 하나이다. 갯골을 벗어나면 종착지인 시흥연꽃테마파크까지는 한 시간 반 거리다. 들길과 하천길이 번갈아 이어진다.

| TRAVEL TIP | 주변 명소 |

📷 배곧한울공원

시흥시 배곧동 배곧신도시에 있는 아주 긴 공원이다. 공원 길이가 약 4km에 이르며, 넓이는 약 10만 평이다. 공원 서남쪽 끝이 경기둘레길 53코스 출발점이다. 4km 내내 경기둘레길 코스와 겹친다. 공원 앞으로 서해가 펼쳐진다. 공원 시작점 부근에 있는 해수체험장이 인상적이다. 지하 150m에서 끌어올린 해수 풀장으로 제법 이국적인 분위기가 풍긴다. 공원 안에 카페, 매점, 주차장, 한글 공원, 산책로, 잔디밭, 나무숲 등을 갖추고 있다.

📍 시흥시 해송십리로 61

📷 월곶포구

시흥시 월곶동月串洞에 있는 포구이다. 하늘에서 보면 땅의 생김새가 반달처럼 생겼다고 해서 월곶이라는 이름을 얻었다. 조선 시대에는 수군이 주둔할 정도로 군사적으로 중요한 곳이었다. 1990년대 초중반에 포구 부근 갯벌 17만 평을 메워 어시장, 음식 거리, 주차장 등을 만들었다. 음식점과 해산물 가게만 230여 곳에 이른다. 주말엔 싱싱한 활어와 해산물을 즐기려는 사람들로 늘 붐빈다. 밀물 때는 바닷물이 포구까지 들오고, 이때는 어선이 들고 난다. 하지만 썰물 때는 갯벌이 그대로 드러나 또 다른 풍경을 연출해준다.

📍 시흥시 월동중앙로 57

시흥갯골생태공원

시흥시 장곡동에 있는 갯벌습지공원이다. 넓이는 무려 150만 평에 이른다. 갯골 지역에는 원래 일제강점기에 만든 염전이 있었다. 천일염 수입자유화로 1996년 염전이 폐쇄되자 다행히 갯벌과 습지가 되살아나 생태가 자연스럽게 복원되었다. 갯골생태공원에서는 농게, 붉은발농게 같은 바다 생물과 칠면초, 나문재, 퉁퉁마디 등의 염생식물이 자란다. 소금 실어 나르던 작은 화물열차인 가시렁차와 소금 창고 등이 옛 모습 그대로 남아있거나 복원돼 있다. 이밖에 잔디광장, 염전체험장, 수상자전거 체험장, 탐조대, 갯벌생태관찰지구, 22m 높이에서 공원 전체를 조망할 수 있는 흔들전망대 등 다양한 공간이 산책로로 연결된다.

ONE MORE | 주변 맛집과 숙소

- 조선우 본점(소고기, 삼겹살) ⊙ 경기 시흥시 배곧4로 18 📞 031-431-7711
- 진애연(회정식, 전복찜) ⊙ 시흥시 월곶해안로 153 📞 031-317-0998
- 갈매기회타운(매운탕, 해물찜) ⊙ 시흥시 월곶해안로 157 📞 031-318-0489
- 세븐모텔 ⊙ 시흥시 월곶중앙로70번안길 35 📞 031-404-3777
- 브라운도트호텔 월곶점 ⊙ 시흥시 월곶중앙로70번안길 30 📞 031-404-6995
- 하트텔 ⊙ 시흥시 월곶중앙로30번안길 10-6 📞 031-318-4005

54 시흥 54코스

course **시흥연꽃테마파크~부천 소사역 14.9km**

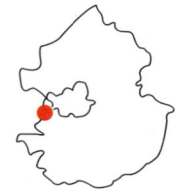

조선 시대 연꽃 연못으로 유명한 관곡지를 뒤에 두고 54코스를 출발한다. 조선 후기에 만든 간척지 평야 '호조벌'을 거쳐 대야동을 지나고 봉매산을 넘는다. 성주산 능선으로 내려와 서울신학대학교 정문을 지나면 종점 소사역이 머지않다. 난이도는 C, 높지는 않지만, 산을 몇 개 넘어야 한다. 제법 힘든 코스이다.

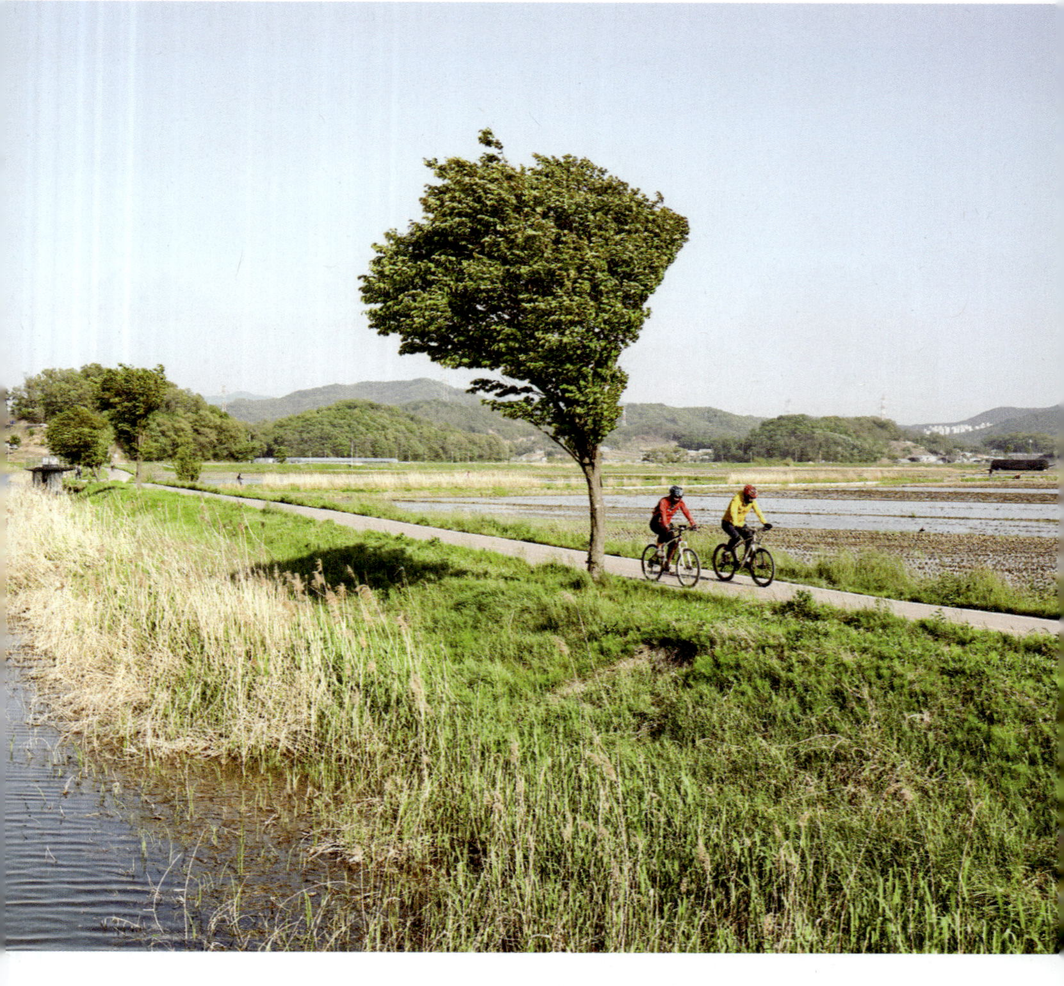

코스 정보

시작점 시흥시 하중동 76-1 **도착점** 부천시 소사동 43-36 (부천 소사역 3번 출구 앞)
코스 길이 14.9km **트레킹 시간** 5시간
코스 특징 조선 시대 간척으로 만든 호조벌을 지나며 시흥시와 이별하고 부천으로 들어선다. **난이도** C
상세경로 시흥연꽃테마파크 - 은빛초교 - 은계호수공원 - 시흥대야역 - 대야교 - 늘솟당 - 소사역
시작점 대중교통 서해선 시흥시청역에서 5번 버스 승차 10~15분 간격 운행 → 약 10분 소요 → 연꽃테마파크, 농업기술센터 하차
포토존과 추천 경관 관곡지, 시흥연꽃테마파크, 호조벌
유의사항 시흥늠내길 및 부천둘레길과 부분적으로 겹친다. 이 두 길에 대한 기본 정보를 사전에 숙지하고 걸으면 여행의 즐거움이 배가된다.

53코스 종반 시흥대로 굴다리부터 물길과 같이 걸었다. 하천 이름은 보통천普通川이다. 시흥시에서 가장 큰 중심 하천이다. 안산과 접경인 조남동 일대에서 발원해 물왕저수지에 잠시 고였다가 북서쪽으로 흘러내린 뒤 서해로 유입된다. 보통천과 인접한 관곡지官谷池는 시흥의 인물인 조선시대 강희맹 선생이 중국 명나라에서 연꽃 씨를 가져와 심었다는 연못이다. 바로 옆으로는 다양한 연꽃과 수생식물을 심어 놓은 수만 평의 연꽃테마파크가 있다. 매년 7~8월이 되면 만개한 연꽃을 즐기려는 관광객들로 붐빈다.

관곡지를 뒤로하고 '넘다리'를 건너면 54코스가 시작된다. 이제 보통천과 헤어진다. 광활한 평야 지대를 지난다. 일직선으로 뻗어난 농로를 20여 분 따라가다 폭넓은 하천이 길을 막으면, 방향을 틀어 하천과 나란히 둑방길을 따라간다. 은행천이다. 53코스 종반인 갯골 근처에서 보통천과 합류하여 서해로 흘러든다. 은행천과 보통천을 끼고 형성된 넓은 평야는 시흥시 최대 곡창지대다. 조선 후기, 갯벌이었던 이곳에 제방을 쌓아 농경

지로 탈바꿈시켰다. '대공사를 조정의 호조(戶曹)에서 진두지휘했다' 하여, 이 평야 지대를 '호조벌'이라 부른다. 제2경인고속도로 터널을 지나 은행동 중심가로 들어서면서 농경지는 벗어나지만 은행천과는 당분간 함께한다. 제2경인고속도로와 서울외곽순환도로가 교차하는 안현분기점, 시흥의 심장부인 은행동, 새롭게 조성된 은계호수공원을 지난다. 이윽고 원래 부천 땅이었으나, 1973년에 시흥에 편입된 대야동을 남단에서 북단까지 종단한다.

서해선 시흥대야역을 지나자 왼쪽으로 봉긋하게 솟은 소래산이 눈길을 끈다. 소래산을 등지고 서울외곽순환도로 아래를 지나며 숲길로 들어선다. 54코스 전체의 3분의 1에 해당하는 숲길이 막 시작되었다. 대야동 도로에서부터 '시흥 늠내길' 이정표가 수시로 눈에 띈다. '늠내'는 고구려 때 시흥 지명인 '잉벌노'를 우리말로 풀어쓴 것으로, '뻗어 나가는 땅' 혹은 '넓은 땅'이란 뜻이라고 한다. 55km인 시흥 늠내길은 각기 이어지지 않고 분리된 4개 코스로 구성되는데, 경기둘레길 54코스 후반은 늠내길 3코스와 부분적으로 겹친다.

야트막한 봉매산 자락을 오르락내리락하다 39번 국도 위를 건너며 시흥을 등지고 부천으로 들어선다. 길은 성주산 자락으로 이어진다. '부천 둘레길 2코스 산림욕길' 이정표가 있는 아치형 입구부터가 성주산 등산로다. 가파른 나무 계단을 200m 올라가면 운동기구들이 놓인 전망 좋은 쉼터가 나온다. 조금 전까지 지나온 은행동과 대야동의 아파트 단지가 시원하게 드러난다.

성주산 능선을 따라 두어 번 으르내리면 숲길이 끝나며 서울신학대학교 정문으로 내려선다. 소사마을의 1000년 보호수인 거대한 은행나무 앞에서 잠시 고목의 정기를 받는다. 아래로 내려가 번잡한 도로를 지나면 소사역에 이른다.

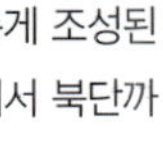

| TRAVEL TIP | 주변 명소 |

📷 관곡지

경기도 시흥시 하중동 시흥연꽃테마파크 옆에 있는 조선 시대 연못이다. 규모는 가로 23m, 세로 18.5m이다. 조선 전기의 관리이자 농학자 강희맹1424~1483이 연꽃을 심은 곳으로 알려졌다. 그는 세조 9년 사신으로 명나라에 갔다가 남경(지금의 난징시)에서 연꽃 씨를 가져와 이곳에 심었다. 이를 계기로 관곡지의 연꽃이 조선 여러 곳으로 퍼지게 되었다고 알려졌다. 이렇게 되자 이 지역은 '연성'이라 불리게 되었다. 연꽃 고을이라는 뜻인데, 연성초등학교, 연성중학교, 연성대학교 이름이 여기에서 비롯되었다. 시흥시의 문화제 이름도 '연성문화제'이다. 📍 시흥시 관곡지로 93 📞 031-310-6224

📷 시흥연꽃테마파크

시흥시 하중동의 관곡지 주변 논에 조성한 연꽃을 테마로 한 공원이다. 시흥시에서 조선 시대 연꽃 연못으로 유명한 관곡지의 역사성과 관상용 가치를 이어가기 위해 연꽃공원을 만들었다. 연꽃테마파크의 넓이는 약 6만 평이다. 연꽃은 7월 중순부터 피기 시작하는데, 8월 말에 절정을 이룬다. 6만여 평의 넓은 공원에 곱고 우아하게 핀 연꽃이 장관이다. 연꽃은 9월 중순까지 감상할 수 있다. 테마파크 주변에 산책로, 자전거도로, 수생식물원, 어린이 생태놀이터, 전망대, 원두막 등을 갖추어 놓았다. 이른 봄 산책로에 피는 벚꽃도 아름답다.
📍 시흥시 관곡지로 139 📞 031-310-6224

📷 호조벌

경기도 시흥시 매화동과 도창동 일대의 너른 들을 일컫는다. 넓이는 약 140만 평이다. 호조벌은 자연스럽게 만들어진 들이 아니라 조선 후기에 간척사업으로 갯벌에 만든 인공 평야이다. 임진왜란과 병자호란을 연이어 겪은 조선은 정치뿐 아니라 백성의 삶도 황폐화했다. 이에 조정은 대대적으로 농지를 확보하기 위해 시흥의 바다를 막았다. 이때 만들어진 둑이 길이 720m의 호조방죽이다. 지금은 이 방죽이 국도 39호선이 지난다. 들판 이름이 호조벌인 이유는 조선 시대 6대 중앙부처6조 중 하나인 호조에서 사업을 관장했기 때문이다. 호조에서 만든 들, 호조벌은 백성을 살리려는 애민사상의 역사적인 현장이다.

📍 시흥시 도창동 259-2

ONE MORE 주변 맛집과 숙소

🍴 한촌설렁탕 시흥신천점(설렁탕, 도가니탕) 📍 시흥시 신천3길 10-1 📞 031-318-8854
🍴 한짬뽕(자장면, 고기짬뽕) 📍 시흥시 삼미시장4길 21 📞 031-315-1910
🍴 옥돌정쌈밥(우렁된장쌈밥, 제육쌈밥) 📍 시흥시 삼미시장2길 20 📞 031-315-8595
🏨 궁전장여관 📍 부천시 호현로 475
🏨 네델란드모텔 📍 부천시 호현로488번길 10 📞 032-341-7868
🏨 테마장여관 📍 부천시 경인옛로22번길 10 📞 032-346-7435
🏨 수호텔 📍 부천시 소사르247번길 16 📞 032-349-9494

55 course 부천 55코스

부천 소사역~부천오정대공원 12.9km

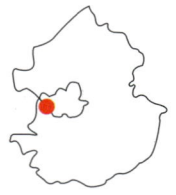

55코스는 부천의 속살을 온전히 경험하는 구간이다. 서울 구로구, 양천구와 접경을 이루는 부천시 동부 경계선을 따라 걷는다. 원미산, 봉배산, 와룡산, 국기봉, 지양산을 차례로 오르내린다. 해발 100m 내외의 야트막한 산이지만, 그래도 산은 산이다. 난이도는 C, 거리는 짧지만 비교적 힘든 코스이다.

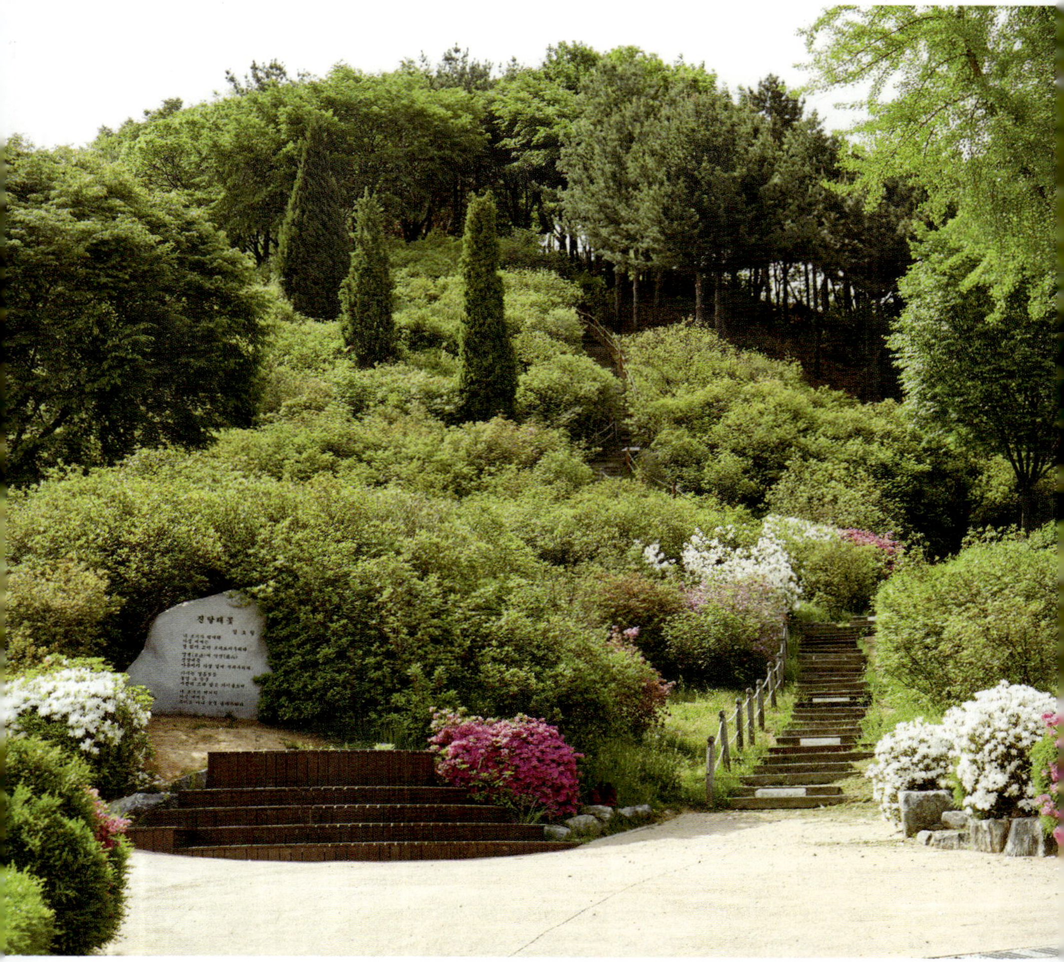

코스 정보

시작점 부천시 소사동 43-35 (부천 소사역 3번 출구 앞) **도착점** 부천시 오정동 1-26(부천 오정대공원)
코스 길이 12.9km **트레킹 시간** 5시간 45분 **코스 특징** 원미산에서 오정대공원까지 부천의 산과 공원과 도심을 따라 걷는다. **난이도** C **상세경로** 소사역 - 원미산 - 산울림청소년수련관 - 국기봉 - 까치울터널 위 - 지양산 - 고리울구름다리 - 고리울가로공원 - 수주어린이공원 - 오정대공원
시작점 대중교통 부천터미널에서 302, 53, 56번 버스 승차(평일 10분 간격 운행, 주말 10~15분 간격 운행) → 약 5분 이동 → 송내역/로데오거리 하차 후 송내역에서 지하철 1호선 승차 → 부천 소사역 하차
포토존과 추천 경관 고강선사유적공원, 원미산진달래공원, 경숙옹주묘
유의사항 원미산과 지양산, 두 번의 산행길을 거친다. 구로올레길과 양천둘레길과 겹친다. 길에 대한 기본 정보를 사전에 숙지하고 걸으면 여행의 즐거움이 배가된다.

 55코스는 부천의 속살을 온전히 경험하는 구간이다. 경기둘레길을 출발한 이래 처음으로 서울권과 만나는 코스이기도 하다. 서울 구로구, 양천구와 접경을 이루는 부천시 동부 경계선을 따라 올라가기 때문이다. 수도권 전철 1호선과 신설 서해선이 만나는 소사역이 55코스 출발점이다. 3번 출구로 나오면 외관이 예쁜 토마토김밥 건물이 코스 안내판과 스탬프 함을 호위하며 친근하게 맞아준다.

멀뫼사거리, 소사주민지원센터 건물을 뒤로하고 소사교 우측으로 난 숲길로 올라서면 곧바로 원미산 등산로가 시작된다. '부천순환둘레길 1구간' 안내판과 '원미산 영산홍단지' 표지석이 수문장처럼 서 있다. '시가 있는 숲', '연리지 쉼터', '녹색나무 숲', '네거리 쉼터' 등 이름도 정겨운 곳들을 쉬엄쉬엄 지나다 보면 해발 167m 정상 원미정에 이른다. 세 개의 봉우리를 오르내리는 2km 원미산 구간은 완만하고 편안하다. 동쪽으로 구로구와 양천구의 주거지역이 인접해 있다. 산울림청소년수련관으로 내려오면서 원미산과 헤어진다.

역곡로를 굴다리로 건너면 이어서 두 번째 산길로 접어든다. 봉배산, 와룡산, 국기봉, 지양산을 차례로 오르내린다. 해발 100m 내외의 야트막한 산들이다. 이 구간부터는 구로올레길, 양천둘레길과 순차적으로 겹친다. 경기둘레길이 부천둘레길, 구로올레길, 양천둘레길과 겹치는 것이다.

절골과 능고개를 지나면 성종 임금의 딸인 경숙옹주 묘 위를 지난다. 산속의 정원 느낌이 드는 공간이다. 발아래는 까치울터널이고 오른편으로 양천구 신정동, 왼편으로는 부천시 작동의 주택단지들이 내려다보인다. 데크 계단을 오르며 마지막 힘을 쏟고 나면 고즈넉한 지양산 숲길이 기다린다. 국기봉부터 이어지는 이 일대는 '지양산 숲이 좋은 길' 4km의 일부이다.

경관 측면에서 55코스의 하이라이트는 선사시대 제사 유적인 '적석환구유구'積石環溝遺構 발굴터 바로 아래이다. 숲에 가려 막혔던 시야가 확 트이고, 정면으로 180도 시원한 정경이 펼쳐진다. 고강선사유적공원이 바로 앞이고, 그 너머로 개화산과 행주산성이 살짝 보인다. 그 옆으로는 드넓은 김포공항이 펼쳐지고, 왼편으로는 삼각형의 계양산이 도드라져 보인다.

고강선사유적공원은 3,000여 년 전 사람들이 살았던 촌락 흔적이 발굴된 곳이다. 소사역부터 이곳까지는 부천둘레길 1구간, 향토유적숲길이다. 경기둘레길 55코스와 온전히 겹친다. 공원 앞 수주도서관을 등지고 나오면 부천시 북부의 상가와 주택 지구를 만난다. 도로와 골목길에 차량 통행이 적지 않다. 고강동을 지나 원정동 한가운데를 동쪽에서 서쪽으로 횡단하고 나면 오정대공원에 이른다. 55코스의 종착점이자 56코스의 시작점이다.

ONE MORE 주변 맛집과 숙소

- 명가추어탕(추어탕, 추어만두) 부천시 원종로86번길 7 032-678-1314
- 작동오리불고기(유황오리불고기, 닭백숙) 부천시 역곡로344번길 16 032-681-5292
- 조박사아구까치복(복탕, 아구찜) 부천시 삼작로256번길 9 032-677-2100
- 황해도김치만두전골(옻닭, 만두전골) 부천시 원종로51번길 64 032-672-5524
- 불가마천지연랜드 부천시 소사로 825 032-677-0577

56 course 부천 56코스
부천오정대공원~아라김포여객터미널 앞 15.6km

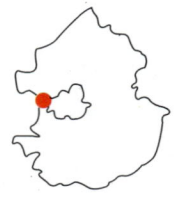

56코스는 중반까지 부천시 영역을 걷고 그 이후 아라뱃길을 지나는 동안은 인천광역시와 서울특별시를 지나 김포시에서 끝난다. 56코스는 경기둘레길 60개 코스 중에서 경기도 영역이 아닌 구간을 지나는 유일한 코스다. 난이도는 B, 평지지만 자전거 통행에 특히 신경이 많이 쓰이는 코스이다.

코스 정보

시작점 부천시 오정동 1-26(부천 오정대공원) **도착점** 김포시 고촌읍 전호리 661(아라김포여객터미널 앞)
코스 길이 15.6km **트레킹 시간** 4시간 50분 **코스 특징** 한강과 서해를 이어주는 아라뱃길을 만나며 부천을 벗어나 김포로 들어선다. **난이도** B **상세경로** 오정대공원 - 봉오대로사거리 - 중동대로 입구 - 박촌교 - 여월천 - 아라등대 - 뱃길조각공원 - 백운교 - 전호교 - 아라김포여객터미널 앞
시작점 대중교통 ❶ 부천터미널에서 59번 버스 승차 평일 10~20분 간격 운행, 주말 15~25분 간격 운행 → 약 46분 이동 → 신동문 아파트 하차 ❷ 7호선 춘의역에서 12번 버스 승차 평일 10~20분 간격 운행, 주말 20~30분 간격 운행 → 약 27분 소요 → 오정동 경인OBS방송국 하차 **포토존과 추천 경관** 아라뱃길조각공원, 북부수자원생태공원, 오정대공원, 굴포천 **유의사항** 굴포천 천변길은 오가는 자전거가 워낙 많다. 신경이 많이 쓰이는 구간이다. 천변 위 둑방으로 올라서서 걸으면 다소 울퉁불퉁하지만, 자전거에 신경 안 써도 되고 시야가 한결 더 시원하다.

전체 거리 48km인 부천둘레길은 향토유적숲길, 산림욕길, 물길 따라 걷는 길, 황금들판길, 누리길, 범벅동 순환길 순으로 명명되는 6개 구간으로 이뤄진다. 56코스 전반부, 그러니까 오정대공원에서 굴포천 입구까지는 부천둘레길 4구간 황금들판길과 겹친다. 56코스는 중반까지만 부천시 영역이고 이후 아라뱃길을 지나는 동안은 인천광역시와 서울특별시의 경계를 지나야 한다. 56코스는 경기둘레길 60개 코스 중 경기도 영역이 아닌 구간을 지나는 유일한 코스이다.

56코스 시작점은 오정대공원이다. 자전거 테마공원이다. 공원 앞으로 흐르는 여월천을 잠깐 따라 걷다 헤어지고 봉오대로사거리에서 도로를 건너면 베르네천변길로 들어선다. 베르네천은 원미산에서 발원하여 아파트단지와 논밭 사이를 흐른다. 베르네천에 이어 동부간선수로 천변을 걷는 것도 잠깐, 다시 드넓은 봉오대로를 만난다. 가로수 우거진 인도 위를 20분 정도 고즈넉하게 걷고 나면 굴포천이 반긴다. 인천 부평구에서 발원하여 경기 부천시를 거쳐 김포시에서 한강에 합류하는, 수도권 서부의 중심 하천이다. 남은 구간은 북쪽으로 흐르는 굴

포천이 아라뱃길과 만나 함께 흐르다 한강에 섞이는 과정을 바라보며 걷는 여정이다. '굴포'라는 명칭에서 느껴지듯 자연 하천이 아니라 땅을 파서 만든 인공 하천이다. 조선 시대 삼남지방에서 곡물 등을 운반하는 배가 강화도 구간에서 자주 뒤집히자 위험 구간을 피해 안전하게 다닐 수 있도록 인천과 부천 사이에 운하를 만들었다. 천변길에 들어서고 30분 후 만나는 북부수자원생태공원은 자전거 동호인들이 반드시 쉬었다 가는 전망 좋은 쉼터이다. 이곳까지의 천변길은 인천광역시와 부천시의 경계였고, 쉼터에서 나머지 2.5km 하류 구간은 인천광역시와 서울특별시의 경계이다. 굴포천 천변길은 자전거가 워낙 많다. 천변 위 둑방으로 올라서서 걸으면 다소 울퉁불퉁하지만, 자전거에 신경 안 써서 좋고, 시야도 한결 시원해 좋다.

굴포천이 아라뱃길에 합류하는 두물머리부터는 인도와 자전거길이 넓게 분리된 쾌적한 길이 이어진다. 인천국제공항고속도로 아래를 지나면 아라등대가 나온다. 잠시 쉬며 아라뱃길을 바라보다가 김포 쪽을 향해 걸음을 옮긴다. 아라뱃길은 한강과 인천 앞바다를 연결하는 운하이다. 이명박 정부 때 2조2천억 원이 넘는 돈을 들여 자전거길과 함께 건설했으나 운하를 이용하는 선박은 거의 없는 편이다. 이런 까닭에 2조 원짜리 자전거길이라는 비판을 받는다.

아라등대에서 김포아라대교 하단까지 3km는 곧게 뻗어 있다. 플라잉가든, 파크웨이, 뱃길조각공원 등 중간 중간 배치된 운치 있는 공간이 걸음을 멈추게 한다. 김포터미널 물류단지를 거쳐 경인항 반대편으로 넘어가는 마지막 구간은 쾌적하면서 역동적이다. 특히 아라뱃길 초입인 전호교를 넘는 동안엔 뱃길과 주변 경관이 근사한 파노라마로 펼쳐진다.

| TRAVEL TIP | 주변 명소 |

📷 오정대공원

부천시 오정동의 오정구청사 뒤편에 있다. 부천시가 2009년에 조성한 자전거 테마공원이다. 공원 넓이는 약 1만 5천 평이다. 입구에 서 있는 자전거 바퀴 조형물과 자전거문화센터 건물이 공원의 특징을 잘 알려준다. 자전거 문화센터에서 자전거를 대여해 탈 수 있다. 또 공원 안에 자전거 연습장과 자전거 둘레길도 만들어 놓았다. 인조 축구장과 야외무대와 분수대 등을 따라 10분 정도면 공원을 한 바퀴 돌아 나온다.

📍 부천시 상오정로 183　📞 032-625-4853

📷 북부수자원생태공원

굴포천 옆 부천시 대장동에 있다. 혐오시설로 취급받는 하수종말처리장에 맑은 물과 생태 개념을 도입하여 공원과 체육시설을 추가하였다. 다른 수자원생태공원이 자연과 생태공원의 성격이 강한데에 비해 이곳은 체육공원 성격이 더 짙다. 체육시설로 축구장, 농구장, 파크골프장, 인라인스케이트장 등을 갖추고 있다. 잔디광장과 산책로도 만들어 놓았다. 이밖에 연못, 어린이 놀이터, 원두막, 자전거 보관대도 갖추고 있다. 📍 부천시 벌말로 220　📞 032-678-4855

뱃길조각공원

김포시 고촌읍 경인아라뱃길 벌말교 근처에 있다. 10점이 넘는 입체 조형작품을 구경할 수 있다. 조각 작품은 전문가의 작업은 아니고, 대학생들이 만든 것이다. 중앙대, 성신여대, 서울시립대의 학생들이 제작한 작품들이다. 로봇 조형물부터 아파트 우편함을 연상시키는 작품까지 대학생들의 상상력이 묻어난 작품이 많다. 이곳에 바라보는 일몰 풍경이 아주 아름답다. 하지만 조각공원의 규모나 관리 측면에서는 아쉬운 점이 많다. ◉ 김포시 고촌읍 신곡리 680-4

ONE MORE 주변 맛집과 숙소

- 🍴 소담한정식(곤드레정식, 보쌈정식) ◉ 인천 계양구 경명대로1373번길 8 ☎ 032-552-2323
- 🍴 신교령사골순대국(순대국, 소머리국밥) ◉ 인천 계양구 벌말로 608 ☎ 032-546-6908
- 🍴 갈비성 고촌점(소갈비, 삼겹살) ◉ 김포시 고촌읍 은행영사정로 25 ☎ 031-983-7799
- 🍴 막퍼주는푸줏간(갈비탕, 돼지불고기) ◉ 김포시 고촌읍 은행영사정로 9 ☎ 031-985-5302
- 🍴 영사정민물장어 직판장(민물장어, 갯벌장어) ◉ 김포시 고촌읍 금포로 301 ☎ 031-997-0592
- 🍴 풍년촌감자탕(감자탕, 순대국)
  ◉ 김포시 고촌읍 아라육로182번길 50 국민차매매단지 B동 104호 ☎ 031-8092-4869
- 🏨 포스타호텔 ◉ 부천시 석천로531번길 43 ☎ 0507-1336-6006
- 🏨 라마다앙코르바이윈덤 ◉ 김포시 고촌읍 아라육로152번길 169 ☎ 02-582-0700

57 김포 57코스

course

아라김포여객터미널 앞~김포장릉산 쉼터김포시청 뒤 **10.8km**

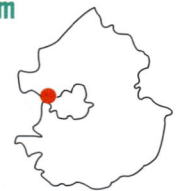

57코스는 하천과 김포평야와 아파트 단지를 두루두루 만나는 구간이다. 김포시 고촌읍과 풍무동을 관통하여 김포시청 입구인 김포 장릉까지 11km 가까이 이어진다. 풍무사거리를 지나서는 숲길도 만난다. 짧지만 운치 있는 장릉 외곽 숲길이다. 난이도는 A, 길이까지 적당해 걷기 쉽다.

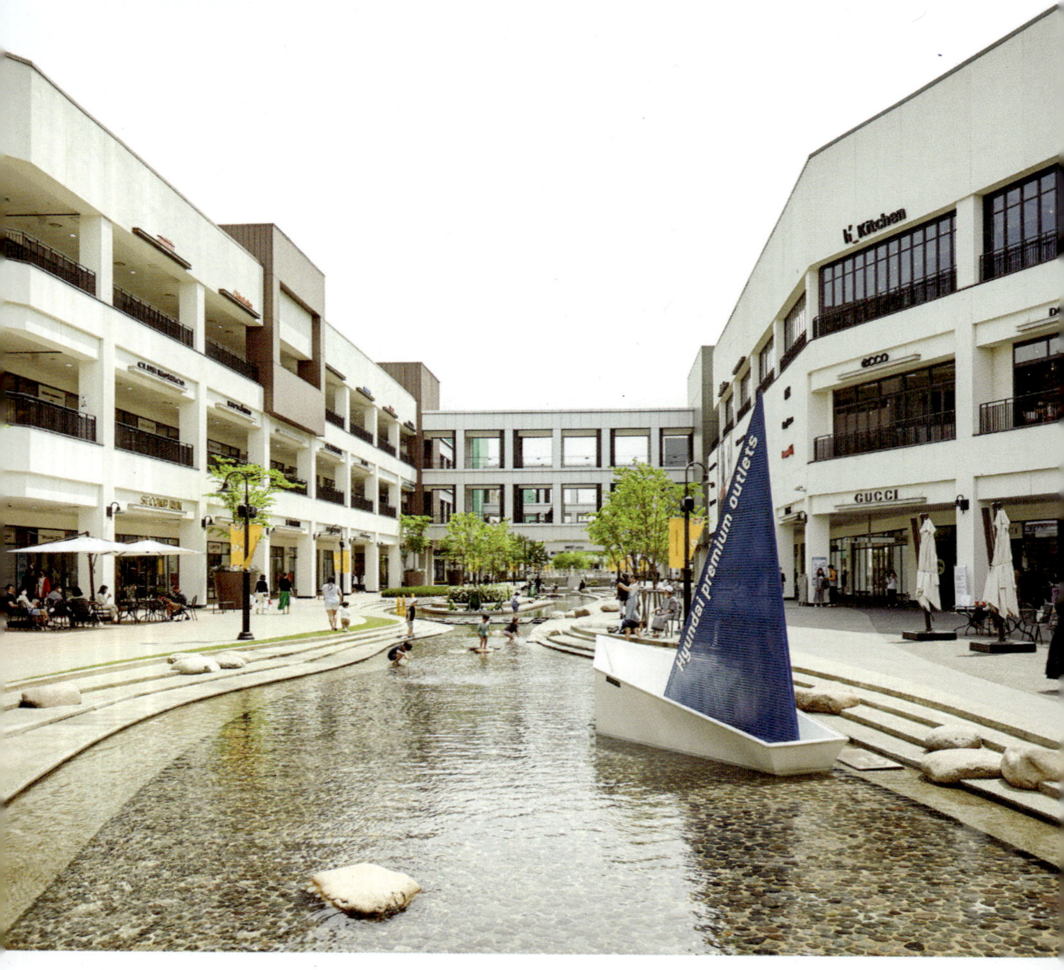

코스 정보

시작점 김포시 고촌읍 전호리 661(아라김포여객터미널 앞)
도착점 김포시 사우동 1312-1(김포장릉 쉼터김포시청 뒤) **코스 길이** 10.8km **트레킹 시간** 3시간 25분
코스 특징 아라뱃길과 김포평야, 신도시 공원들을 경유하며 세계유산 장릉까지 이어지는 길.
난이도 A **상세경로** 아라김포여객터미널 앞 - 백운교 - 유채어린이집 - 현수2교사거리 - 풍무도서관 - 김포장릉김포시청 입구
시작점 대중교통 ❶ 김포골드라인 고촌역 1번 출구에서 16번 버스 승차15~20분 간격 운행 → 약 20분 이동 → 아라뱃길·김포터미널 하차 ❷ 9호선 개화역개화역 광역환승센터에서 16-1번 버스 승차10~15분 간격 운행 → 약 20분 이동 → 아라뱃길·김포터미널 하차
포토존과 추천 경관 김포 아라마리나, 김포 현대프리미엄아울렛, 경인아라뱃길, 김포평야, 김포대수로
유의사항 김포평야와 한적한 민가 지역을 지나는 편안한 길이다. 특별히 유의할 일은 없다.

57코스 시작점은 아라김포여객터미널이다. 김포평야의 하천과 들판과 주택지들을 두루두루 만나며 지난다. 김포시 고촌읍과 풍무동을 관통하여 김포시청 입구인 김포 장릉까지 이어진다. 초기 2km는 아라뱃길 자전거길과 겹친다. 아라뱃길 자전거길은 한강 자전거길과도 직결되기에, 서울 시내에서 자전거를 타면 서해까지 도달할 수 있다. 경인아라뱃길 종착점인 아라인천터미널은 인천-부산간 633km 국토 종주 자전거길의 출발점이다. 인천터미널의 아라서해갑문 앞 633광장에서 출발하면 낙동강 하구둑까지 빠르면 5일, 길면 10일 정도 걸린다.

아라뱃길 위 백문교를 지나면 인천광역시의 경계 직전에서 90도 방향을 틀며 북서쪽 김포평야로 발을 들인다. 경기둘레길 초기 2~4코스에서 만났던 광활한 평야와 다를 바 없다. 다만 2~4코스가 민통선 주변이라 분위기가 한적했다면, 57코스는 대형 아파트 단지와 상가들이 보인다는 점이 다르다.

서울외곽순환고속도로를 지나 만나는 김포대수로는 인공으로 만들어진 물길이다. 김포평야를 비옥하게 만드는 수많은 젖줄 중 하나다. 김포평야와 대수로 물길 따라 불어오는 바람을 맞으며 걷는 발걸음이 한결 가뿐하다. 김포공항에 착륙하려는 비행기들이 5분 만에 한 대씩 머리 위로 지나간다. 주변 민가에 사는 이들에겐

불편한 소음일 수 있겠지만, 잠시 지나는 도보 여행자에겐 색다른 풍경이다.

한 시간 넘게 김포대수로를 따라 걷다가 천변길을 등지고 나면 풍무도서관 앞 새장터공원을 만난다. 여기서부터는 풍무동 신도시 영역이다. 식당과 카페 등 다양한 상가 건물이 잘 정비된 도로 따라 잠시 이어진다. 김포평야와 한적한 민가 지역을 걸었는데, 문득 도시 분위기를 접하게 되니 기분이 새롭다.

풍무사거리를 지나고 나면 잠시 후 도로를 벗어나 우측 숲으로 들어선다. 짧지만 아주 운치 있는 장릉 외곽 숲길을 따라 김포 장릉 입구로 넘어간다.

TRAVEL TIP 주변 명소

📷 아라김포여객터미널

아라김포여객터미널은 한강과 서해를 이어주는 관문을 꿈꾸며 출발했지만, 애초 목적과 달리 정기적인 여객선이나 대형 크루즈가 다니지 않아 제 기능을 잃어버렸다. 아라뱃길을 왕복하는 유람선이 다니기는 하지만 이마저 비정기적으로 운행한다. 오히려 여객터미널 근처에 있는 현대프리미엄아울렛과 국민차매매단지는 성업 중이다. 여객터미널 옆에 김포 아라뱃길 터미널 요트 선착장인 아라마리나가 있다.

📍 김포시 고촌읍 아라육로270번길 74

📷 김포 장릉

김포시 풍무동 경기둘레길 57코스가 끝나는 지점에 있는 조선 시대 왕릉이다. 인조의 아버지인 추존왕 원종1580~1619과 부인 인헌왕후1578~1626의 무덤이다. 원종은 선조의 다섯 번째 아들이다. 1623년 능양군 긴조가 반정으로 왕위에 오른 뒤 정원대원군에 봉해졌고, 그 후 왕으로 추존되었다. 왕릉과 왕비릉이 옆으로 나란히 있는 상릉으로, 조선의 여러 왕릉과 더불어 세계문화유산에 등재되었다. 하지만, 유네스코의 권고와 문화재법규를 어기고 왕릉 앞 검단신도시에 전망을 가로막는 초고층 아파트가 들어서면서 자칫 세계문화유산에서 박탈당할 위기에 처했다. 아파트 상층부를 철거하거나 아파트를 가릴 수 있는 20층 높이의 나무를 심어야 세계문화유산의 자격을 유지할 수 있을 것으로 보인다. 하지만 50m 가까이 자라는 국내 수종이 마땅하지 않고, 이미 들어선 아파트를 철거하는 일도 곤란해 이러지도 저러지도 못하고 있다. 📍 김포시 장릉로 79

ONE MORE 주변 맛집과 숙소

🍴 오새쭈(주꾸미정식, 삼겹살) 📍 김포시 풍무2로 11, 202호 📞 0507-1476-8944

🍴 원조설악추어탕 김포점(추어탕, 삼계탕) 📍 김포시 승가로 85 1층 📞 031-997-6703

🍴 유진복집(복탕, 아구탕) 📍 경기 김포시 중구로 21 📞 031-984-2033

*코스 인근에 숙소가 없다. 콜택시나 대중교통으로 김포 사우동 쪽으로 나가야 한다.

58 course 김포 58코스

김포장릉산 쉼터 김포시청 뒤 **~ 김포 새솔학교 앞** **8.6km**

58코스는 김포 장릉산 쉼터에서 출발해 사우동, 북변동, 강점동, 장기동 등 김포 주요 지역을 두루 지난다. 장릉산과 주택가, 김포평야와 허산 숲길을 차례로 지나면 이윽고 종점에 닿는다. 난이도는 B, 산 두 개를 넘지만 높지는 않아 비교적 쉬운 코스이다.

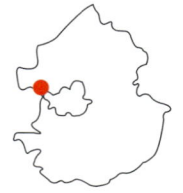

코스 정보

시작점 김포시 사우동 1312-1(김포장릉산 쉼터-김포시청 뒤)
도착점 김포시 장기동 1888-12(김포 새솔학교 앞) **코스 길이** 8.6km **트레킹 시간** 2시간 55분
코스 특징 사우동, 북변동, 강점동, 장기동으로 이어진다. 김포 주요 지역을 두루두루 지난다. **난이도** B
상세경로 김포장릉김포시청입구 - 김포초교 - 김포서초교 - 금빛근린공원 - 서온요양병원 - 김포새솔학교 앞
시작점 대중교통 김포골드라인 사우역사우동행정복지센터 버스정류장에서 52번 마을버스 승차7~20분 간격 운행 → 약 15분 이동 → 김포아파트 하차 후 도보 420m
포토존과 추천 경관 김포 장릉
유의사항 정규코스를 살짝 이탈해서라도 김포한강신도시의 '라베니체 마치 에비뉴'는 일부러 들러볼 가치가 있다. '김포의 베네치아'로 불리는 이유가 있다.

김포 장릉章陵은 조선 16대 왕인 인조의 부모 무덤이다. 정원군은 인조의 부친으로 14대 왕 선조의 5남이었다. 이복형 광해군이 집권하고 10년 후 세상을 떠난다. 그의 아들 인조는 반정으로 광해군을 내치고 집권한 후, 이미 고인이 된 부친 정원군을 원종으로 추존하고 양주에 있던 묘를 모친 묘와 함께 지금의 장소로 이장하였다. 매표소에서 홍살문까지 울창한 나무숲과 연못과 산책길이 이어진다.

58코스의 시작점은 장릉 입구에서 숲길을 따라 500m 넘어간, 김포시청 뒤편 쉼터이다. 거리는 짧지만 사우동, 북변동, 강점동, 장기동 등 김포 주요 지역을 두루두루 지난다. 사우동 일대 주택가를 내려다보며 장릉산 자락을 내려오면 한동안 자동차 통행이 즐비한 도로를 따라 시골 읍내 분위기가 나는 북변동 상가 지역을 지난다. 김포서초교 앞 삼거리에서 다시 만난 김포대수로를 건너고 나면 주변 분위기는 고요하고 호젓해진다. 농로가 길게 이어지는 김포평야와 다시 대면하는 것이다. 나진포천을 건너고 이어서 또 만난 김포대수로를 건너면서 강점동을 벗어나 금빛초등학교 옆 금빛근린공원에서 장기동 산길로 들어선다.

16km의 김포대수로 중 금빛근린공원 일대부터 한강신도시를 관통하는 2.6Km 구간은 '금빛수로'라는 예쁜 애칭으로 불린다. 유럽풍의 상가와 카페가 즐비한 장기동의 이 금빛수로는 '라베니체 마치 에비뉴Laveniche March Avenue'라는 기다란 이름을 가졌다. 하지만 사람들은 '김포 베네치아'로 줄여 부른다. 금빛근린공원에서 잠시 코스를 이탈해 북쪽으로 물길 따라 십여 분만 올라가면 김포 베네치아가 나온다. '물의 도시'인 이탈리

아 베네치아를 모델로 한 운하 거리와 수변 상업지구가 입소문을 타며 인기를 끌고 있다.
금빛근린공원부터 이어지는 산길은 김포시와 인천광역시의 경계에 있는 허산 숲길로 연결된다. 산이라고 해봐야 해발 80m의 야트막한 동네 뒷산에 불과하지만, 주변 김포한강신도시와 인천 서구 시민들에겐 더할 나위 없이 쾌적한 산책로이다. 금빛근린공원에서 고창공원 내 새솔학교 뒤쪽까지, 58코스의 마지막 3.5km는 이런 허산 숲길과 온전히 함께하는 구간이다. 울창한 나무숲 사이로 완만하고 푹신한 흙길이 기분 좋게 이어진다.

ONE MORE	주변 맛집과 숙소

- 🍴 칼밥집(육개장, 김치말이국수) 📍 김포시 봉화로167번길 6-9 📞 031-992-6824
- 🍴 코다리밥도둑 김포석모리직영점(코다리조림, 가오리조림)
  📍 김포시 양촌읍 김포한강4로265번길 15 📞 0507-1396-6650
- 🍴 양평해장국(내장탕, 북어해장국) 📍 김포시 김포대로 1123 📞 031-989-3007
- 🍴 오미어탕어죽(어죽, 매운탕) 📍 김포시 북변1로 20 📞 031-998-1391
- 🍴 청산면옥(냉면, 바지락칼국수) 📍 김포시 북변1로 17 📞 050-7982-3181

*코스 인근에 숙소가 없다. 콜택시나 대중교통으로 김포 장기동이나 사우동 쪽으로 나가야 한다.

59 김포 59코스
course 김포 새솔학교 앞~함배·수안마을 버스정류장 **7.5km**

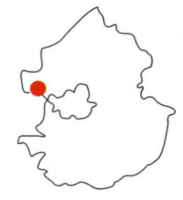

59코스는 대부분 산을 오르내린다. 가현산, 필봉산, 학운산을 차례로 오르고 내리면 종점이 멀지 않다. 가현산 숲길을 나오다 시흥에서 헤어진 서해랑길을 반갑게 만난다. 여기서부터 경기둘레길의 59~60코스는 서해랑길과 온전하게 겹친다. 59코스의 난이도는 C, 높지는 않으나 그래도 세 개의 산을 넘다 보면 힘이 부친다.

코스 정보

시작점 김포시 장기동 1888-12(김포 새솔학교 앞)
도착점 김포시 대곶면 대능리 131-6(함배·수안마을 버스정류장) **코스 길이** 7.5km **트레킹 시간** 3시간 45분
코스 특징 인천 서구와 김포시 양촌읍의 경계를 따라 가현산과 필봉산 숲길을 걷는다. **난이도** C
상세경로 김포새솔학교앞 - 등산로삼거리 - 필봉산 정상 입구 - 보라매식당 - 함배·수안마을 버스정류장
시작점 대중교통 장기역.김포고용복지플러스센터 정류장에서 60-3번, 장기역.신영아파트 정류장에서 9008번 버스 승차평일 12~25분 간격, 주말 25~40분 간격 운행 → 약 5분 이동 → 뉴고려병원.이니스더원 하차 후 도보 500m **포토존과 추천 경관** 가현산 등산로
유의사항 가현산 하산 후 59코스 종착점까지는 두 번의 산행길을 더 거쳐야 한다. 가현산 숲길을 오래 걸은 뒤에 곧바로 이어지는 산행이라 힘이 꽤 부친다.

58코스 후반을 함께한 허산 숲길은 59코스를 시작하며 가현산 숲길로 바통을 넘긴다. 두 개의 산줄기는 경기 김포와 인천 서구를 가르는 경계선 역할을 한다. 가현산 오르는 길은 내내 넓고 울창한 나무숲으로 둘러싸여 있다. 해발 215m의 가현산 정상은 경기도를 살짝 벗어난 인천 서구 영역이다. 시작점 출발 30여 분 후 만나는 숲길 삼거리에서 경기둘레길 리본은 직진하라고 하지만, 가현산 정상으로 향하는 왼쪽 길을 택하는 게 좋다. 코스를 이탈해 정상으로 1km 우회해 다녀올 만하다. 완만하고 부드러운 흙길이라 부담도 별로 없다. 무엇보다도 가현산 정상에서 바라보는 김포 양촌읍과 인천 검단지구 정경에 그 너머 영종도 주변 서해까지 한눈에 펼쳐진 모습이 시원하고 좋다. 예부터 서해 풍광에 취해 거문고 타며 노래를 부르게 되어 '가현歌絃'이란 산 이름이 붙었다고 한다.

'가현산 진달래' 시비詩碑에 잠시 눈길을 주고 가현정歌絃亭을 지나 정상에서 내려오다 보면 익숙하고 반가운

이정표가 새롭게 눈에 띈다. 지난 45코스 평택에서 만나 화성, 안산을 거쳐 시흥까지 함께하다가 53코스에서 헤어졌던 서해랑길이다. 그 사이 서해랑길은 94~98코스를 거치며 인천항과 인천 내륙을 지나 가현산 하산길까지 왔다. 두 길의 이정표 리본이 사이좋게 함께 걸린 길을 다 내려오면 355번 지방도 위를 지나는 육교 앞에서 서해랑길 안내판과 만난다. 98코스가 끝나고 대명항까지 가는 99코스를 보여준다. 경기둘레길의 남은 59~60코스와 온전하게 겹친다.

가현산을 하산하면서 59코스 종착점까지는 두 번의 산행필봉산과 학운산을 더 거쳐야 한다. 해발 100m 내외의 야트막한 오르막이지만 가현산 숲길을 오래 걸은 뒤에 곧바로 이어지는 산행이라 꽤 힘이 부칠 만하다. 두 번째와 세 번째 산길을 내려와 농가와 전원주택과 작은 공장들이 모여 있는 시골길을 걷다 보면 함배·수안마을 입구 버스정류장 앞에 이른다.

| ONE MORE | 주변 맛집과 숙소 |

- 감미옥설렁탕(설렁탕, 도가니탕) ⏺ 김포시 양촌읍 황금로110번길 2 ☎ 031-997-7887
- 최강짬뽕(짬뽕, 자장면) ⏺ 김포시 양촌읍 김포한강8로 34-5 ☎ 031-981-8958
- 상차이김포점(짬뽕, 자장면) ⏺ 김포시 양촌읍 봉수대로 1850-122 ☎ 031-988-1359
- 가현산손칼국수(바지락칼국수, 순두부) ⏺ 김포시 양촌읍 봉수대로 1754-4 ☎ 031-981-5398

*코스 인근에 숙소가 없다. 콜택시나 대중교통으로 김포 구래동으로 나가야 한다.

60 course 김포 60코스
함배·수안마을 버스정류장~대명항 9.7km

60코스는 평화누리길-숲길-물길-갯길로 이어지는 4개 권역을 돌아 1코스 원점으로 회귀하는 마지막 여정이다. 김포반도 서남부의 대곶면을 가로지르며 수안산과 승마산을 넘어 최종 목적지 대명항에 이른다. 지나온 길이 영화 필름처럼 지나간다. 걸음을 옮길 때마다 울컥해진다. 난이도는 C, 산 두 개를 넘어야 한다.

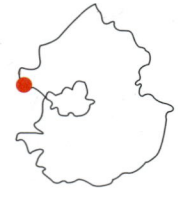

코스 정보

시작점 김포시 대곶면 대능리 131-6(함배.수안마을 버스정류장)
도착점 김포시 대곶면 대명리 517-4 **코스 길이** 9.7km **트레킹 시간** 4시간 30분
코스 특징 김포평야와 수안산, 승마산 능선을 따라 걷다가 원점인 대명항으로 회귀한다.
난이도 C **상세경로** 함배.수안마을버스정류장 - 수안산 - 상미리입구버스정류장 - 대곶검단로 - 약암리495 - 대명항 **시작점 대중교통** 김포골드라인 구래역 한강반도유보라5차 정류장에서 공영학운 버스 승차 → 약 20분 소요 → 함배.수안마을 입구 하차
포토존과 추천 경관 승마산 전망대, 수안산성, 약암홍염천
유의사항 숲길이 계속 이어진다. 늦은 오후에 출발하면 숲속에서 어둠을 맞을 수 있다.

60코스는 평화누리길-숲길-물길-갯길로 이어지는 4개 권역을 돌아 1코스 원점으로 회귀하는 마지막 여정이다. 김포반도 서남부의 대곶면을 가로지르며 수안산과 승마산을 넘어 최종 목적지 대명항에 이른다. 60코스 출발점은 함배.수안마을 버스정류장이다. 수도권 제2순환고속도로의 수안터널 바로 아래다. 고속도로 외벽을 따라 터널 방향으로 200m 올라가면 수안산 숲길이 시작된다. 30분이면 정상에 도착한다. 해발 147m로, 59코스의 가현산보다 낮지만, 서해에 훨씬 가까워 풍광은 더 뛰어나다. 계양산을 중심으로 왼편으론 가현산과 한강신도시가, 오른편으론 영종대교와 영종도 일대 풍광이 시원하게 펼쳐진다.

정상의 수안정 옆 안내판은 이 일대가 오래전 국방 요새인 산성으로 둘러싸여 있었음을 일깨워준다. 수안산성은 수안산의 꼭대기 부분을 둘러서 쌓은 테뫼식 석축 산성으로 생김새는 동서로 긴 원형이다. 현재 남아있는 둘레는 685m 정도이다. 산성은 서해, 강화도와 마주하고 있다.
59~60코스에 걸친 가현산, 필봉산, 수안산으로 이어지는 산줄기는 우리나라 13정맥 중 하나인 한남정맥의 일부다. 안성 죽산의 칠장산에서 북서쪽으로 뻗어 올라온 한남정맥은 경기둘레길 2코스가 시작되는 김포반도 북쪽의 문수산에서 막을 내린다.

넓은 임도를 따라 수안산을 내려오면 농가와 작은 공장이 들어선 시골길이 잠시 이어진다. 시골길이 끝나는 곳에서 마지막 산길을 만난다. 옛 기록에 약초가 많이 나 '약산藥山'으로 기록돼 있다는 승마산이다. 코스대로

하산하면 40분 정도 걸린다. 하지만 30분 정도 코스를 이탈하여 승마산 정상까지 오르길 추천한다. 정상에 근사한 전망대가 있다. 자동차 소리가 들려오고 향긋한 바다 내음이 콧잔등을 간질일 즈음이면 발길은 어느새 약암관광호텔 앞 큰 길가로 내려서 있다. 대명항이 지척임을 온몸으로 느끼는 지점이다.

스페인 산티아고 순례길 거리는 762km이다. 한 달 남짓 걸어 최종 목적지인 산티아고 대성당 첨탑이 멀리 보이면 마음이 울컥해진다. 경기둘레길 전체 길이는 산티아고 순례길보다 긴 860km이다. 대명항이 지척이다. 머릿속에서 지나온 길이 영화 필름처럼 지나간다. 산티아고 순례길에서 그랬던 것처럼 마지막 걸음을 옮길 때마다 가슴 저 밑바닥에서 감정 덩어리가 울컥울컥 올라온다.

ONE MORE 주변 맛집과 숙소

- 어탕국수(어탕, 메기매운탕) ◎ 김포시 대곶면 상마신기로 149 ☏ 031-984-9295
- 돌담집(누룽지백숙, 닭복음탕) ◎ 김포시 대곶면 대곶서로 240 ☏ 031-989-0040
- 황촌집(막국수, 왕갈비탕) ◎ 김포시 대곶면 약암로 853 ☏ 031-989-7977
- 약암관광호텔 ◎ 김포시 대곶면 약암로 965-7 ☏ 031-989-7000
- 호텔코자자 ◎ 김포시 대곶면 대명항1로 89-12 ☏ 031-998-5353

INDEX
찾아보기

ㄱ

가평 레일파크 134
가평 올레 145
가평역 138
가평팔경 144
가현산 334
감악산 60
강씨봉 자연휴양림 117
강천보 197
강천섬 유원지 207
개미허리아치교 293
갯길 권역 248
검단사 42
경기 옛길 의주길 58
경기둘레길 가평 18코스 118
경기둘레길 가평 19코스 124
경기둘레길 가평 20코스 130
경기둘레길 가평 21코스 136
경기둘레길 가평 22코스 140
경기둘레길 가평 23코스 146
경기둘레길 가평 24코스 152
경기둘레길 가평 25코스 158
경기둘레길 고양 4코스 32
경기둘레길 김포 1코스 14
경기둘레길 김포 2코스 20
경기둘레길 김포 3코스 26
경기둘레길 김포 57코스 324
경기둘레길 김포 58코스 328
경기둘레길 김포 59코스 332
경기둘레길 김포 60코스 336
경기둘레길 부천 55코스 314
경기둘레길 부천 56코스 318
경기둘레길 시흥 53코스 302
경기둘레길 시흥 54코스 308
경기둘레길 안산 50코스 286
경기둘레길 안산 51코스 290
경기둘레길 안산 52코스 296
경기둘레길 안성 39코스 220
경기둘레길 안성 40코스 226
경기둘레길 안성 41코스 230
경기둘레길 안성 42코스 236
경기둘레길 안성 43코스 242
경기둘레길 양평 26코스 164
경기둘레길 양평 27코스 168
경기둘레길 양평 28코스 172
경기둘레길 양평 29코스 176
경기둘레길 양평 30코스 180
경기둘레길 양평 31코스 184
경기둘레길 여주 32코스 190
경기둘레길 여주 33코스 194
경기둘레길 여주 34코스 198
경기둘레길 여주 35코스 204
경기둘레길 여주 36코스 208
경기둘레길 여주 37코스 212
경기둘레길 연천 9코스 62
경기둘레길 연천 10코스 68
경기둘레길 연천 11코스 74
경기둘레길 연천 12코스 82
경기둘레길 이천 38코스 216
경기둘레길 파주 5코스 38

경기둘레길 파주 6코스 44
경기둘레길 파주 7코스 50
경기둘레길 파주 8코스 56
경기둘레길 평택 44코스 250
경기둘레길 평택 45코스 256
경기둘레길 평택 46코스 262
경기둘레길 포천 13코스 88
경기둘레길 포천 14코스 94
경기둘레길 포천 15코스 100
경리둘레길 포천 16코스 106
경기둘레길 포천 17코스 112
경기둘레길 화성 47코스 268
경기둘레길 화성 48코스 274
경기둘레길 화성 49코스 280
고강선사유적공원 317
고대산 86
고대산 자연휴양림 87
고려통일대전 43
관곡지 312
관음산 110
구봉도 294
국립하늘숲추모원 182
군남댐 76
군남홍수조절지 78
굴포천 321
궁평유원지 278
궁평항 278
귀목계곡 123
그리팅맨 79
금광호수 234
금빛수로 330
금은모래강변공원 202
김포대수로 326
김포레코파크 36
김포에코센터 35

김포 연화사 31
김포 장릉 327
김포 평화정류소 19
김포함상공원 18

ㄴ

낙천지폭포 103
남사당놀이 240
남양호 266
낭유고개 111
내리문화공원 255
농섬 270
농섬 254

ㄷ

단구월사 170
대명항 16
대부도 람사르 습지 293
대부바다향기 테마파크 295
덕포진 19
덕포진교육박물관 19
도리마을 210
도토머리봉 178
돌담병원 촬영지 104
동주염전 285
두루미테마파크 78
두지나루터 61

ㄹ

로하스파크 79
루프탑 154 28

ㅁ

마고바위 210
마안산 261

매향리 평화생태공원 271
매향리 평화역사관 273
매향리 270
매향항 선착장 273
멍우리협곡 99
명성산 102
명지산 122
목아박물관 197
몰운고개 178
문수산 22
문수산성 24
문지리 535 49
물길 권역 188
뮤직빌리지음악역1939 134

ㅂ

바우덕이 238, 240
박두진 문학길 232
박문수 228
반구정 48
방아머리해변 298
배곧한울공원 306
뱃길조각공원 323
보개산 93
보산정 170
봉미산 162
부소천 105
북부수자원생태공원 322
북한강 150
북한강로벚꽃길 151
비둘기낭폭포 98

ㅅ

사미천 66
사향산 111

산경표 182
산음자연휴양림 163
산정호수 104
서운산 244
서일농원 224
서해대교 266
서해랑길 276
석남사 235
석탄리 철새조망지 31
세물머리 210
손돌묘 18
쇄암리전망대쉼터 19
수도사 267
수안산성 338
숭의전지 72
숲길 권역 80
시화나래조력공원 300
시화방조제 300
시흥갯골생태공원 307
시흥연꽃테마파크 312
시흥오이도 선사유적공원 300
시흥오이도박물관 300
신륵사 203
신탄리역 86
심학산 42

ㅇ

아라김포여객터미널 327
아산호 258
안성맞춤랜드 234
안성천 246
안성팜랜드 247
애기봉 24, 28
애기봉 평화생태공원 30
양동쌍학시장 186

여강 202
여강길 200
여주도자세상 202
연인산도립공원 128
연천 그리팅맨 79
연천 로하스파크 79
연천 당포성 72
연천학곡리 고인돌 66
연천학곡리 적석총 67
염하강 16
영남대로 222
영월근린공원 201
오감도토리마을 196
오두산통일전망대 42
오이도해양단지 301
오정대공원 322
용추계곡 129
용화사 36
운곡암 156
운담영당 110
원미산 316
원효길 264, 265
월곶포구 306
율곡수목원 60
율곡습지공원 59
일동 제일유황온천 116
임산폭포 116
임진강 49
임진강 적벽 61
임진강 주상절리 73
임진강 황포돛배 61

ㅈ

자라섬 135
장산전망대 54
장수폭포 192
장호원 218
전곡항 284
전류리 포구 34
제부도 279
조강 30
조강저수지 25
조종천 123
죽산순교성지 225
죽주산성 224
중리 테마파크 93
지장산 응회암 92

ㅊ

철원평야 86
청룡사 241
청미천 214
청평댐 151
청평양수발전소 142
초평도 54
칠장사 228

ㅋ

캠프 험프리스 254
쿠니 사격장 271

ㅌ

탄도 바닷길 284
통일동산 48

ㅍ

파주 임진각 54
파주 장릉 43
평택국제대교 259
평택섶길 264

평택항 마린센터 264
평택호 258
평택호예술공원 259
평택호예술관 259
평화누리공원 54
평화누리길 12
포천아트밸리 117
프로방스 마을 48

ㅎ

한강기맥 167
한강문화관 207
한강 야생조류생태공원 37
한탄강 99
한탄강 주상절리길 97
한탄강 하늘다리 98
헤이리 예술마을 46
호명산 144
호명호수 144
호조벌 313
화석정 55
화성드림파크 270
화성실크로드 277
화성호 272
화야산 157
황포돛배 61
황희 54
황희정승 묘 54
후평리 철새도래지 31